宝藏历史
岁月吉林

金旭东　安文荣　主编

中国旅游出版社

本书编写组

主　　编：金旭东　安文荣

《史前渊源——旧石器时代的吉林》

文　　字：赵海龙

图片提供：陈全家　赵海龙

《陶石古韵——新石器时代的吉林》

文　　字：王义学

图片提供：王义学　崔殿尧

《多元共生——青铜时代的吉林》

文　　字：王义学　隽成军

图片提供：王义学　赵　昕　隽成军　佟有波

《边塞雄风——战国时期的吉林》

文　　字：隽成军

图片提供：谷德平　隽成军

《东明开国——汉-魏晋时期夫余地方政权下的吉林》

文　　字：冯恩学　董瀚飞

图片提供：冯恩学　董瀚飞　刘　力

《永乐无疆——汉唐时期地方政权高句丽在吉林》

文　　字：赵俊杰

图片提供：赵俊杰　胡家业

《海曲华风——唐-五代时期地方政权渤海国在吉林》

文　　字：卢成敢

图片提供：卢成敢

《金戈铁马——辽金时期的吉林》

文　　字：赵里萌

图片提供：赵里萌　石伟东

《整合重聚——明清时期的吉林》

文　　字：黄松筠　隽成军

图片提供：杨俊峰　潘晶琳　隽成军

手绘图制作者：许　诺

前言

吉林省位于东北亚核心区域，是我国东北地区重要的历史文化中心。这里既是多民族聚居融合之地，又是东西文化的交汇之地。因地理位置特殊，历史背景复杂，蕴含丰富历史文化信息的各类遗产呈现出鲜明的边疆性、民族性和国际性，成为我国统一多民族国家形成与发展的重要物证，是中华文明的重要组成部分，吉林省考古工作对于维护我国历史主权和文化安全具有重大意义。

目前，吉林省境内发现不可移动文物9017处。包括古文化遗址、古墓葬、古建筑、石刻、近现代重要史迹及代表性建筑、乡土建筑及工业遗产等多种类型。以类别划分，吉林省有古文化遗址5623处，古墓葬804处，石刻30处，古建筑191处，近现代重要史迹及代表性建筑2268

处，其他 101 处。整体呈现出类型丰富、地域特色鲜明的特点。

回溯曲折悠长的历史长河，早在远古的那一刻这里便熠熠生辉，孕育了古老的人类文明。21 世纪以来，吉林省在长白山区的和龙市、抚松县相继发现了大洞、石人沟、枫林、新屯子西山等一批重要的旧石器时代晚期遗址。和龙大洞遗址年代距今 5 万至 1.5 万年，考古发现三个时期的文化遗存，出土石制品及动物化石近 20000 件。这是中国长白山地区年代最早、文化序列最完整的旧石器时代晚期遗址，也是目前东北亚最早利用黑曜岩制作石器的遗址之一，清晰地展示了该地区石器工业由石片石器向"石叶—细石叶"技术转变的重要过程，丰富了东北亚现代人演化扩散、文化发展、生计方式的相关认识。旧石器时代遗址是探索人类进化与迁徙进程，揭示华北与东北亚地区文化相互影响、相互作用及传播路径的重要物证。先民们在这里繁衍生息，拉开了吉林省绚丽多彩的文化序幕。

新石器时代人类的足迹遍布吉林广袤山川大地。嫩江流域大安后套木嘎遗址出土逾万年的陶器，实证了在距今 1 万年以前，吉林大地在东北的黑土地上率先绽放出了第一缕文明曙光；而第二松花江流域左家山下层文化出土的石龙，距今达到了 6000 年，证明了在新石器时代发展的中期，吉林省也是中华龙文化发源地之一，实证了中华文明多元一体的重要进程。这一时期，我们的先民已将活动范围逐步扩大，在与外界的往来交流中融进中华文化大家庭。

青铜时代的西团山遗址、汉书遗址和后太平遗址等，无不证明吉林虽地处东北边陲，但仍与中原地区一样，早已迈入人类文明时代。农安围子里遗址的发掘，首次发现并确认的具有小拉哈文化和白金宝文化的考古学遗存，填补了第二松花江流域青铜时代夏商时期考古学文化空白。

战国末年至汉代初期，中原政权开始经略东北。汉四郡的建立，使吉林省的西部和南部被纳入中央政权的政治版图，加速了中原文化与当地土著文化的融合。

秦汉以降，夫余、高句丽、渤海国、东夏国先后于吉林省境内定都。东团山遗址及永安遗址的发掘为进一步研究夫余遗存的文化内涵、分期等问题提供了层位学依据，为进一步研究夫余国的历史、文化、社会结构等问题提供了重要材料。霸王朝山城的考古发掘，确认该山城是一座高句丽中晚期山城。珲春古城村寺庙址考古挖掘，确认遗址为我国境内发现的第一处高句丽时期佛寺，也是东北地区已发现最早的佛寺遗址。揭示了汉唐时期，东北边疆地区与中原地区文化的交流、交汇、交融的壮丽画卷。白城城四家子城址的调查、勘探和发掘，为推定城四家子城址为辽代长春州、金代新泰州故址提供了更为确实的考古学依据。通过对白城地区春捺钵遗址的调查与发掘，考古工作者确认该遗址是一种季节性游牧渔猎营地。如此庞大的规模绝非普通渔猎部落驻地，结合文献记载推测遗址即为辽金春捺钵（春水）遗址。经发掘，确认长白山神庙遗址为金代皇家修建的长白山庙故址，也是中原以外首次发现的国家山祭遗存。磨盘村山城发掘确认该城晚期为金元之际东北地方割据政权东夏国南京城故址，成为中华文明多元一体历史进程的又一实证。其中，"长白山神庙""磨盘村山城""珲春古城村寺庙址"考古发掘项目先后获评"全国十大考古新发现""中国重要考古发现"。

明朝和清朝是中国历史上由汉族和满族建立的最后的封建王朝，吉林省境内遗留下众多明清时期的重要遗迹，成为那段历史的真实写照。阿什哈达摩崖刻石证明早在15世纪，明朝就已经对东北的辽阔疆土实施了有效统辖。随着明代羁縻政策下的女真诸部势力逐步壮大，以扈伦四部为主体的海西女真及以建州三卫构成的建州联盟，各执牛耳，角逐抗衡，成为明末东北政治舞台上的重要角色，乌拉故城、叶赫部王城、辉发城见证了三部落的崛起、兴盛和消亡。清朝以东北为龙兴之地，满族凭借其金戈铁马闯关夺隘，挺进中原，开始了定鼎京师268年的统治。吉林省作为满族的发祥地，历史的印记深深地根植于这片广袤的黑土地上。康乾东巡，打牲乌拉，柳条新边、吉林驿路、吉林围场……其源远流长的先世余韵，历经几百年的沉淀、融合，谱写出悠久绵长的古韵华章。

19世纪上半叶，清王朝走向衰落。西方列强用坚船利炮打开中国封闭的大门。光绪年间，清末爱国官员吴大澂奉旨来吉林督办边防，修筑炮台，建机器局，重立"土字牌"，收复"黑顶子"，争得图们江口出海权，成为晚清史册中难得一见的光彩篇章。

这里遍历各代胜景，文明薪火相传，英杰不绝于史，风流佳话有之，沙场恢宏有之，风貌世情，令人神往。

如今沧海桑田，旧貌新颜，往事不复，遗迹犹存。吉林省的丰厚历史以及遗留下来的璀璨文明虽难再现，但是考古工作者通过辛勤的工作查阅史料，遍访旧迹，仍然通过对吉林省历史地理的不断调查、发掘、考证，为人们描绘出昔日风华。吉林境内文物古迹星罗棋布，灿若星河。吉林考古人深知，吉林省考古遗存是研究我国百万年人类史、1万年文化史、5000年文明史的重要题材，是我国统一的多民族国家形成过程的物质实证。从东北亚的角度来讲，在吉林省100万年的历史长河中，价值最为重要的就是汉唐时期遗存，即夫余、高句丽、渤海文化。从文明发展高度看，公元前1世纪至公元7世纪长达8个世纪的时间段，吉林省是整个东北亚文明的中心区域。

进入新时代以来，吉林考古紧紧围绕国家重大学术需求，落实国家文物局"考古中国"重大项目要求，主持并开展"吉林东部长白山地区古人类遗址考察与研究""高句丽考古与中华民族多元一体进程综合研究"项目，参与"渤海文化研究""辽金时期城市考古和统一多民族国家形成"等项目，多时段、多区域、全方位实证吉林地方文明为中华文明延绵不断、多元一体、兼收并蓄的发展脉络中的重要一环。通过考古工作的逐步开展，吉林考古已经形成了以夫余、高句丽、渤海考古为核心，加强长白山旧石器考古、辽金考古、革命文物考古力度，大力发展科技考古的总体格局，各时期均有真实可靠的历史遗迹面世，为我们昭示了当时的社会风貌与风土人情。《宝藏历史·岁月吉林》一书对吉林省境内21世纪以来的考古发现成果进行梳理，聚焦那些具有独特性、美誉度、时代性的历史文化资源，按时代划分，详细介绍全省各个时期最具代表性的考古成果和遗迹，萃取精华，提炼标识，进而以点带面，让这片土地的悠远与厚重、浪漫与美丽，跃然眼前。

习近平总书记强调，要"持续加强文化和自然遗产传承、利用工作，使其在新时代焕发新活力、绽放新光彩"。《宝藏历史·岁月吉林》的编撰，以吉林省各时期重要考古遗迹为依托，全面展示了吉林省的古代文明、人文精神、物质成就，文史兼备，让"无声的"文物道出历史的沧桑和文化的厚重，是对中华民族悠久历史和灿烂文化的一次深情致敬。

掩卷而思，数万年的历史宛若眼前。生活在这片沃土的先民们生生不息，用勤劳与智慧创造出绚丽、多元、厚重、鲜活的丰富遗存。我们相信，《宝藏历史·岁月吉林》的出版，不仅能为读者呈现吉林丰富的历史文化画卷，还可向内凝心聚力，对外引凤吸睛。通过吉林省丰富的历史文化遗存，由古及今，将先民们的精神与文化传承；以古鉴今，进一步推动今日吉林向着更加灿烂的未来前进。

金旭东
2024年于长春市

目录

史前渊源
——旧石器时代的吉林

01　洞穴岁月——桦甸寿山仙人洞遗址	018
02　走出洪荒——和龙大洞遗址	022
03　文化萌芽——抚松新屯子西山遗址	026

陶石古韵
——新石器时代的吉林

01　黑土地上的第一缕文明曙光——后套木嘎遗址	032
02　文明之光——左家山遗址与左家山文化	038

多元共生

——青铜时代的吉林

01 文明之光——西团山文化	050
02 河畔聚落——汉书遗址	056
03 青铜时代的"十字路口"——风水山遗址	065
04 沉睡千年的东辽河文明——后太平遗址	072

边塞雄风

——战国时期的吉林

塞外戍堡——二龙湖古城遗址	092

东明开国

——汉-魏晋时期夫余地方政权下的吉林

01 南城子城址——依山傍水夫余城　　　　　　　　　　102

02 规模巨大的帽儿山墓地　　　　　　　　　　　　　　107

03 融合汉风的学古东山遗址　　　　　　　　　　　　　112

04 深受草原文化熏染的老河深墓地　　　　　　　　　　113

永乐无疆

——汉唐时期地方政权高句丽在吉林

01 平地城与山城的王城组合——国内城与丸都山城　　　118

02 海东第一古碑——好太王碑　　　　　　　　　　　　129

03 安如山固如岳的太王陵　　　　　　　　　　　　　132

04 "东方金字塔"——将军坟　　　　　　　　　　　　135

05 高句丽壁画艺术宝库——五盔坟四号墓　　　　　　138

06 "表里不一"的禹山3319号墓　　　　　　　　　　141

海曲华风

——唐-五代时期地方政权渤海国在吉林

01 渤海国三大王城——磨盘村山城、西古城、八连城　　146

02 佛教遗珍——灵光塔、古城村寺庙址　　　　　　　154

03 贵族墓葬——六顶山与龙头山　　　　　　　　　　158

金戈铁马

——辽金时期的吉林

01 黄龙府的塔影	166
02 长春州与春捺钵	173
03 宁江州与得胜陀颂碑	190
04 金肇州——塔虎城	200
05 冷山之下——完颜希尹家族墓	213
06 长白山下的金代神庙	224

整合重聚

——明清时期的吉林

01 风云时代东北的造船基地——吉林船厂	238

02	船厂见证——阿什哈达摩崖石刻	243
03	乌拉部故城寻踪	248
04	叶赫部城址——明末海西女真的返照回光	251
05	马蹄与杀声远去：辉发城址	257
06	朝贡基地——打牲乌拉总管衙门	265
07	御猎之地——吉林围场	271
08	东北绿色长城——柳条新边遗迹	276
09	传邮万里——清代吉林驿路	280
10	康熙两巡吉林	285
11	小白山望祭殿的前世今生	290
12	东北文脉之源——吉林义庙	296
13	探寻神秘的东北文化——吉林北山寺庙群	301
14	国之利器——吉林机器局	308
15	吴大澂与龙虎石刻	313
16	百年风雨"戍边楼"——吴禄贞的延吉筹边生涯	317

史前渊源
——旧石器时代的吉林

自人类诞生以来,数百万年的悠悠长河中,偌大一个远古的吉林,古代文献的记载空白一片,难道真的渺无人烟?

史前渊源

我们从哪里来？到哪里去？我们的过去发生过什么？这几乎成为思想家无法绕开的命题。而身在吉林的人，不会不对这片热土有一种寄托，也不会不对生长在这片土地上的人的过去产生好奇。

如今，吉林的考古学家说，我们已经用考古的方法，重建了吉林的上古史。

追溯吉林人的源头，自然要从最早有人类活动的时代说起。

那个最早的时代叫旧石器时代。20世纪60年代，安图石门山洞穴中发现的一件晚期智人右下第一前臼齿化石，揭开了吉林省长白山地区旧石器时代考古的序幕。此后，吉林省境内相继发现了一些旧石器时代遗址和古人类与古动物化石产地，例如：榆树周家油坊遗址、榆树大桥屯遗址、前郭王府屯遗址、前郭青山头遗址、抚松仙人洞遗址、乾安大布苏细石器地点、"榆树人""安图人"的发现等。

20世纪90年代初以来，随着文物考古事业的发展，在吉林省内诸地区又陆续发现了十几处旧石器时代遗址及地点，年代由旧石器时代早期晚段到旧石器时代晚期，如桦甸寿山仙人洞，长春红嘴子，延边珲春北山、和龙大洞，白山抚松新屯子西山、辉南邵家店，镇赉丹岱大坎子，等等。这些遗存集中发现于长白山地区的松花江流域和松嫩平原的嫩江流域，在那里河流的阶地上不经意的一块石头可能就是数十万年前的人类所遗留。这是一个洪荒的远古时代，人类茹毛饮血、追逐于山林川泽。吉林目前发现的最早的旧石器时代遗存为桦甸寿山仙人洞遗址，距今约16.2万年，而新石器时代的发生不早于距今 1.3 万年。人类在一个冰雪消融、大地复苏的季节——末次冰期结束后的一个间冰期——走出山洞，来到原野筑巢而居，开始驯育家畜、种植粟黍、制造陶器、开垦农田，开始了一个新的纪元，一个新的一万年的历史朝我们走来。在这以后的数千年里吉林大地热气腾腾，喧嚣之声不绝。

01 洞穴岁月
——桦甸寿山仙人洞遗址

吉林省桦甸市，长白山山区与松辽平原过渡地带前缘，地势两翼高、中间低。这里峰岭纵横、山川连绵。松花江、辉发河纵贯全境，山地、低山丘陵与沟谷平地，将桦甸勾勒成"八山一水一分田"的地貌特征。

1991 年，考古人员的到来，打破了这里的幽静深邃，它不再与世隔绝。在位于桦甸市区西北 22 公里的八道河子镇寿山主峰东坡上部，一个宽高两三米的天然溶洞被发现，早年曾有传说，此洞乃道人修仙之地，因此当地人将它取名为"仙人洞"。

据说，仙人洞所在的寿山在清代以前没有名字，直到清康熙三十七年（1698），康熙皇帝第三次东巡到吉林城后返京途中路经此地，恰逢其母亲过生日，因此将此山敕封为寿山，满语称"扎拉芬阿林"。此山下的小河称为寿山河，寿山河畔的山村被称为寿山村（屯）。从此，寿山脚下的村庄繁衍生息，直到现在。

寿山属于长白山余脉哈达岭，南北走向，海拔 510 米，山体本身是由二叠纪的灰岩构成，周围也是群山环抱、山峦起伏。寿山的东麓为南北走向的寿山河，发源于太平岭的西侧，流经金沙河、辉发河后汇入松花江。仙人洞位于寿山的东坡上部，海拔460米，距地面高110米。洞口朝南偏东，高宽分别3米左右。这个洞全长约300米，有人类活动形成的堆积分为前、后两个部分，临近洞口的前室长约9米，宽敞明亮；后室长约25米，略低于前室，呈甬道形，较阴暗潮湿，洞内可活动的地面总面积约100平方米。从后室向内分成两个支洞，均有各异的洞室、竖井。洞外有3米长的平台，其下为悬崖，由其两侧可攀登入内。

↑
寿山仙人洞遗址洞口处

1991年、1993年吉林大学考古学系师生会同桦甸市文物管理所的业务人员对该遗址进行了试掘，收获颇丰。当时在接近洞口处做了试掘，共有两个文化层，包含石器、骨器及大量动物化石。早期遗存石制品多为小型，以角岩为主要原料，工具中刮削器占一定比例，另有少量尖状器，以锤击法、正向加工为主。体现了北方主工业的普遍特征，文化面貌与辽宁营口金牛山遗址较为接近。这些来自远古的石器，即使经历了十几万年，也能折射出创作者的勤劳智慧。石器年代测定为距今16.21万±1.80万年。处于旧石器时代早期偏晚阶段。

晚期遗存石制品包含大、中、小型，以角岩为主要原料，文化特

宝藏历史·岁月吉林

↑
1993年出土动物化石残片

←
1993年出土打制石器（石核）

征与下层文化基本相同，新出现锛状器、加工精制的黑耀岩端刃刮削器，以及通体磨制骨器。尤其是黑耀岩端刃刮削器，材料特殊，形制精美，呈现出的技术特征明显不同。其年代测试距今 34290±510 年，属于旧石器时代晚期。它产自哪里？源自哪个时代？又为何现身在这里？还是个不解之谜。文化层中发现了大量的动物骨骼化石，但化石破碎较严重，多以骨片形式存在，可鉴定种属少。可鉴定种属包括：鼢鼠、鼠兔、田鼠、鼬、披毛犀、牛、野驴、鹿、狍子、羚羊、山羊、岩羚、虎、似北豻、狐狸、熊等。其中，鼢鼠、鹿和熊化石代表的个体较多。结合植物孢粉检测分析，上、下两层文化当时气候变化不大，应处于偏干冷的疏林草原环境。

该遗址的石、骨制品和动物骨骼化石表面未发现冲磨痕迹，应属于原地埋藏。上、下文化层之间在地层上没有不整合现象，在文化特征上，具有相似的主要特征：原料主要为角岩、石英岩、石英、流纹岩、流纹斑岩和硅质灰岩等几种，主要为就地取材；打片以锤击法为主；石制品以小型为主；石制品的组成中，断片和完整石片的数量很多，而第三类工具的数量较少；第三类工具的毛坯以石片为主，类型比较单一，加工比较粗糙，以向背面加工为主；存在少量的骨质工具等。总之，这些特征表明，该遗址是同一文化的延续。从整体情况分析，遗址年代跨度大，地层堆积的厚度相对较薄，文化遗物相对较少；从遗物分布不集中来看，该遗址可能是一处季节性的居住址。

在旧石器时代早中期的东北地区，洞穴和裂隙利于遮挡风寒，抵御野兽侵袭，成为当时人类首选的理想栖息场所，人类活动也在此留下了丰富的遗物和遗迹。寿山仙人洞遗址是吉林省境内目前发现的唯一一处旧石器时代早期偏晚阶段的洞穴遗址，它曾被我们的先民占据，为研究东北亚高纬度地区古人类的文化技术特征、适应生存方式等提供了重要的物质参考资料。

2013 年 3 月 5 日，寿山仙人洞遗址被国务院公布为第七批全国重点文物保护单位。

02 走出洪荒
——和龙大洞遗址

在漫长的旧石器时代岁月里，我们的祖先在劳动过程中不但改造着大自然，也在不断地改变着自身：人类的双手越来越灵巧，大脑也越来越发达。中国长白山地区年代最早、文化序列最完整的旧石器时代晚期遗址——和龙大洞遗址就是这一时期的典型代表。

和龙大洞遗址位于吉林省延边朝鲜族自治州和龙市崇善镇大洞村。发现于2007年8月。2010年经过发掘，获取了大量石制品等文化遗物。2021年以来，按照"考古中国"重大项目部署，国家文物局支持吉林省文物考古研究所联合辽宁大学等单位进行了连续的主动性考古调查、发掘。这个遗址在我国长白山东麓，中国与朝鲜两国界河图们江上游的左岸，正处于图们江与其支流红旗河交汇处的平缓玄武岩台地上。

2007年调查发现该遗址为一处旧石器时代晚期的旷野遗址，地表散见大量以黑曜石为原料的打制石制品约2万余件，遗物分布范围超过4平方公里，遗址核心区面积约50万平方米，年代距今5万~1.5万年。考古发现三个时期的文化遗存，出土石制品及动物化石近2万件，石制品类型丰富，原料以黑曜岩为主，动物则以马、鹿等大型哺乳动物为主。其中，第一期遗存年代距今5万~3万年，主要为简单的石核—石片石器，伴生大量动物化石；第二期遗存年代距今2.8万~2.4万年，出现以石叶为毛坯的早期细石叶技术产品，工具类型以雕刻器为主，还发现了目前中国北方年代最早的局部磨光石器和压制剥片技术产品，表明长白山地区是中国细石叶技术起源的关键区域；第三期遗存年代距今1.7万~1.5万年，

史前渊源

↑
和龙大洞遗址地形地貌

主要为楔形细石核等细石叶技术产品，工具类型以雕刻器、端刮器为主。大洞遗址清晰地展示了5万年以来该地区石器工业从小石片向石叶—细石叶技术转变的重要过程。在文化层底部还发现了人类用火留下的少量红烧土块和炭屑、表面有烧灼痕迹的动物骨骼残块以及一件加工精美、局部磨光的角锥状石器。这些都为进一步了解当时人类生产生活提供了重要实物资料。

大约5万年前，一支生活于东北亚地区的先民受末次冰期严寒气候的驱使，辗转千里来到这里。他们被这里的山水、绿树、阶地和生活在其间的各类动物吸引，放下行囊，安营扎寨，生息繁衍。他们还是不太熟练的石叶工具制造者，在山岗上和江边拣选合适的原料制作长薄锋利的石器，狩猎采集，生儿育女。数千年后，这支人神秘地消失了。近3万年前，又

宝藏历史·岁月吉林

一支先民来到这里，续写生命的故事。他们用不规范的小石片工具和局部磨光石器获取生存的资源，在居址上升起一堆堆的篝火，围火而歌，围火而息。这样的迁徙演化时断时续，至 2.4 万年前骤然画上了休止符。那时，地球正进入末次冰期的高峰，天寒地冻，食物难寻，动物南迁，人群避离。大约 1.7 万年前，大地回春，生机盎然，一支先民翩然而至，以此为家。他们娴熟地从燧石块上剥下规整细长的细石叶并将其装在木把骨柄上，以此做成锋尖利刃的复合工具，点起长燃不灭的熊熊篝火，将烧得红烫的砾石投放到混合了野生谷物和动物骨肉的汤水中，烧出一窝窝香气四溢的佳肴。这些遗物和遗迹，被我们的考古工作者徐徐揭开和破译。

大洞遗址是目前东北亚地区发现规模最大的一处旧石器时代晚期旷野遗址，是环日本海地区一处重要的人类活动中心，也蕴藏着丰富的考古学信息。长白山作为黑曜石的主要产区，当时人类曾大量利用它作为石器原料，并熟练掌握了石叶和细石叶工艺，还制造了大量细石器制品，该种文化特征与同时期的朝鲜半岛南部、俄罗斯远东滨海地区、日本列岛极为相似。在日本列岛北部的旧石器时代晚期，一些遗址中曾广泛地利用黑曜石

↑ 和龙大洞遗址黑曜岩石器出土现场　　↑ 和龙大洞遗址石制品组合

为原料，类似这样的遗址在我国尚属首次发现。另外，在日本中北部出现较多的一种特殊类型的雕刻器，即荒屋型雕刻器，在和龙大洞遗址也有较高的出现率，进一步说明我国长白山地区与日本北部地区在旧石器时代晚期便存在紧密的联系。大洞遗址中磨制石器的出现证明该遗址已经处于旧石器时代晚期向新石器时代的过渡时期，而新旧石器时代的过渡研究一直处于薄弱环节。人类如何应对末次冰期的结束，全新世到来引起的环境资源变化，如何缓解因人口增长而造成的生存压力，如何满足新的生存需求？这必会促进生产力水平的提高、生产方式的改变。和龙大洞遗址为这种过渡时期的研究创造了坚实的物质基础。

地处长白山地区的和龙大洞旧石器时代遗址，与邻近的俄罗斯远东滨海地区、朝鲜半岛、日本列岛共同形成了旧石器时代晚期东北亚环日本海文化圈，成为深入研究我国长白山地区乃至整个东北亚地区的旧石器时代晚期人类的物质文化、生产力水平以及经济模式的典型遗址。该遗址还填补了我国东北地区新旧石器时代过渡时期的空白。在研究旧石器时代晚期现代人类在东北亚地区迁徙运动、文化交流与传播方面，也成为东亚大陆

↑ 黑曜石细石叶石核

与朝鲜半岛及日本列岛联系沟通的关键区域。大洞遗址的发现和深入研究在东北亚地区的旧石器时代考古研究领域具有重要的学术意义。

岁月如梭。和龙大洞古人的时代已经与我们渐离渐远。他们留下若干遗物与遗迹，让后人去寻觅、去凭吊、去遐想。今日的人偶尔会驻足凝望埋藏着先人的遗址，但很快又会踏着先人的足迹匆匆前行。我们每个人都是历史的过客，同时又是历史的创造者，都会在历史上留下或轻或重、或浓或淡的一笔。

03 文化萌芽
——抚松新屯子西山遗址

新屯子西山遗址位于吉林省抚松县新屯子镇的西山上，海拔 572 米，是中国长白山地区一处旧石器时代晚期遗址。抚松县地处长白山腹地，地势东南高、西北低。遗址所在是一处视野开阔、地势平坦的山间盆地。

新屯子西山遗址源于一个村民的偶然发现。1999 年秋，新屯子镇村民张春德挖人参地时发现了一块重达 17.4 公斤的奇怪石头。这石头表面光滑，闪着黑漆般的神秘光泽，似乎还被人刻意加工过。这是什么宝贝呢？张春德顾不上挖人参了，赶紧用衣服把石头包起来抱回了家里。后来，经吉林省考古研究所、吉林大学边疆考古中心等处考古专家科学考证，这是一件黑曜岩石叶石核，其长 41.2 厘米、宽 15.3 厘米、厚 22.5 厘米，剥取的最大石叶长 32.2 厘米、宽 4.4 厘米。该石核居国内同类石核之冠。

黑曜石又称"火山玻璃"，是火山喷发后熔岩迅速冷却的产物，质地坚硬而脆。古人利用这个特点，以黑曜石为原料，加工打磨刮削器、端刮器、边刮器等生产生活工具，用来剃兽毛、割兽骨、切兽肉。现在，考古学家把那些留下了人类打磨痕迹的石材原料叫作"石核"，那些被打磨下来的石片叫"石叶"。简单地说，石核就是古人加工生产工具使用过的原材料。

2002年9月末，吉林大学边疆考古研究中心、吉林省文物考古研究所、抚松县文物管理所组成联合发掘队对该遗址进行了试掘，揭露面积70平方米，发现了吉林地区第一处带有灶的旷野类型石圈居址，遗址距今1万～5万年。该遗址填补了吉林省无旧石器时代山地露天居住址、用火遗迹等多项空白，对探讨古人类在图们江流域的迁徙、适应、开发和改造过程，以及该地区更新世晚期旧石器工艺的演变趋势，具有重要的学术意义。

石圈遗迹是石块围成的椭圆形，石块来自周围的玄武岩层。从石块的摆放来看，分成内、外两圈，内圈石块少，主要分布在西北角，外圈石块多而密集，而东部的部分石圈被近代人为破坏。内外石圈间距三四十厘米。从石圈的性质分析，可能是古人类搭建的建筑遗址，石头推测是用来加固茅草留下的遗迹。石圈遗址坐北朝南，在其南侧有三大块岩石并排，而且与地面平齐，形成了天然的路面。遗址内东西内径长5.6米、外径长6.5米；南北内径宽3.7米、外径宽4.8米。遗址中西部地面平坦，比室外地面略低，推测可能是人为踩踏的结果；而室内东侧有三块大的岩石相连并高于室内地面，由西向东逐渐高起，其面积为东西长2.4米、南北宽2米，石制品主要发现在石圈遗址内，据此分析，推测当时的古人类在石圈遗址内剥制石叶或修理工具。

从上述遗迹分析，遗迹选址的要求还是非常严格的，选择了离水源近，地势高而平，并且有可利用的天然物体，如石圈遗址内大块岩石和南部的石板等。从遗迹内出土的石制品数量和性质分析，该遗址可能属于一处临时活动场所。古人将那件重达17.4公斤的黑曜岩石叶石核放在遗址内，当需要工具时，来此剥取大的石叶，并且坐在遗址内进行工具修理。

什么是石叶石核呢？其实是旧石器时代晚期出现的一种高超的石器打制技术，古人先是把石料母体经过不同阶段细致的修理，调整好合适的形状，再从上面打剥下形状极为规整、两侧边基本平行的宽大长石片。由于这种长石片像修长的树叶一样，因此又被称为石叶，而这种石器打制技术即被称为石叶技术。剥离石叶的母体石料被称为石核。这种石器打制技术可以说是进入了旧石器时代的技术巅峰，是一项重要的文化特征，在非洲、欧洲、亚洲都有发现，它被认为与现代人的迁徙运动有着密切关系。

新屯子西山遗址发现的黑曜岩大石核可谓举世罕见。它以体型巨大、剥片规整而凸显出其独特性。从石核的台面和剥落石叶分析，加工者已经熟练掌握了合理利用石材和剥片技术。

在整个晚更新世，由于全球性冷暖气候交替频繁，海水进退的次数也相应增多，使得这时的中国东北地区进一步恶化，出现干冷—温凉—干冷

→ 新屯子西山遗址出土大石叶石核

的变化。冰缘植被在这一地区有大面积分布，并且与猛犸象—披毛犀动物群组成了冰缘气候条件下的生物群体。从东北地区出土的旧石器时代晚期动物骨骼遗存来看，主要是猛犸象、披毛犀、野马、野牛和鹿等大型动物的骨骼。而从当时的狩猎水平来看，想成功捕猎或猎取更多的动物，其狩猎方式应是以集体围猎为主，体现了当时的人可能在获取食物时具有一定的组织性和计划性。西山遗址存在石核、石片，可以认为古人类曾经在这里进行过剥片、修理工具等活动，但遗址堆积较薄，且存在堆积被后期破坏的迹象，证明了古人类曾在此短暂居住生活，该遗址应是一处古人类的临时生活场所。数万年前，古人在此点燃了文明之火，黑曜石成了他们重要的生存工具。

2013年3月5日，新屯子西山遗址被国务院公布为第七批全国重点文物保护单位。

陶石古韵

——新石器时代的吉林

人们的生产工具由打制石器进化为磨制石器，并能够制作陶器，开始定居、种植，驯化动物，有了最原始的畜牧业，这就是考古学上的新石器时代的标志。

新石器时代开始于距今1万年左右的全新世。这时，晚更新世最后一次冰川开始消退，一个温暖的间冰期悄然来临，人类坚强地走过了最困苦艰难的历史时期，一个文化大发展的新时期到来了。随着人类从事社会和生产活动能力的大大加强，生产力得到了迅速发展，人类的生活条件得到改善，活动空间迅速增大。与此同时，最早的农人和牧人开始出现。已有的考古工作证明，吉林省在距今大约13000年，出现了最早的村落，在东北地区率先迈入新石器时代。此时，人们早已从消极的等待自然恩赐迈进了主动向自然索取的大门，以农牧业为主兼营渔猎采集的生产方式，成为这一时期最主要的生业为继方式，而且随着以后父系氏族社会的到来与迅速发展，这种主要以男人为参与力量的生产方式，在社会的各种经济部门中越来越凸显出其历史地位，占有了越来越重要的位置。

  新石器时代人类的足迹遍布吉林广袤山川大地。从空间上看，吉林境内的图们江流域、第二松花江流域、嫩江流域都发现了大量新石器时代人类活动遗留下来的遗迹遗物，这些宝贵的文化遗产是吉林迈入文明的重要见证。从时间上看，新石器时代的早、中、晚阶段在吉林都有发现，出土于嫩江流域吉林大安后套木嘎遗址、双塔遗址逾万年的陶器，实证了在距今1万年以前，吉林大地在东北的黑土地上率先绽放出了第一缕文明曙光；出土于第二松花江流域左家山下层文化的石龙，距今达到了6000年，证明了在新石器时代发展的中期，吉林也是中华龙文化发源地之一，实证了中华文明多元一体的重要进程；到了新石器时代晚期，吉林新石器时代文明进程更加多元，与周边人群交流更加密切，为吉林古代人类迈入新征程奠定了良好的基础。

01 黑土地上的第一缕文明曙光
——后套木嘎遗址

在广袤的中华大地上，新石器时代文明的火花如满天星斗，在这群星之中，吉林省也有一些星星发出或明亮或暗淡的光。而作为吉林省西部嫩江流域新石器时代代表的后套木嘎遗址，则是一颗耀眼的星。当来自长白山脉的松江水与大兴安岭深处的嫩江交汇，属于嫩江平原的故事便伴随着日夜奔流的江水恢宏开篇。

2010~2014年发掘的吉林大安后套木嘎遗址，在最早一期遗存里发现了灰沟、灰坑、墓葬等遗迹，其中出土的陶片、兽骨及动物骨骼，经碳十四年代测定，年代距今最早可达近13000年。陶器残片的发现，说明在距今万年以上，松嫩大地上就已经迈入了新石器时代，这也是中国东北地区乃至东北亚迄今发现的最早的新石器时代遗存，是黑土地上绽放的第一缕文明曙光。

后套木嘎的新发现

后套木嘎遗址位于嫩江平原"月亮泡"与"新荒泡"之间，今大安市红岗子乡永合村西北的漫岗中段。在我国史前考古学文化的分布格局中，嫩江中下游地区是东北文化区的重要组成部分，也是渔猎经济文化区的分布重心所在。后套木嘎遗址刚好位于这个重心之地，这是一处典型的沙坨型遗址。套木嘎为蒙古语，意为"水边的漫岗"。这里地处松嫩平原腹地，土质肥沃，水流丰沛，是人类繁衍生息的好地方。遗址现存范围南北长2150米，东西宽1190米，面积近141万平方米，其中遗存重点分布区近55万平方米。遗址地表现多已被开垦为耕地或杨树林带。以遗址中部一条东西走向的大沟为界，可将遗址分为南、北两个区。从地表调查看，北区的北部多见辽金时期遗物，而北区的中南部和南区则以新石器时代和青铜时代遗存为主。

自1957年调查发现后套木嘎遗址以来，先后经李莲、张忠培、陈全家等考古学家复查。鉴于后套木嘎遗址的重要学术价值，2019年10月7日，被国务院公布为第八批全国重点文物保护单位。

2011～2015年吉林省文物考古研究所和吉林大学边疆考古中心对后套木嘎遗址进行了连续五年的考古发掘，总计发掘面积6450平方米。共发现墓葬123座、灰坑647个、灰沟51条、房址43座。包含了新石器时代至辽代多个时期的遗存。获得了大量人工遗物及动植物遗存。丰硕的考古发掘成果，为大安市璀璨悠久的历史增添了一份丰富佐证。据初步整理，遗存分属七个时期。其中第一期至第四期为新石器时代遗存，主要为居住和活动的遗迹，多个灰坑或灰沟中有明显的祭祀遗存。第五期、第六期为青铜时代遗存，主要为墓葬。第七期属辽代或稍早阶段遗存，见有灰沟与灰坑。

上万年的后套木嘎

后套木嘎遗址第一期遗存以往在国内鲜有发现，称为"后套木嘎一期文化"。发现灰沟、灰坑、墓葬等遗迹。出土大量陶器残片，可辨器形有筒形罐、曲腹罐、钵等。石器制品仅见刮削器、镞、两面压剥刃部的长条形复合工具及细石叶等少量细石器。灰坑、灰沟内见有大量鱼骨、蚌壳及少量陆生哺乳类动物骨骼。陶器器表以黄褐色为主，黑褐色次之，还有少量灰褐陶，色泽不均。陶器以粗细均匀的植物纤维与泥浆混合逐圈套叠而成，器壁较厚，胎内除夹炭化植物纤维外，还有羼合蚌粉或石英砂粒的现象。除少量素面陶器外，绝大多数陶器均通体施纹，纹饰主题丰富，多见栉齿纹，另有无齿平行线纹、列点纹、指甲纹、珍珠纹、窝点纹等。所见施纹方式有戳压、滚压、刻划三种，以前两者为大宗。陶器纹饰与黑龙江流域奥西波夫卡文化的贡恰尔卡遗址、外贝加尔卡棱加河口文化的卡棱加12号遗址出土陶器纹饰装饰风格一致，体现了我国东北地区与俄罗斯东西伯利亚及远东地区的早期文化交流。

后套木嘎一期文化在陶质、纹饰组合、器类及制作工艺等方面，均呈现出独特性，应代表着一种新的考古学文化，考古学界将其命名为"后套木嘎一期文化"。通过对该期遗物的碳十四年代测定，年代距今12900~11100年，可能为迄今为止我国东北地区发现的年代最早的新石器时代遗存，填补了超一万年早期陶器在地域分布上的空白。

后套木嘎第一期遗存已发掘的数十个遗迹单位中石制品极为罕见，能辨别器形的仅有用作捕鱼的石叶、用作狩猎的石镞和用作生产加工刮削器和两面压剥刃部的长条复合型工具，且在灰坑、灰沟内出现大量的鱼骨、蚌壳及少量陆生哺乳动物骨骼。据此，可以看出这一时期的人主要以捕鱼狩猎的方式来获取食物。其中灰坑和灰沟中出土数量最多的遗物是鱼骨，兽骨数量相对较少。所以，后套木嘎一期文化应是以捕鱼为主、狩猎为辅的渔猎型经济。

陶片里的文明

陶器是人类的一项重要发明，它的产生和古人类的生产生活密切相关。古人大多依山傍水而居，他们需要寻找贮水、汲水、贮存和蒸煮食物的器具。而此时人类已知道土壤加水后具有可塑性，并在用火上取得了丰富的经验，这些都为陶器的产生奠定了基础。又因为陶器不易携带，既笨重又容易破损，所以陶器的起源必然还与人类定居的生活方式有着密切的关系。有人推测，定居后的古人为了使枝条编制的器皿耐火和密致无缝而为其涂上黏土，后来发现经过火烧后，黏土部分变得十分坚硬，进而直接用黏土烧制成器，于是发明出原始的陶器。可以说，陶器是反映古代人类生产生活方式的"史书"。

在中国东北地区，以往发现的陶器最早距今均不足万年，直到吉林大安后套木嘎遗址的发掘，考古学家在遗址最早一期的灰沟、灰坑、墓葬等遗迹中均发现了零星的陶器残片。这些陶器中夹炭陶占绝大多数，器表多为灰褐色或黄褐色，而胎芯为黑色。可辨器形有筒形罐、大口曲腹罐和钵等，底多凹圜。陶胎甚厚，厚度多在 0.8～1.5 厘米。从陶片断茬和表皮脱落处观察，这类夹炭陶系以粗细均匀的草筋与泥浆混合逐圈套叠形成，继而再于器表内外涂挂细泥浆，泥圈套叠处器表明显起棱。陶器的烧成温度偏低，陶质极酥，尤其是内外表皮容易皲裂脱落。陶片出土时如不经适当风干即行起取，往往会变为碎渣。在此类遗存层位偏晚的灰沟中，有少数夹炭陶的胎内羼合有蚌粉，个别陶片中除含草筋外还羼合有砂粒，这些陶片的硬度超过了普通的夹炭陶。表明在该类遗存的较晚阶段，人们已在尝试改变陶器内的羼合料，从而使陶器获得更为优良的耐火性能和强度。几乎所有陶器的器表均通体施纹。后套木嘎第一期遗存的陶器，绝大多数系陶胎厚、火候低、陶质疏松易碎的残片，碳 14 检测年代在距今 13000～11000 年（经树轮校正），是迄今在我国东北地区发现的年代最早的新石器时代遗存，填补了超万年早期陶器在中国境内分布上的一个空白。通过对这类遗存的综合研究，对于进一步探索东北亚地区陶器的发明与早期传播等重要课题具有十分重要的学术意义。

吉林新石器时代的万年历程

吉林大安后套木嘎遗址除了发现超过万年的新石器时代早期遗存之外，还发现了新石器时代中期和晚期遗存，年代跨度从距今 13000 年至距今近 5000 年。这是迄今为止在东北地区发现的新石器时代最为完整的考古学文化序列，完整地揭示了这一区域新石器时代的发展历程、生存环境、生业形态、聚落样貌、人群结构、人地关系等。

后套木嘎遗址第二期遗存为黄家围子文化。发现灰沟、灰坑、墓葬等遗迹。出土大量陶器残片，可辨器形以筒形罐残片为主，也有敛口鼓腹罐口沿残片。石器制品以细石器为主。也有部分骨器、蚌器等。陶器以夹蚌粉的灰褐陶为主，质地较第一期陶器坚硬。可辨器形有直口或敞口的筒形

宝藏历史·岁月吉林

↑
后套木嘎遗址出土距今万年以上的陶片

罐、敛口弧腹罐、侈口鼓腹罐等。唇部多有加厚现象。器表多见贴敷的平行窄条附加堆纹，也有少量斜向或弧形的附加堆条带与横向堆纹条带组合使用。上述陶器特征与吉林镇赉黄家围子遗址早期遗存陶器基本一致，俄罗斯境内黑龙江中游的谢尔盖耶夫卡等遗址亦见同类器。碳十四测定距今 8000～7000 年。此期遗存的灰坑、灰沟中仍常见鱼骨、蚌壳，也有较多哺乳动物的骨骼。石器与第一期相似，以细石器制品为主，不见与农业生产相关的工具。这一时期的大安先民们对自然的改造和利用能力还比较薄弱，生产能力也不足以支撑他们脱离自然条件来创造生产物资，所以不难看出此时通过捕鱼来获取食物是最适合他们的生存方式，其次应为狩猎，这也是他们直接从大自然中索取食物的最简单的方法。

后套木嘎遗址第三期遗存虽与周边考古学文化联系密切，却有别于以往嫩江中下游地区命名的任何一种考古学文化。发现房址、灰沟、灰坑、墓葬等遗迹。出土遗物仍以陶器残片为主，可辨器形有筒形罐、鼓腹罐、斜口器、带流器、钵等。同时伴有骨器、石器、蚌器、角器、牙器、玉器等。该期遗存出土陶器以夹蚌粉的黄褐陶或灰褐陶为主，有少量质地细腻的沙质陶。器表多有纹饰，纹样以附加堆纹条带、指甲纹、刻划纹、戳印纹为主，大多施于器物口部或上腹部。碳十四测定距今6800～5500年。从此期开始，灰坑、灰沟中除鱼骨、蚌壳外，还出现大量哺乳动物骨骼。石器仍以细石器为主，发现少量磨盘与磨棒，但仍然不见与农业生产直接相关的石铲、石锄、石刀等。这一切表明，渔猎仍是当时人们的主要生业方式。后套木嘎第三期遗存的确认，填补了嫩江中下游地区新石器时代文化序列中的又一个重要缺环。

后套木嘎遗址第四期遗存为哈民忙哈文化。发现有灰坑、房址、灰沟、墓葬、灶等遗迹。出土遗物以陶器残片为主，可辨器形以筒形罐居多，见有少量弧腹罐、双耳罐、斜口器、带流器、钵、杯等。同时伴有陶器、蚌器、骨器、玉器、角器、牙器等。陶器既有夹蚌陶，又有不添加羼合料的泥质陶。陶色以黄褐色或红褐色为主，少量为灰褐陶。器表以素面为主，但常有细密的纵向或斜向打磨痕，少量饰麻点纹或压印弧线之字纹。该期遗存与内蒙古科左中旗哈民忙哈等遗址出土遗存具有较高相似性。碳十四测定距今5500～4900年。该期遗存先后发现两道平行的聚落围沟，沟内成排分布20余座房址，以及散落在房址间的大量窖穴和祭祀坑等遗迹群，为深入揭示遗址的聚落布局、功能分区等提供了宝贵资料。该期遗存石制品仍以细石器居多，磨盘及磨棒的数量增加，新见穿孔石刀，表明农业可能已在居民经济生活中占据一定比重。但灰坑与灰沟中仍常见连续堆积的野生哺乳动物骨骼或鱼骨，表明渔猎仍是居民主要的生计来源。

后套木嘎遗址虽然堆积不算深厚，但发现有新石器时代早期至晚期四个阶段的文化遗存，且遗迹种类丰富，叠压、打破关系复杂，为遗存的分期和编年序列的建立提供了极佳的条件。尤其是后套木嘎第一、第三期遗存，填补了嫩江中下游地区新石器时代文化编年序列中的两个重要缺环。对这批遗存及周边相关遗存的全面梳理研究，有助于建立松嫩平原西部地区较为完整的史前文化编年序列，廓清史前遗存的总体演变脉络及其与周邻文化的互动关系，为相关研究的深入开展确立年代标尺。

由于特殊的地理环境，松嫩平原西部地区自辽代设立城郭、移民屯垦之前，渔猎业一直是各阶段考古学文化的重要生业方式。即使自汉代出现的游牧业经济，也仍然以渔猎业作为重要的经济生活的补充。后套木嘎遗址自新石器时代早期至铁器时代中期的多种文化的连续堆积，以及所采集的巨量人工与自然遗物，是充分了解嫩江中下游地区渔猎经济的自身特点与发展演变的极佳资料，有助于最终厘清渔猎经济产生与发展的过程及演进模式，有助于最终理解人类由游动走向定居过程中的多样性选择及其环境背景。

02 文明之光
——左家山遗址与左家山文化

在吉林省农安县城入口处，矗立着一尊巨大的"玉龙"。这是一尊用210吨花岗岩做成的雕塑，它的原型就是左家山遗址出土的"中华第一玉雕龙"。这枚玉龙于1985年出土，后被中国历史博物馆（今中国国家博物馆）调拨收藏。左家山遗址位于农安县城东北约4公里处的伊通河畔，于1985年考古发掘之后，在2015年再次发掘。这处新石器时代遗存有何特殊，为何在30年里历经两次发掘呢？

河边台地发现史前人类活动遗迹

1984年4月末至5月初，当时吉林大学历史系考古专业的两位教师带领本专业1983级20名学生，对位于长春地区农安县的左家山、小城子和黄鱼圈，德惠县的大青咀和二青咀等地进行了为期十天的田野考古调查。这次调查主要是沿着第二松花江及其支流伊通河、饮马河及沐石河沿岸的第二级台地进行的。台地一般高出河流水平面20～30米，台地顶部平坦开阔，坡度和缓，周边多为一望无际的开阔地，水源充足，非常适合古代人类居住。

调查队伍在行至当时农安县城郊乡伊通河北岸一处名为左家山的台地上时，地表上发现的陶片引起了老师和同学们的注意。尽管这些陶片多为素面，但是少量带有纹饰的陶片却是以往在这一区域的考古工作中所未见。遗址地表为耕地，虽然很少见到陶片，但在自然冲沟和河水冲刷形成的断崖上散见有较多的陶片，并可见人牙、人骨、蚌壳和猪、鹿、羊、鱼、鼠类等的动物骨骼，除此之外，还发现有少量的石器和骨器。同时，在断崖的剖面还可以看到古代人类生活遗留下的灰坑的遗迹，少量裸露的灰坑内还含有大量银白色蚌壳，非常引人注目。

左家山遗址位于农安县东北，距农安县城将近4公里，遗址处于高家屯南偏西约500米的耕地里，为一处高于伊通河约20米的二级台地。台地南侧已被河水冲刷出坡度较陡的断崖，伊通河在这一带呈东西流向，蜿蜒曲折，奔流向东，直至农安县青山乡，与饮马河汇合后注入第二松花江。河岸台地随河水流向形成，由于常年雨水冲刷等自然作用，形成了很多南北向的自然冲沟，左家山遗址恰处于两条自然冲沟之间的一处地坎较高的台地上。这里既有渔猎之便，又适于农耕，非常宜于人类居住生活。新石器时代的先民当年生活的伊通河畔应该是一片平地，后来由于地质运动，沿河区域逐渐下切，成为一级阶地。遗址所在区域逐渐抬升，成为二级阶地，形成了当地人口中的"左家山"，而断崖作为两级阶地的交界处，生动展现了这一带的地层情况。左家山新石器时代遗址，大致就位于耕土层以下、黄土层以上的地层中。

左家山考古学文化的命名

要想让一处深埋地下的遗址科学、合理地讲述历史，离不开考古工作者的辛勤努力，左家山遗址也是如此。在这处遗址被发现的第二年，也就是1985年，经有关部门批准，吉林大学考古专业教研室对该遗址展开了考古发掘。时隔30年后的2015年，吉林大学文学院考古学系又对左家山遗址进行了第二次考古发掘。

第一次考古发掘面积共计400平方米，发现新石器时代房址1座、烧土遗迹2处、灰坑20个，以及一批陶器、石器、骨器等文化遗物。这些出土的遗迹和遗物，发掘者经过考古地层学、考古类型学研究，并结合碳十四测年，认为左家山遗址共存在三期遗存。其所代表的文化内涵绝对年代在距今7300～4500年，其中左家山第一期、第二期遗存距今7300～5500年，二者之间存在某些共性，可命名为左家山下层文化。左家山第三期遗存距今5500～4500年，可命名为左家山上层文化。经发掘清理的房址属左家山下层文化，为圆角方形半地穴式，房址虽然破坏较为严重，但门道、柱洞及屋内的灶都清晰可见，房内出土有陶器的残片，少量的骨针、骨锥和骨角料以及蚌壳等，对于揭示当时先民的社会生产生活状况具有重要意义。

2015年进行的第二次考古发掘，再次出土了新石器时代的陶器、石器、动物骨骼等，进一步印证了第一次发掘的结论。

新石器时代的村落营建

因为左家山遗址揭露的面积小，出土遗存不够丰富，对于完整揭示这一文化的聚落形态及文化内涵尚显不足。1986年和2017～2018年，吉林省文物部门又分别组织，对位于农安的元宝沟遗址及五台山遗址进行了考古发掘。特别是对农安五台山遗址的发掘，对于揭示这一考古学文化内

陶石古韵

↑ 五台山遗址地形地貌

← 五台山遗址发掘区航拍

↓ 五台山遗址出土新石器时代陶器

涵及其代表的聚落形态提供了重要的考古材料支撑。

五台山遗址地处第二松花江流域下游，位于长春市农安县波罗湖西岸台地上，是包含新石器时代、青铜时代两个时期的聚落遗址，该遗址2019年成为全国重点文物保护单位。鉴于该遗址的重要学术价值，2017~2018年，吉林省文物考古研究所联合长春博物馆，对该遗址开展了为期两年的主动考古发掘。

经过对波罗湖西岸台地的调查，发现同时期遗址地点共5处。综合前期考古工作情况，最终选择五台山遗址地点和杏树山遗址地点开展了考古发掘。五台山遗址地点两个年度共发掘面积1500平方米，发现灰坑、墓葬及房址等各类遗迹94个，其中房址16座、灰坑74个、灰沟3个和居室葬1座，出土了丰富的陶器、石器、玉器和骨角器等遗物。

根据出土遗存分析，五台山遗址地点为包含新石器和青铜两个时期遗存的大型聚落址，以新石器时代遗存最为丰富。在发现的遗迹中，全部的房址、灰沟和墓葬以及59座灰坑都属于新石器时代。这些发现为第二松花江流域及周边地区新石器时代聚落考古提供了新的考古学资料。在五台山遗址地点西侧与台地相连的位置还发现一条长约70米、贯穿台地南北的壕沟，所发现的新石器时代遗存全部位于壕沟东部，该壕沟应具有边壕性质。

杏树山遗址地点发掘面积较小，但揭露的遗存较为丰富。共揭露灰坑2个、墓葬4座及房址2处，这些遗存都属于左家山下层文化晚期遗存。几座墓葬经过树轮校正的年代在公元前3657~前3519年。因此，无论从绝对年代还是从内涵上看，杏树山遗址都属于左家山下层文化的晚期遗存。

经考古勘探，五台山遗址地点共确认新石器时代房址36处，经考古发掘清理16处，均属左家山下层文化，为第二松花江流域首次发现数量如此众多的新石器时代房址。房址为圆角方形半地穴式，呈围绕台地中心的向心式分布，门道朝向基本指向台地中心。遗址西侧修建有边壕。

新石器时代的生活作业方式

五台山遗址左家山下层文化时期的环形聚落布局，在新石器时代并不多见，五台山的先民充分利用遗址所在的地形地势，对村落的营建进行了完整规划。这种规划除了考虑氏族部落的有效管理之外，也充分考虑了当地的地理环境、气候条件以及日常生产生活便利等因素。

波罗湖是农安县境内最大的自然湖泊，吉

↑ 五台山遗址发掘清理的半地穴式房址

林省中部唯一一块大型自然湿地。全新世以来五台山遗址附近地质构造稳定，地貌格局基本未发生较大的变化，波罗湖湖盆地也未发生变动。波罗湖作为五台山遗址先民赖以生存的源泉，其水文状况深刻影响着五台山先民的生产生活。这一时期五台山遗址的气候温暖湿润，年平均降水量达615毫米，属于典型的森林草原环境，湿润的气候使得松嫩平原地势低洼处形成了很多湖泊。此时的波罗湖正处于水位最高的阶段，面积可达155～200平方公里，水深10～15米。湖泊北部地势低缓处形成了大片的沼泽湿地，生长了大量的芦苇、香蒲等挺水植物，东岸与南岸地势较低处形成大片的泥滩湿地，仅有湖泊西部地势起伏明显，湖岸未形成泥滩。为了防潮且便于晾晒鱼干，五台山先民不得不克服60米以上的高差，来到五台山西岸台地建造房屋。暖湿的环境下生长了大片以阔叶树为主的森林，给五台山先民提供了丰富的食物资源和薪材原料。此外，在波罗湖的东部，敖宝图泡西岸500米处土岗缓坡上有一新石器时代遗址——元宝沟遗址。遗址出土的动物骨骼碳十四测年经校正后为距今约6300年。遗址海拔200～210米，高出水面30～50米。当水位超过180米时，遗址南北两侧低洼处已经成为沟通波罗湖与东部元宝泡和敖宝图泡的通道，

鸟形陶塑

↑ 左家山遗址出土的鸟形陶塑

元宝沟遗址史前先民活动空间将会受限。

第二松花江流域处于长白山余脉向松嫩平原逐渐过渡的地带,中上游地区多为山地丘陵,下游地区主要为河谷台地,流域内河网密布,湖沼纵横,地势起伏较小,水资源及动植物资源较为丰富,是人类理想的生活场所。五台山遗址的植物考古研究为第二松花江流域从左家山下层文化至青铜时期植物资源利用模式及生业方式变化提供了重要基础资料与线索。经过科学的采样和系统浮选,五台山遗址获得了比较丰富的炭化植物遗存。粟和黍的出土,表明左家山下层文化时期当地先民已经开始种植以粟、黍为代表的农作物。从出土概率来看,农业生产已进入北方旱作农业体系。根据粟和黍在绝对数量和出土概率的对比分析,当地先民对黍的利用率要高于粟。结合东北地区及其他旱作农业地区材料,五台山左家山下层文化先民的农业还处于早期发展阶段。除了出土农作物种子之外,遗址还出土了其他植物种子,如稗、藜、酸模叶蓼、野大豆、狗尾草、马唐、大麻、地肤、胡枝子、拉拉藤、水棘针、牻牛儿苗、酸浆、黄檗等，部分植物如稗、藜、野大豆、马唐、酸浆等，可以作为重要的野生植物食物来源，也间接表明采集作为生业方式的补充仍然存在。在左家山下层文化的单位中发现了大麻籽遗存，虽然出土数量有限，但也再次证实了大麻在中国史前社会的重要性。

五台山遗址出土动物种属主要有狍子、獐、猪、狗、环颈雉、淡水鱼类、淡水软体动物类、啮齿目类动物、狗獾、猞猁等。遗址内先民的主要肉食来源以大中型哺乳动物为主，以雉科、水生动物为辅。五台山遗址动物群中仅有狗为家养动物，其余皆为野生动物，野生动物在遗址先民肉食贡献中占主要位置。遗址先民采取的是以打猎捕捞为主的渔猎生业方式。五台山遗址动物骨骼风化程度较轻但破碎程度较高，且骨骼表面具有切割痕、砍砸痕、烧烤痕等一系列人工加工痕迹，表明骨骼暴露在地表的时间不长且先民对动物骨骼利用程度较高，加工动物遗存方法具有一定专业化水平。

↑
五台山遗址发掘清理的内置完整羊骨架的灰坑

另外，根据野生动物的种类可知，遗址周围生态环境良好、野生动物资源丰富，具有森林、草地、河流等生态景观，适宜人类生存居住。对这批材料进行研究有助于了解新石器时代中期西流松花江流域先民的生产生活情况。

五台山遗址考古揭露的新石器时代遗存意义重大，为研究第二松花江流域新石器时代文化编年序列和谱系关系提供了重要考古材料。尤其结合出土遗存，通过动植物考古、地理环境、体质人类学等多学科交叉研究，为恢复和重建左家山下层文化聚落布局、社会组织形态和生业方式等提供了多维度参考，丰富了左家山下层考古学文化内涵。

新石器时代先民的原始宗教与审美

1985年，在左家山遗址下层中出土的石龙，是该次考古发掘的一件重要文物。石龙高4.4厘米、宽3.8厘米、厚1.1厘米，造型古朴，表面呈黄色，首尾相衔呈蜷曲状，中心圆孔较大，颈后背脊处穿有一孔。龙首上嘴、鼻、眼、耳等器官清晰可辨，嘴向前凸，吻部较宽，双眼突出，双耳凸起。龙身光素无纹饰，打磨光润。石龙造型与发现于辽西地区红山文化的玉猪龙十分相似，但年代上要比红山文化玉猪龙早500~1000年，被考古专家认为是红山文化玉猪龙的"祖形"，堪称"中华第一独体雕刻龙"，由此，左家山遗址所在的第二松花江流域也被认为是中华文化龙文化的发祥地之一。无独有偶，2017年，在农安五台山遗址还出土了一件鸟形玉器，这件玉鸟造型古朴生动、线条流畅，长5.5厘米、宽3.6厘米，同属于距今7000~6000年的左家山下层文化，是目前我国考古发现的年代最早的鸟形玉器，是后来各种鸟形玉器的雏形，可谓"中华第一玉鸟"。无论是石龙还是玉鸟，都是新石器时代先人在认识自然、征服自然和改造自然过程中对自然现象认识的集中反映，这种原始的带有祭祀性质的遗物也可以视为原始宗教的雏形，是古代先民祈求和向往美好生活的见证，在一定程度上也反映了先民的审美观。

石龙

↑
左家山遗址出土的石龙

玉鸟

↑
五台山遗址出土的玉鸟

多元共生
——青铜时代的吉林

在距今 4000 年左右，活动于吉林大地的人们生活发生了一次重大变化——他们手中的工具和武器不再只是石器，他们学会了从矿石中提取金属，并开始用它来制造工具或武器。这样，古朴庄重、泛着青灰色光芒的青铜器正式走进了他们的生活。

中国的青铜时代起始于夏代，止于春秋战国之交，约相当于文献上记载的夏、商、周时期，经历了1500多年的历史。

相比新石器时代，吉林省青铜时代考古工作起步较早。20世纪30年代，李文信先生就在吉林市郊区开展过考古调查活动。1948年，杨公骥先生对西团山遗址进行了发掘，这是中国学者在吉林省境内的第一次考古发掘。中华人民共和国成立后的20年时间里，吉林省青铜时代的考古工作以调查为主，伴有小规模发掘，主要有吉林西团山、骚达沟、土城子、两半山、长蛇山、永吉旺起屯、大赉东山头、汪清新华间北山、新安间等遗址或墓地。西流松花江流域"西团山文化"的确认与命名及"东山头遗存"和"长岗子遗存"的提出，为以后探讨吉林省青铜时代考古学文化奠定了基础。

进入20世纪70年代，吉林省青铜时代考古工作步入了一个新的发展阶段。在大规模田野调查的基础上，发掘了一批重要遗址，主要有永吉大海猛、星星哨、东梁岗、吉林猴石山、大安汉书、后套木嘎、延吉柳庭洞、金谷墓地、和龙兴城、珲春河西北山、汪清水北、通化万发拨子、双辽后太平、大金山、梨树风水山、长山、农安邢家店、田家坨子、甩子卫等遗址或墓地。这些重要的考古发现，基本搭建起吉林省青铜时代的时空框架和谱系关系。

049

01 文明之光
——西团山文化

吉林市船营区欢喜乡吉兴村的西南，温德河水从西面缓缓流来，在温德村北汇入松花江中。在温德河北岸，有一座高出附近平地40米左右的小山，因为它位于吉林城区的西边，山势又呈圆形，所以叫西团山。西团山东北高且陡峭，向西为蜿蜒起伏的漫岗，绵延至平地沼泽与河流的冲积平原相接。

"山不在高，有仙则名。"当然，西团山的名气，不在于它是一个有许多离奇传说的"神岳仙山"，而是因为山上有多个历史时期的文化遗存，引起了中外考古学家的特别关注。

早在20世纪30年代，我国考古学者李文信和日本考古学者三上次男、滕田亮策等人就在西团山做过考古调查。1948~1949年，东北师范大学（原东北大学）杨公骥先生带领部分师生对西团山遗址进行了两次考古发掘，并于1949年发表了《西团山史前文化遗址初步发掘报告》，这一重大发现得到了国家的重视。1950年，在中国科学院院长郭沫若的倡议下，在著名文物学家、考古学家、中华人民共和国文化部文物局局长郑振铎和副局长王冶秋的组织下，由享有盛誉的考古学家、古生物学家裴文中任团长，组成了东北考古发掘团，主要的成员有对东北考古造诣很深的考古学家李文信教授和考古学家、古生物学家贾兰坡教授，以及其他有关学术单位成员，同年9月即开展了对西团山遗址的考古发掘工作。

这应该是中华人民共和国成立之后进行的第一次抢救性重大考古发

多元共生

↑ 吉林市西团山遗址保护标志碑

掘。总计发掘墓葬19处，出土石器、陶器等遗物138件。专家认定，其相对年代约在春秋战国之际，是2000多年前东北南界辉发河、东界张广才岭、西界东辽河这一广大区域内文化类型的代表，属于东北地区腹心区域的早期文化，时间断代上属于青铜时代。发掘工作结束后发表了《吉林西团山石棺墓发掘报告》，也就是在这一报告里，首先提出了"西团山文化"这一科学命名。这样，西团山遗址就成了在东北地区富有特色的"西团山文化"的命名地了，由此揭开吉林松花江流域乃至吉林省考古最重要的篇章。

西团山遗址包括生活住址和石棺墓地两部分，面积4万余平方米。生活住址为深地穴式、半地穴式和浅地穴式。说到石棺墓，人们可能想到它大概使用石头雕凿的，样子和今天的木头棺材差不多，其实并不是这样。生活在大约3000年前的西团山人，还没有能力将一块大石头凿成一口大棺材。考古学家所说的石棺，实际上是用天然的花岗岩板石立砌或块石垒砌而成的一种葬具，样子不仅同今天的木棺大不一样，而且同辽金时期装骨灰的石函也不一样。板石立砌墓多有副棺，即在墓室的

↑
西团山文化骨匕（龙潭区杨屯大海猛遗址出土）

↑
西团山文化石耜（永吉黄榆大脑瓜山钓鱼台遗址出土）

↑
西团山文化猪首石雕（永吉县双河镇黑石村出土）

尾端正前方或一侧另砌的专门放置随葬陶器用的小棺，它与主棺相连接。西团山石棺墓的形制大体分为三种类型：其一为长方形带副棺的石棺；其二为长方形无副棺的石棺；其三为近方形的石棺，其形体很小，是专门装殓幼儿的。前两种石棺一般长 1.8 米，宽 0.5~0.6 米，高 0.4 米左右。石棺底部有的铺垫板石，有的则直接将墓壁建在风化花岗岩之上。

石棺均埋在山坡地表以下，最深可达两米左右，地面皆不见封堆。但石棺墓的排列、方位和葬式有一定的规律，石棺基本上依山势作单行、横向排列，间距 1~2 米。石棺的方位多半为东北—西南向，墓主人头朝山顶，脚向山下，皆为单人葬。死者的葬式，从骨架看多为仰身直肢，少数为仰身屈肢，或者两手交置于胸前，或者小腿向一侧弯曲。

在西团山发掘的三十六座石棺墓中，除一座墓没有随葬品外，其他都有随葬品，而且随葬品的品种和数量没有多大差异。在随葬品中鼎、鬲、甗等炊具基本不可见，而多随葬生产工具、盛器和饮食用具等。出土的遗物有生产工具，如石斧、石锛、石刀、石镞和石纺轮等，绝大多数是磨制石器；有生活用具，如陶壶、陶罐、陶钵、陶碗、陶三足器等，陶器都是手制、素面、夹砂陶，有装饰品，如白石管、野猪牙饰等。从随葬品放置的位置看，装饰品多放在头、颈、胸部，生产工具多放在腰部两侧，生活用具多放在小腿附近或副棺以内。另外，在不少石棺里边或棺盖上面发现了家猪的臼齿或猪的下颌骨，在两座石棺的陶罐和陶碗中，发现了炭化黍粒和金色狗尾草籽。

随葬品的组合也有一定规律，一般随葬纺轮的墓不随葬石镞，与纺轮共存的多为石刀、陶壶、陶钵和白石管；而随葬石镞的墓不随葬纺轮，与石镞伴出的多为石斧、石锛、陶壶、陶罐和野猪牙饰。前者为女性墓，后者为男性墓。这种现象反映了男、女在生产上分工的不同。在佩戴装饰品方面，男女虽然不太严格，但也是有所选择的，男子多愿意在头上或胸前佩戴野猪牙饰，女子则喜欢在脖子上佩戴用白石管串缀的项链。

西团山石棺墓及其随葬品，为我们研究西流松花江流域古代居民的社会形态、生活和生产情况以及葬俗，提供了宝贵的实物资料。在西团山文化分布范围内，既有如波似浪的低山丘陵，又有宽广开阔的平原沃野，还有纵横交错的江河湖泽，这种复杂的地理环境，为人们获取生活资料和从事生产活动提供了优越的条件。早在六七千年前，这里就有人类繁衍生息。又过了3000年，便进入了西团山人生活的时代，其时间大体相当于西周初年到春秋初年。活动在这一广大地域的西团山文化的居民，以半地穴式房屋、石棺墓和基本器物组合，构成了西团山文化的基本特征，这是一个有着共同地域、共同语言、共同经济生活、共同习俗与信仰的民族共同体，文明曙光开始出现。

从古到今，生与死是人类存在永恒不变的主题。西团山人有自己的公共墓地，这是同他们牢固的部落观念分不开的。西团山人对于人的死亡还缺乏科学的认识，他们以为人死了是长眠，只是躯体离开了现实世界，而灵魂是不会死的，还要在另一个世界里生活。至于另外一个世界究竟在什么地方？是一个什么样子？西团山人自然也是不清楚的。不过他们出于对祖先发祥地的思慕和美好的向往，认为那里山是青的、水是秀的、土是肥的、林是茂的、人是亲的，人死后的灵魂回到那里去，同自己的祖先生活在一起，一定是无限幸福的。祖先发祥地在哪里？由于代代相传，他们认为在很远很远的地方，只要将死者的头指向祖先发祥地，他的灵魂就会跨越山山水水与祖先相会。

关于西团山人当时埋葬的情景或者有关葬仪，今天是无法看到了，但是根据墓葬材料和有关民族志材料，我们还是可以做一番推测。当时的丧葬活动可能是这样：部落成员死后，死者家属立即报告部落首领，由首领组织所属部落成员上山去采集建造石棺的石材，到公共墓地指定地点去挖掘墓坑；死者的家属则在家里给死者穿好衣服，戴好装饰品，归拢好死者生前用的生产工具和生活用具，然后还要宰杀自己家喂养的生猪，准备比较丰盛的饭菜，以便犒劳为营造棺墓出力的人和为死者下葬用（下葬主要

↑
西团山文化柳叶形石镞（永吉五里河松柏村转山头石棺墓出土）

↑
西团山文化菱形石镞（永吉五里河松柏村转山头石棺墓出土）

用猪下颌骨）。

　　下葬的时候，由巫师诵念咒词，祝愿死者安然无恙地回到祖先发祥地那里去，死者的亲人要将死者生前用的器物以及为死者准备的食物放到棺材里（也有的放在副棺内或棺盖上），然后就由部落的人埋土，将墓穴填平，埋好后，由公共墓地的主管人在地表插上木桩作为标记，以便后死者按顺序埋葬。

　　西团山文化是吉林大地上一种独具特色的原始文化遗存，见证了东北大地源远流长的历史。西团山文化的下限与夫余建国的年代相衔接。从地层分布看，西团山文化的上层为夫余文化遗存。在两种文化相交处，往往出现西团山文化与夫余文化相混的现象，反映出西团山文化被融入夫余文化之中变成夫余文化的有机部分。秽人部落以上游松花江流域为中心，历经千年积淀，成为东北第一个文明古国——夫余国的立国基础，也是东北其他族系的历史人群进入文明时代的推动力量。秽人部落揭开了吉林先祖的历史盖头，由此开始了秽貊人共同创造夫余王国的历史篇章。

　　1987年10月24日，西团山遗址被吉林省人民政府公布为第四批省级文物保护单位，2001年6月25日，又被国务院公布为第五批全国重点文物保护单位。

02　河畔聚落
　　——汉书遗址

　　在弯弯的洮儿河与浩瀚的嫩江交汇处，有一个烟波浩渺的大湖——"月亮泡"。它似一颗耀眼的明珠镶在广袤的嫩江平原上。汉书遗址，被誉为吉林省"露天博物馆"和"地下文物仓库",中国东北三省典型青铜时代文化的命名地,一段距今4000～2000年前的先民生活,就浅浅地被尘封在月亮泡南岸高岗上的耕地下。

汉书遗址所在高岗,当地人称其为"北山",考古界却称之为汉书遗址,这里就是3500多年前松嫩平原先民的故地。

汉书遗址南邻月亮泡镇政府及汉书村,西、北两面紧贴月亮泡,向东、向南两侧地势逐渐降低。由于该遗址系一处典型的沙坨型遗址,受流水侵蚀和风力剥蚀较为严重,临水一侧形成高耸的断崖。这里地处松嫩平原腹地,科尔沁草原东端,洮儿河汇入嫩江,交汇处形成月亮泡。几千年前这里的气候更为温暖湿润,遗址周边有大片水域,还有广袤的草原,土地丰腴,特别适宜人类繁衍生息。

早在20世纪60年代,当地的村民在土岗上种地时就经常能刨出一些陶器的残片。1974年5月和2001年的两次发掘,汉书遗址终见天日。

↑
陶鬲(2001年大安市汉书遗址出土,吉林省博物院藏)

1974年5月，吉林省博物馆文物工作队和吉林大学历史系考古专业组成联合考古队，对遗址进行首次发掘，发掘面积计700余平方米，发现房址、墓葬、窖穴等遗迹，出土了一批较为典型的陶器、骨器、青铜器及少量石器、铁器。此次发掘，根据遗址地层及文化内涵分析，初步将汉书遗址分为两期，并明确了二者的文化接续关系。

汉书一期文化以土坑墓为代表。该墓葬为二次葬，内置3个人的头骨和零乱且有缺失的肢骨，墓主人随葬筒形罐及小件青铜饰件，根据随葬器物判定其为白金宝文化遗存。该期文化已进入青铜时代，约相当于中原的西周时期，其族属可能为秽貊族。

汉书二期文化的遗存为房址和窖穴。发现半地穴式房址8座、窖穴20余处。石器发现较少，只见磨制石斧、锛及锤斧等，还发现石鱼钩范。出土陶器颇具特色，包括鬲、壶、罐、钵、碗、杯、支座、舟形器

↑
汉书遗址出土的陶塑

等。还见青铜器陶范及铜镞、铜扣、铜矛等小型青铜器，并伴有青铜短剑的配饰——石枕状物。同时，发现少量铁器，主要有銎形斧和刀，銎形斧形制与中原战国秦汉时期汉族同类型器物相同。骨角器较多，有锥、矛、匕、纺轮、带孔骨片及骨笄等。带孔骨片可能为甲衣的附件，侧面反映了当时军事活动的频繁。出土遗物表明，第二期文化即汉书文化，年代下限相当于西汉，其族属可能是当时活跃在松嫩平原的夫余族。

2001年，吉林省文物考古研究所对汉书遗址进行第二次考古发掘，发掘面积共计2000平方米。根据对地层关系及出土遗物分析，将此次发掘资料分为四期。

第一期文化遗存为小拉哈文化，年代约相当于夏商时期。仅存灰坑6个。出土遗物有陶器、石器及骨、蚌器。本期陶器可分砂质、泥质两类，可辨器形有罐、杯、钵、壶、盂、盅等，素面为主，部分器物口沿处饰对称的乳钉或泥饼。纹饰陶器较少，以刻划纹及戳印纹为主。石器仅见1件石斧，骨、蚌器包括骨锥、骨鱼镖、骨管、骨簪、蚌匕等。

第二期文化遗存为古城文化，年代约相当于商至周初。发现房址5座、灰坑31个。出土遗物有陶器、石器、骨、角、牙、蚌器。陶器多为黄褐色砂质陶，器形以单耳杯和钵为主，还见鬲、壶、碗、罐、瓮、豆等。除部分素面陶器外，纹饰陶占大宗。以繁缛而有规律的条带状分布的几何纹最具代表，此外，还有少量附加堆纹、绳纹、指甲纹和戳印纹。除生活用器外，还有陶支脚、陶范、纺轮、网坠、陶塑等。石器种类增加，包括石斧、刀、刮削器、锛、磨盘、磨棒、镞、砺石等。骨、角、牙、蚌器以骨器为大宗，包括工具、饰品、武器等。

第三期文化遗存为白金宝文化，年代约相当于西周至春秋时期。仅存灰坑12个。出土遗物有陶器、石器、骨、蚌器。陶器以砂质、夹砂陶为主，黄褐色居多，可辨器形包括筒腹鬲、筒形罐、折腹钵、杯、壶等。纹饰陶为大宗，以粗篦点纹为主，另见指甲纹、戳印纹、附加堆纹等。除陶容器外，还见陶支脚、陶纺轮、陶球、陶饼、陶范等。石器较少，仅见砺石、敲砸器各1件。骨、蚌器有骨锥、骨针、骨匕、蚌刀、穿孔蚌器等工具、武器和饰品。

第四期文化遗存为汉书文化，年代约相当于战国至西汉初期。发现房址7座、灰坑16个。出土遗物有陶器、铜器、石器、骨、角、牙、蚌器。陶器以砂质灰褐陶为主，器形主要包括鬲、壶、罐、碗、钵、杯、盅等。红衣彩绘及红衣刻划纹风格突出，另见部分素面陶。除陶容器外，还有支脚、陶范、网坠、纺轮、陶塑、舟形器等工具、玩具及饰品。该期新见铜器，主要有铜锥、镞、刀、带扣及铜片。石器类型多样，包括石斧、刮削

↑
汉书遗址全国重点文物保护标志碑

器、敲砸器、磨棒、石叶、穿孔器等工具或武器,还有少量料珠、玛瑙球等饰品。骨、角、牙、蚌器包括锥、鱼镖、镞、纺轮、针、甲片等工具及武器。

对汉书遗址的二次科学而系统的发掘,不但证明了松嫩平原远古的文明历史,也将汉书先民的足迹呈现在世人的面前。

1974年和2001年对汉书遗址的两次发掘,出土最多的器物是陶器,此外还有骨器、角器、石器、青铜器等。两次出土的陶器可以说是吉林省西部最早的一座陶器陈列馆。汉书遗址出土的陶器,是先人送给今人的礼物,它们在穿越了漫长的时光旅途之后才抵达我们的面前。虽然漫长的岁月洗去了陶器身上携带的大量文化信息,使得今天对它们的所有接近和探索都像在猜一个久远的谜。根据陶器的质地,可分为夹砂灰褐陶、泥质褐陶、泥质黄褐陶、磨光红衣陶等。陶器的制作方法均为手制,并采用了泥条盘筑法。陶器质地坚硬,颜色纯正,烧陶的火候较高,可达1000℃,其器形有罐、壶、钵、杯、鬲、瓮、台状支座等。

值得注意的是,汉书文化的陶器纹饰充分显示了古代拓荒者的智慧,繁缛的陶器纹饰凝聚着他们3000多年前的非凡创造力。在陶器表面上刻有几何纹、附加堆纹、指甲纹、锯齿纹、方格纹、划纹、刻纹、弦纹、锥刺纹、乳丁纹、蛙纹、鹿纹、仿回字纹等,这些纹饰既反映了汉书先民对生活的热爱和充满激情的态度,也反映了他们原始思维中的精湛艺术水平。如果把这些纹饰作为有机的整体组合在一起的话,那么我们将看到一幅非常壮观的生活场景的画面。直到人们亲眼看见了这些古代的艺术品,你才会相信,我们的先人在工艺技术和雕刻技巧上为什么表现得如此杰出。这主要是因为当时的人们在远没有掌握铁器制造技术时,就能够在未经烧成陶器前的绵软的陶胎上,利用骨、石、贝壳等坚硬的东西,在陶胎上进行着理性的思维和富有想象力的创造。从某种意义上说,陶器的纹饰是一种特殊的语言表述形式,它应该是最有深刻意义的历史档案。

陶范　　　　　　　　　陶鬲

陶壶　　　　　　　　　筒形罐

陶壶

单耳杯

陶网坠

陶罐

从出土的生产工具看，主要是骨器、蚌器和石器，仅蚌刀、蚌镰就有数十件之多，骨器中有磨制精美耐用的骨鱼镖、骨矛、骨镞、骨刀、骨匕、骨片、骨针、骨锥等。蚌刀、蚌镰的出土，证明当时已有农业收割工具。石器中有磨制的石斧、石锤、石刀、石镞、刮削器等。从两次发掘中出土的生产工具分析，以陶网坠为最多，其经济类型是以渔捞和狩猎为主，并兼营农业及家畜饲养。也就是说，渔猎经济占主导地位。这也是由于嫩江流域特殊的自然条件、生态环境和气候特征，导致这里只能够发展以渔猎型经济为主导，农业、采集业、家庭驯养业为辅助的生业方式，形成嫩江流域独具特色的渔猎型青铜文化。

从出土的青铜、矛、刀、锥、扣和鱼钩等青铜器和墓葬形式看，这里已经广泛开始使用青铜器，这标志着汉书一期文化已进入青铜时代，迈进了阶级社会的门槛。还发现了銎形斧和刀等铁器。銎形斧的形制与战国秦汉时期华夏汉族使用的同类器物一样，反映了中原的先进文化和技术对古代汉书先民的影响。

尽管我们对汉书文化内涵的研究还有待进一步加强，但对汉书文化的分布范围随着考古工作的不断深入现已基本明晰。即汉书文化主要分布在以嫩江中下游，松花江上、中游为中心的松嫩平原地区。在嫩江流经白城市184公里的流域内，目前查明的有70多处这一时期的遗址。面对这样规模的青铜时代遗存，人们不禁要问，在距今4000多年到2000多年前，在今天松嫩平原创造如此文明的汉书先民究竟是属于中国东北的哪一个民族呢？这一直是历史考古研究的一个重要课题。

汉书遗址规模宏大，是松嫩平原嫩江下游地区的一处夏至西汉早期聚落遗址。遗址文化内涵丰富，演进规律鲜明，对松嫩平原早期考古学文化的发展脉络起到重要填补及衔接作用，为架构和完善这一地区夏至西汉早期考古学文化年代标尺提供了关键性依据。该遗址保留着秽貊族和夫余族在这里生活的大量遗迹和遗物，是一处极其珍贵的历史文化遗存。集中反映了松嫩平原青铜时代的文化面貌，不仅对研究秽貊族、夫余族及夫余国有重要价值，而且对研究高句丽族的起源和东北肃慎、东胡族的源流乃至东北历史的考证研究均有不可估量的意义。

鉴于汉书遗址在考古界的价值和地位，1987年10月26日，被吉林省人民政府公布为第四批省级文物保护单位，2001年6月25日，又被国务院公布为第五批全国重点文物保护单位。

03 青铜时代的"十字路口"
——风水山遗址

提起东北，你的第一印象是什么？是万里雪飘下的苦寒蛮荒？还是人迹罕至的沃野千里？然而，将历史的记忆回溯至几千年前的青铜时代，东北地区却是各类文化的碰撞地带，异彩纷呈，交融影响，你方唱罢，我便登场。东辽河下游吉林省梨树县风水山遗址就是不同文化交往、交流和交融的产物，见证了青铜时代我们脚下这片沃土的兴衰与风雨。

风水山遗址位于吉林省四平市梨树县西北的刘家馆子镇大力虎村陈家坨子屯东的一处高于地表3米多的风积沙丘之下，多年前的一次大洪水让当地村民流离飘零，纷纷咸集于此，得救于水火，故名"风水山"。然而，"风水"一词却歪打正着地定义了远至青铜时代的这处"风水宝地"。

遗址南邻下辽河左岸的辽东北地区，北部与嫩江流域遥遥相望，第二松花江环抱其东，西及下辽河右岸的辽西平原地区，可谓是东北地区的"十字路口"。其位于辽东山区，又靠近辽西平原，亦农亦牧的生活方式融合了各类文化的先进成果。风水山遗址以其典型的文化面貌展现了早期青铜时代，尤其是夏末商初，东北地区不同文化的交流与互动。

风水山遗址地理位置图

  2009年初冬时节，当地村民在此取土，沙丘深至3米处，发现红烧土及大量素面夹砂陶片，一处掩藏在风沙下3000多年的遗址重见天日！

  风水山遗址破坏严重，推土机下残存的几处房址已是苟延残喘，但科学的田野考古方法及考古工作者丰富的发掘经验，仍能用其一双妙手复原几千年前的文明。

2009年12月，初雪竟比往年来得晚了一些，也许是天公作美，为考古工作者抢救危难之间的古遗址大开便利之门。一星期，七天，168小时，时间是件复杂又神奇的礼物，第一场风雪来临之前被抢下的168小时，再次丰富了东辽河下游左岸地域早期青铜时代的历史文化。然而，多年的田野经验提醒着细心的考古人员，区区168小时不能完整揭露该处遗址，乍暖还寒的冰雪无法浇灭考古热情，次年春季的第二次短暂发掘，再次不负众望。三座房址及大量遗物拼凑起消散在千年前的记忆，讲述着千年岁月中的那些人的那些故事……

通过考古发掘可知，三座房址形制规整，均为土坑半地穴式，面积30～45平方米不等，房内墙面及地面均做过专门处理，制作精良。房址朝向一致，虽然各房址间距较小，但布局合理，房址附近多有灰坑相伴，利用率较高。房址居住面上陶容器、石制工具散列，并有少量动物骨骼伴出。房间一隅集中摆放的箭杆整直器、石刀等生活用具让我们对古人的生产传统、居住习惯产生了无限遐想。一致的朝向及合理的布局显示了先人的长远规划及较高的利用率，室内的精致设计又反映出代代相传的烛火。

同时，房址的情况可以透露当时的人口数量、人口密集程度等相关信息，虽然远至千年，先人生活得远比我们想象的舒适、富足、幸福。当时的人居住面积宽裕，生活用具齐全，房址附近的灰坑内发现大量兽骨，可辨别的种属及部位有狍子角、猪骨、狗獾下颌骨、羊距骨、鸡骨、鱼骨、角蚌、契蚌、珠蚌、中华圆田螺等，可见当时的食物种类之多样、食材之丰富。

内有多口之家，融融共乐；外有无间邻里，鸡犬相闻。秋收冬藏，戴月披星，家家的灶火边是伴着孩童嬉笑声的袅袅炊烟……

整齐划一的房址展现了先人静谧、规整的居住环境，房址内成堆摆放的破碎陶片更便于我们嗅到千年前的生活气息。最有特色的器物非出土的陶瓮莫属，最大腹径65.8厘米、高72厘米，3000年前的黑土之下竟尘

宝藏历史·岁月吉林

↑
风水山遗址考古发掘现场

↑
一个小小的窖藏

封着如此庞大的器物，这不仅仅是视觉上的冲击，更是先人精湛技艺的闪现！这种口大底小的造型是对工匠技艺的严苛考验，残缺后将断茬磨圆的口沿一方面表明多次利用下对陶器的珍视，又在一定层面上反映出先人磨制技术的成熟。

遗址以其特有的地理优势，吸收了辽西、辽东两地先进文化的精华，同时形成了自身特色。风水山出土的众多陶质箭杆整直器，便是当地先民凝聚智慧的典型代表。箭杆整直器，常见于新石器时代，石质，竖向带凹槽，加工箭杆整直之用。早期器物见于晚期并不稀奇，但以陶代石，不仅仅是时代进步的优势，也是先民顺势而为的体现。

风水山横跨辽西平原及辽东山地，又毗邻多条河流，为东北地区的交通命脉，是众多文化融合的产物。它的前尘往事、轮回因果可在出土的众多遗物中找出线索，散落的陶片把数千年前那阵阵鼓鸣、声声车马的记忆召回。

遗址出土的陶器器形多样、特征明显。在对其研究的过程中，专家发现其与辽西平原地区的典型考古学文化——高台山文化,及辽东北部地区的典型考古学文化——马城子文化,这两者的出土陶器有很大的共性。高台山文化,首见于辽宁新民县的高台山遗址,主要分布于秀水河及下辽河主河道以西的新民、彰武和阜新境内,由夏代中晚期延续至整个商代。同一时期,辽东北部地区则以马城子文化为代表,分布于沈阳、本溪、抚顺等地。近200公里的距离,现在虽然仅是几小时的车程,但远在3000年的青铜时代,交流却没有那么简单。

战争与贸易总是区域间交流的主要方式,是频发战争下虏获的战利品给异地的工匠带来了工艺灵感?抑或是两地的互通有无开辟了良好的贸易市场?暑日的流火点燃商旅的颠簸,腊月的寒风凛冽将士的车马,千年前的具体情节总会给我们太多想象空间,但毋庸置疑的是,风水山这块风水宝地见证了各地的交往、交流和交融。

被世人暗恋的桃花源总会迎来它的不速之客,先民的乐业安居却拦不住时代的发展流变。房址居住面上存留的大量陶器等日常生活用具揭示了房址废弃的突然,一场天火或是突发的征伐,转眼间,地覆天翻!

距风水山遗址几公里外,东辽河下游一水之隔的后太平文化居民或许是这场巨变的施暴者。位于吉林省双辽市的后太平遗址,是青铜时代的一处晚期遗存,包括众多遗址及墓葬。从出土遗物的形态特征及墓葬的葬式葬俗等方面研究可知,后太平遗址显现出多种文化交往、交流和交融因素。通过墓地随葬陶器形制的观察,主要受来自北部松嫩平原的白金宝文化影响,同时又受来自南部的辽东山地双房文化的影响。然而,从墓葬出土的青铜器、骨角器、石器等遗物不难发现,它还受来自西部的夏家店上层文化影响颇深。

作为文化的交会枢纽,既有同时期里不同地域的文化杂融,又有异时空里早晚文化的先行后继。错综复杂的线索确曾让考古学者难寻断水的快刀,然而,按图索骥后的柳暗花明却为我们展现了一幅千百年前的铁马金戈。

↑
风水山遗址一号房址部分出土陶器

↑
风水山遗址二号房址部分出土陶器

↑
风水山遗址三号房址部分出土陶器

    自古以来，东北虽为边疆，但战事频仍，宁日无几。考古学的宗旨之一是"透物见人"，各类文化融合的背后是当时人群的往来。风水山遗址体现的文化因素交流，或许与当时少数民族的战争有关。商周之际，活动在东北地区的少数民族众多，主要有东胡、肃慎、山戎、秽貊等。当地地方志记载，风水山遗址可能是当时秽貊人的统治区域，其北则为肃慎人的控制范围。"楛矢石砮"的肃慎一族以弓矢著称，或许恰是两族的拉锯对抗使弓矢的制作工艺交流提高，风水山遗址出土的大量箭杆整直器则为战争需求下的产物。

    后太平文化主要受夏家店上层文化影响，经多方学者考证，夏家店上层文化的族属可能为东胡人。史载，东胡一族主要存在于商朝晚期至整个两周之际，东胡人的铁蹄将秽貊一族踏碎，一场大火就是一个时代的交替。

    一个新兴文化的兴起，总是要以一个时代的终结为代价，那些故垒西边的风流人物，还看今朝！

04 沉睡千年的东辽河文明
——后太平遗址

远古文明的不期而遇

双辽市郑家屯博物馆内,一位老农从麻袋里取出的 11 件陶器吸引了众多人的眼球。这些陶器做工并不十分精致,造型也极为朴实简单。然而,就是这几件在老农看来普普通通的"泥瓦罐儿",却使我们有幸揭开东辽河下游古代文明的神秘面纱。

双辽市位于东辽河下游,地处东辽河、西辽河、新开河三河交汇之处,这三条河汇流后形成辽河,并向南汇入渤海。西辽河与下辽河流域经多年考古调查和发掘工作,文化面貌早已为众人所了解,而作为整个辽河流域重要组成部分的东辽河却从未进行过大规模的考古发掘或专题性考古调查,多年来人们对东辽河下游早期文化的认识仅停留在 1984 年第二次全国文物普查中获知的几处零星遗址和地面采集遗物上。专家学者一直期待着有朝一日的考古新发现带给我们认识东辽河早期文明的新材料。

2006 年 7 月的一天,郑家屯博物馆内一如往日一样宁静。这时一位来自双辽市东明镇后太平村、生活在东辽河边的老农指着展柜里放置的几件略有残破的陶器对馆内工作人员说:"这东西我见过,和我们村挖出来的一个样,老多了!"一句话引起了老馆长宫运学的注意。文体局分管文物工作的副局长郭泽辉闻讯也赶到博物馆,仔细了解了文物出土地点和出土经过,并马上组织专业人员到后太平村,征集散失在村民手中的陶壶、陶罐、青铜刀、青铜扣、白石管等遗物,其中陶器共计 11 件。2007 年 2 月初,四平市文物管理委员会办公室主任隽成军、研究员赵殿坤等到双辽

后太平遗址群遗址分布图

市检查文物安全工作。一见到这些陶器,他们的目光立刻就被吸引住了。这11件陶器中有腹部圆鼓的陶壶、形体纤巧的单耳杯,果然与博物馆展厅内陈列的文物普查时征集到的陶器形制特征一致。

此时,其中几件通体饰纹的陶壶和筒形罐令他们大感意外,"这是白金宝的东西啊,怎么会在这里?"出生于黑龙江肇源县的赵殿坤研究员对出自家乡的白金宝文化的陶器再熟悉不过了。白金宝文化是以首次发现地肇源县白金宝遗址命名的一处青铜时代考古学文化,其分布范围主要在距东辽河北部甚远的松嫩平原上,是嫩江流域青铜时代晚期的代表性文化。近年来多次的考古发现使学者已对这种文化有了明确的认识,其分布范围虽有向东西两方延伸和影响的态势,但向南从未染指过东辽河流域。其代表性陶器也是学者耳熟能详的，主要特征即器表装饰繁缛的压印篦点纹饰，与周边同时代考古学文化多素面陶器的现象形成了鲜明的对比。而此次在东辽河流域发现具有典型白金宝文化风格的陶器，可能是以往任何学者都未曾想象过的事。此外，几件三足器也让人们大开眼界，这是一种体形不大但很特别的器物，它上部形制与壶如出一辙，圜底却带有三个间距对称的实足，足部较细，稍外撇，形似鼎。这种形制的陶器以往从未发现过，于是被赋予了一个新名称，叫作壶形鼎。

这个发现让在场的每一个人都很振奋，人们仿佛看到了白金宝文化旺盛的生命力，仿佛触摸到了揭开东辽河神秘面纱的钥匙。事不宜迟，四平市文管办立即策划新的工作方案——对东辽河下游沿岸进行一次专题考古调查，力求探查白金宝文化在东辽河流域的分布情况，以填补该地区青铜时代文化认识上的空白。这项工作很快得以实施，并取得了丰富的成果：调查过程中复查了1984年文物普查时确认的几处青铜时代遗址和墓地，同时又发现了几处新遗址，并采集了大量陶片标本，其中不乏白金宝文化风格陶器。在新发现的几处遗址点中有一处特别令人关注，这就是那位老农所持陶器的出土地——后太平墓地。

↑
后太平墓地出土双羊青铜饰件

2007年2月中旬，四平市及双辽市的文物工作人员来到后太平村，调查在此处新发现的遗址——后太平墓地。据当地村民说，早在十多年前，人们在坨子上取土建房时就挖出了不少骷髅头和"下水罐"（当地老百姓对给死人陪葬的陶器的称呼）。那时人们的文物意识薄弱，并不懂得这些东西的价值，人骨被抛到村北的一条大冲沟里掩埋了，罐子也被打碎或随意丢弃，有的被孩子们捡回去，成了他们手中弹弓的靶子。唯一幸存的东西，就是几件削刀、扣饰等小件青铜器了。经地面踏查和钻探，工作人员发现，这处墓地范围很大，呈条带状沿东辽河右岸二级台地分布，墓葬也很密集。但这里地处河滩台地，水土流失严重，风沙亦大，再加上村民年复一年扩院取土，使得墓地遭到了严重的破坏，面积日渐缩小。

2007年4月，吉林省文物考古研究所主持了对后太平墓地的局部抢救性发掘，我们有幸作为主要工作人员参与其中。东北的四五月本是考古发掘的黄金期，这时候春意盎然，气候宜人，也没有太多雨水的搅扰，然而在双辽，却是到了最难熬的时候。处于科尔沁沙地边缘的双辽，是吉林省风沙最为严重的地区之一，双辽人笑言这里一年只刮两次风，一次平均刮六个月。风沙也使得这里成了人口稀疏、街市荒凉、环境萧瑟的代名词，民间有语戏谑道："出了法库门，一半牲口一半人，进了郑家屯（双辽市原名郑家屯），只见牲口不见人。"漫天的风沙终日肆虐，考古工地更是尘土飞扬，能见度常常不到五米。我们即使全副武装，包裹得只露两只眼睛，收工回到住地，卸下装备后却仍是蓬头垢面，满口含沙，还多了一对熊猫眼。

恶劣的气候并没有减弱我们发掘的积极性。对老百姓来说，挖墓是件很神秘的事，他们会想象墓坑里埋藏着多少价值连城的宝物，有没有防盗的机关和暗器，而对于我们这些常年在野外作业的考古工作人员来说，却早已心态平和了。不过我们也同样存有一颗好奇心，只是我们关注的是那些远古人类留在这里久久未能磨灭的历史文化信息。

宝藏历史·岁月吉林

↑
发掘后的后太平墓地全景

↑
后太平遗址压印篦点纹筒形罐

076

耐人寻味的丧葬习俗

由于这是一次对遭破坏遗址的抢救性发掘，而抢救性发掘又讲求时效性，我们计划的发掘面积是750平方米，发掘时间却只有两个月，这个任务很繁重。后太平墓地是一处文化堆积比较丰富的地点，墓葬之上还有辽金等晚期的文化堆积，我们必须严格按照田野考古工作规程，由上至下、由晚及早逐层发掘，这也考验着每一个现场工作人员的耐心。此时往往还会在处在最上面的晚期地层中发现房址、灰坑和排水沟，清理这些遗迹同样需花费大量时间。

当村民看够了我们日复一日单调的挖土、运土工作，不再有人潮甚至散客前来观光。当大家对渴盼见到青铜时代墓葬的好奇心被渐渐磨去时，发掘现场的第一座墓葬闪亮登场，把在场的每一个人的好奇心吊到了最高点。这是一个看似普通的土坑竖穴墓，墓穴不是很大，也没有棺椁等葬具，但我们还记得出土整个工地第一件青铜时代遗物——筒形罐时，大家的情绪是何等的激动，这可真是千呼万唤始出来啊！几千年的沧桑岁月，几千年的文明进程，就这样突然摊开在你的眼前，让人一下子心生恍惚，不知是自己走进了历史，还是历史走近了自己。

这是一件我们期盼已久的白金宝文化典型器物，整个工地的人都围拢过来争相传着这件宝贝，多日未见的村民又都慕名而来，纷纷想要看一看、摸一摸这新鲜出土的千年古物，观者无不赞叹它纹饰的精致，感叹先民手工技艺的纯熟。美中不足的是，它残缺了一半。

紧接着这残缺一半的陶器又令我们有一丝不安——墓穴被扰动过。这是一个基本合乎逻辑的原理：为死者陪葬的东西不应当是破损的；更何况是陶器这种特殊的随葬品，多是将死者生前所用之物埋入墓中，以供他在另一个世界继续享用。许多地方甚至制作各种小巧精致的专门用于陪葬的明器，即使是一些地区的人有毁器习俗，但所毁之器残片也都尽在墓中，而墓中筒形罐的另一半到哪里去了呢？墓穴曾被盗掘，还是曾经过迁葬呢？我们明白，不管是何种情况，即将摆在我们面前的都不可能是完整的

宝藏历史·岁月吉林

后太平遗址36号墓葬出土陶器组合

尸骨了。

果不其然,继续向下发掘不深,就见到了零星的人骨,自此直至墓底,人骨的出土位置总是让人意外,摆放毫无顺序可言,连出土的角镞、青铜扣、白石管串饰等随葬品也都散乱地夹于填土之中,陈设规律无从知晓。这给我们的清理工作带来了不小的困难,因为每一块人骨、每一件随葬品的出现总让我们毫无心理准备,这迫使我们必须集中十二分注意力,手中的铲不得有丝毫麻痹,力度稍有失控,就可能造成永不能弥补的遗憾。

意外的收获是出土了3件完整的陶器。这又是三件带有典型白金宝文化烙印的器物,分别是一件陶壶、一件筒形罐和一件陶钵,它们被规整地放置于墓底的北端,与墓内其他随葬品和人骨的凌乱无序反差极大,对我们来说,这可真是太意外了。墓室没有被盗过,这在我们的发掘过程中已经证实,那么造成骨骼凌乱的原因就是二次葬了。而二次葬

刻纹骨匕　　　　施纹骨器　　　　刻纹骨板

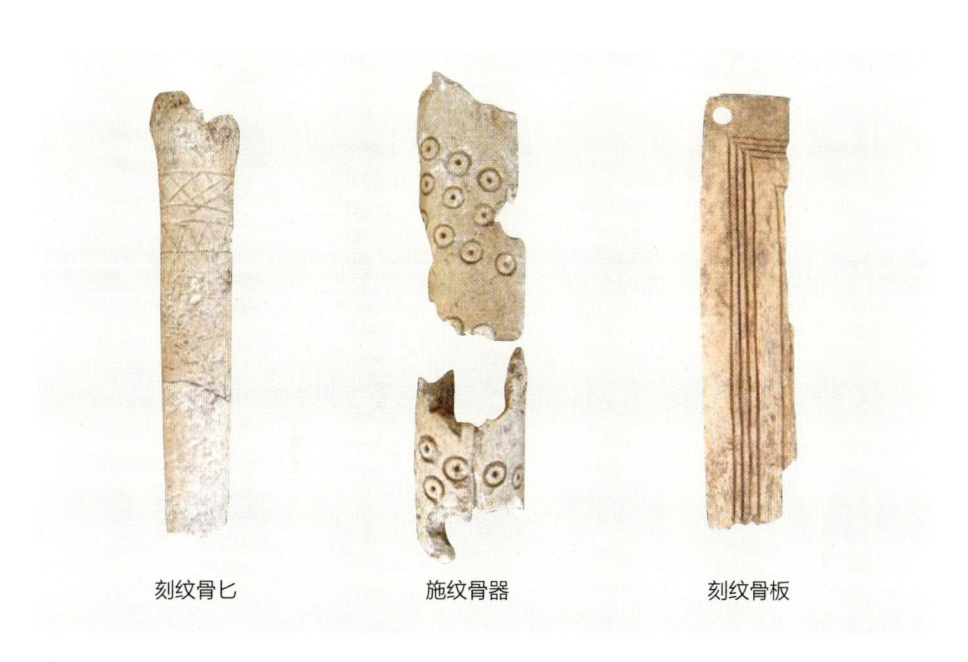

↑
后太平遗址出土的施纹骨器

的形式又多种多样，这座墓经鉴定埋葬的最小个体数为两人，两人的骨骼混杂在一起，看不出下葬顺序孰先孰后，那么这两人是同时从别处迁葬至此穴之内的？还是首次下葬即在此穴，之后又被实施了二次扰乱？抑或墓内原本就葬有一人，之后又迁葬一人至此，并将其骨骼与前者一同扰乱所致？那几件完整的陶器又是何时入葬于墓穴之内的？我们一时无法作答。最令人瞠目的是我们在距离发掘的第一座墓的20余米远的另一座墓中发现了最早出土的残缺了的筒形罐的另一半。当从事修复的工作人员将出土于不同墓葬中的两件残器严丝合缝地拼接到一起时，我们无一例外地惊呆了。

此后，墓葬接二连三地被发现，并逐一得到清理。这些墓葬虽然都是结构简单的竖穴土坑墓，都无棺椁包砌，亦没有丰厚贵重的陪葬之物，但仍然给我们传达了丰富的文化信息。从发掘的37座墓中可见，绝大多数都是二次葬（这里所说的"二次葬"泛指墓内人骨个体经二次或多次扰动、迁移等情况），骨骼大都散乱甚至缺失，有的小墓内仅见为数不多的几块人骨，随葬品也常有不同程度的移位和破损。

当然，墓地中也不乏具有完整骨架的一次葬墓葬，甚至是多人一次葬。其中有座墓墓穴虽不大，却层层叠压着埋入了5具完整人骨个体，其中三具为二十多岁的成年人，一男二女，两具为4～6岁的儿童，这些个体埋葬时一具紧压着一具，头向有南有北。用"完整"一词似乎不太妥帖，因为这三具成年个体都缺少头骨，更奇怪的是在这座墓中还埋葬有另外两枚年龄在四十岁上下的男性头颅。我们说这座墓是典型的老中青三代大集合，遗憾的是人骨保存状况较差，无法用DNA测定其亲缘关系，我们只能猜测这是一座家族同穴的合葬墓。这座墓在发掘过程中并没有发现有二次开挖和填埋的迹象，也就是说，这墓中的人骨是同时下葬于该墓穴之内的，这又给我们提出了新的疑问：一家老小怎会同时死亡，难不成得了疫病？还是成了战争中的牺牲品？两枚老者的颅骨比较好解释，可能是在开掘此穴埋葬他们的"后辈"时从别的墓穴中迁移而来葬于其中的，那么剩下如此之多的个体又如何科学地解释呢？此时墓中的一件小趣事对我们有了点儿启发。我们在清理其中一具成年个体的股骨和一侧盆骨时，发现骨骼上印染有清晰的绿色，那是被青铜器锈蚀的痕迹，侵蚀范围足有50厘米的长度，当时我们都无比激动于即将出土一件如此"硕大"（相对于出土的其他青铜器而言）的青铜器，更有人根据锈迹的形制猜测是一把青铜短剑。由于只看到人骨上的锈痕而并未见到铜器，且人骨近旁上方的土壤并未遭到明显的侵蚀，我们猜想"青铜短剑"是不是压在这具尸骨的身下，因锈蚀过于严重遂将该处的整根骨头都锈透了。而当人骨被提取出之后我们又都傻了眼——此人身下非但没有"青铜短剑"，连一丁点儿青铜器的影子都没有发现，这根绿色的大腿骨后侧也并没有铜锈痕。这就是说，铜锈是置于死者身体之上的青铜陪葬品留下的印记，这件铜器在主人被迁葬于该墓穴之时，由于某种原因并未在新"家"中继续追随主人，也就是说，这座墓实际上是"青铜短剑"主人的"第二个家"。这样的猜想似乎可以解释多人一次下葬的困惑，但猜想毕竟只是猜想，当年真实的情景今人又如何得知呢！

为确保发掘工作保质进行，我们的工作时间一再延长。在此期间也使我们在欣喜中不断触摸到这片墓地奇异的丧葬习俗。同性合葬，不同年龄段人合葬，尸骨经历一次甚至可能多次的迁葬，人骨叠摞的葬式，墓穴内进行的火葬，一件陶器分置于多座墓穴中陪葬，等等，耐人寻味。

此外，我们发现这些墓葬的方向绝大多数为西南—东北走向，恰与东辽河流向趋势相平行。古代先民对水具有很强的依赖性，他们近水而居，选取临水的台地作为公共墓地，这些赖以东辽河水哺育的人或许想以这种方式表达他们对母亲河的依恋吧！

随葬品的暗示

从第一座墓葬的发现和发掘开始，此后发现和发掘的几乎每一座墓都不负众望，出土了丰富的随葬品，不知不觉中，工地临时库房里的文物架已日渐充盈。

骨角器在众多随葬品中，无论数量还是种类都可算是大宗了，几乎每一座

↑
后太平墓地 M15 出土铜镞

陶鬲

↑
后太平遗址出土的陶鬲

墓中都有数量不等，形制、功能各异的骨、角制品随葬。这些器具大多以鹿角、羊角或诸如此类的大型食草动物的肢骨为原材料，形体小巧，打磨精致，从狩猎、御敌用的镞、匕首，到生活日用的纺轮、锥、凿，再到刻满了花纹的装饰品，应有尽有，连用鱼骨做的细细的缝衣针都被当作女性的陪葬之物握于手中，带入墓内。看来，这是一个骨角制品发达的部族，他们发挥擅长的渔猎本领，就地取材，用以弥补石料和青铜短缺造成的资源匮乏，也让我们看到了古人生存的大智慧。

在每一位考古工作者眼里，陶器都可算是出土文物的重中之重，因为它往往是最能体现一个遗址文化内涵的遗物。墓葬中出土的 90 余件陶器被我们按出土单位规整地成排摆放，这可算是吉林省历年来的考古工地中出土完整陶器数量之最了。

当然，最令我们骄傲的并不是数量，而是从这些陶器上解读到的考古学文化内涵。

后太平墓地出土的陶器中有相当数量的白金宝文化代表器，纹饰繁缛而丰富，器型也多种多样，有曲颈壶、带流壶，有筒形罐、深腹钵，还有单耳杯等。看到如此众多的这类器物，白金宝文化势力范围到达此处是确定无疑了。但是，另有一批风格迥异、数量不菲的陶器又让我们陷入了遐思，这是一些在白金宝文化中从未见过的，几乎不含任何装饰因素的素面陶器，器型以陶壶为主。这些陶壶形制较白金宝文化陶壶大，腹部扁圆鼓凸，颈部又细又长，制作工艺也有很明显的差异：细长的壶颈与壶身是分别制作成形后套接在一起入窑烧成的，这和白金宝文化陶壶的一次拉坯成形技术迥然不同；器底还普遍用夹粗砂的泥胎加厚，形成不同于白金宝文化平底容器的台底容器。再就是几件壶身鼎足的"壶形鼎"，虽裹着美丽的刻划线纹，但与白金宝文化的压印篦点纹又大有不同，并且这种三足器器形从不见于白金宝文化。

这些素面陶壶及壶形鼎究竟如何诠释？它与白金宝文化又是怎样的关系呢？若不属于白金宝文化范畴，那它们又是从何而来，烙着何人的印记呢？

几位研究东北地区青铜时代考古学文化的专家，在看到这些素面陶器后都发出同样的感慨："似曾相识，又似从未曾谋面。"的确，这类长颈、鼓腹的陶壶在东北地区乃至朝鲜半岛都有分布，因朝鲜平安北道义州郡美松里洞穴遗址的发掘而被统称为"美松里型陶器"。在辽宁省、吉林省中南部等地的多个青铜时代文化遗址中均可见到不同形制的"美松里型陶器"，后太平墓地出土的素面陶器虽与周边这些邻居有些许共同点，但又有自成一派的鲜明特征点，不外乎大家对它有既熟悉又陌生的感觉呢！

这样看来，这些其貌不扬的素面器物与白金宝文化并无归属上的纠纷，那么它又何以与白金宝文化的典型器物共出呢？是的，我们所发掘的墓葬中，有相当数量的墓内用这两类陶器共同作为陪葬品，即使那些只随葬有白金宝文化陶器和只随葬有素面陶器的墓葬，在陶器以外的各方面因素（如墓穴结构、丧葬习俗及其他随葬品等）中均找不出任何明

宝藏历史·岁月吉林

↑ 后太平遗址出土器物组合情况

→ 后太平遗址出土器物组合情况

显差异。东北这片自古交通便利而又富庶的地方,各文化间的相互交流和影响在所难免,多种文化因素同现一遗址的现象本是司空见惯、无可非议的事,可偏偏这两种东西在后太平都以纯净的姿态相对独立地存在着。

是否存在着早晚关系?有人假想:后太平这片土地曾是白金宝文化的势力范围,白金宝人因而得以在此留下了众多属于那个时代、那个民族的文化符号。之后的不久,一场战争迫使白金宝人不得不放弃这块可爱家园,向北退回他们的老家松嫩平原。战争的胜利者,来自南方的某一支部族取代他们占据了这里,并在此创造出具有独特风格的后太平文化,即以我们所见到的素面陶器为代表的考古学文化。也因此使得我们在后太平见到了两种风格迥异的文化代表。

可这无法解释两类文化因素同出一墓的现象,碳14测年结果也证明它们的时代大体相当。况且,我们并没有在这片墓地中见到战争的创伤,一切都是那么的宁静,如它"太平"的名字一样,两种不同的文化因素分明是在这里和谐共处呢!

有人提出是部落联姻。那些看来似家族墓穴的多人葬墓葬中,两类陶器虽共出一室,却也常常"各领风骚"——两类陶器在墓内往往是分列于墓穴南北两端放置的,这些陶器被置于死者头部上方。这样放置的用意何在呢?是否它们对应的是不同的人群呢?如果是的话,刚好可以解释为何要将死者头向相反地合葬于一墓内了:这个家庭的成员由两个部族的人组成,死后分别带着代表各自族群的"信物"有所区分地合葬一墓内,既体现了家庭的整体性,又不背弃祖先的风俗。

谜样的后太平文化

有墓地,附近必然有居住地。带着这个想法,我们一致把目光投向了距后太平墓地不远的后太平遗址。这是在1984年的文物普查中就已发现的一处遗址,面积约1500平方米,与后太平墓地同处于后太平村北部台地的边缘之上,两地相距仅1公里余。这里有没有可能就是墓地主人生前的定居之所呢？为了验证这个猜想，我们对后太平遗址进行了全面钻探和小规模试掘。结果令我们相当振奋：仅 300 余平方米范围的发掘，就发现了完整的青铜时代房址、灰坑、灰沟等分布密集的遗迹，而从这些遗迹中出土的与后太平墓地如出一辙的遗物很快将其身份昭然于众了。没错，就是它了！

这是一群有着自身独特文化的人们给我们留下的宝贵历史信息，它印证了一个独立的考古学文化——后太平文化真实的存在。

这是一种怎样的文化呢？它究竟有多大的影响力，我们继续探索着。

我们跑遍了双辽境内东辽河下游的整条沿岸，结合前期的考古调查工作，又有选择地进行了几处小规模的试掘，基本摸清了后太平文化的分布范围：它自东北至西南绵延 40 余公里，直至西辽河沿岸，并有顺西辽河左岸北上的趋势。这是一群以渔猎经济为主体，兼有畜牧和原始农业经济的民族，他们主宰着大片辽阔的稀树草原和林地，拥有可供子孙世代繁衍生息的河流和沃土，以及在那个时代算得上是精湛的手工业技艺，使他们得以创造出如此绚烂的古代文明。这时我们的心豁然开朗了——我们为东辽河找到了 2800 年前的主人！

那时的后太平一带气候湿润，东辽河从南面缓缓流过，是一片芦苇茂盛、杂草丛生的河泊沼泽地带，水滩边栖息着野鸡、野鸭、大雁等水鸟，不时发出悦耳的鸣啼声。河里游着鲤鱼、鲢鱼、草鱼、鲇鱼等鱼类，在水中互相欢快地追逐着，还不时地跳出水面，鳖等则悠闲地在水中划游着。远方台地的丛林中，不时有狍子、野鹿等奔跑着。我们的先人就这样背靠林地，面向东辽河生活。

当时我们的先人为了捕食方便并防御水害，便选择在东辽河二级台地的向阳坡上居住，居室为半地穴式。

他们用弓箭射猎，箭头是角、石或青铜做的。

他们用石斧砍柴，要花费两三天的工夫，才能砍倒一棵树。

捕鱼的网是用细麻线织的，将陶土烧制的网坠系在网上。

多元共生

← 后太平遗址出土的双孔石饰件

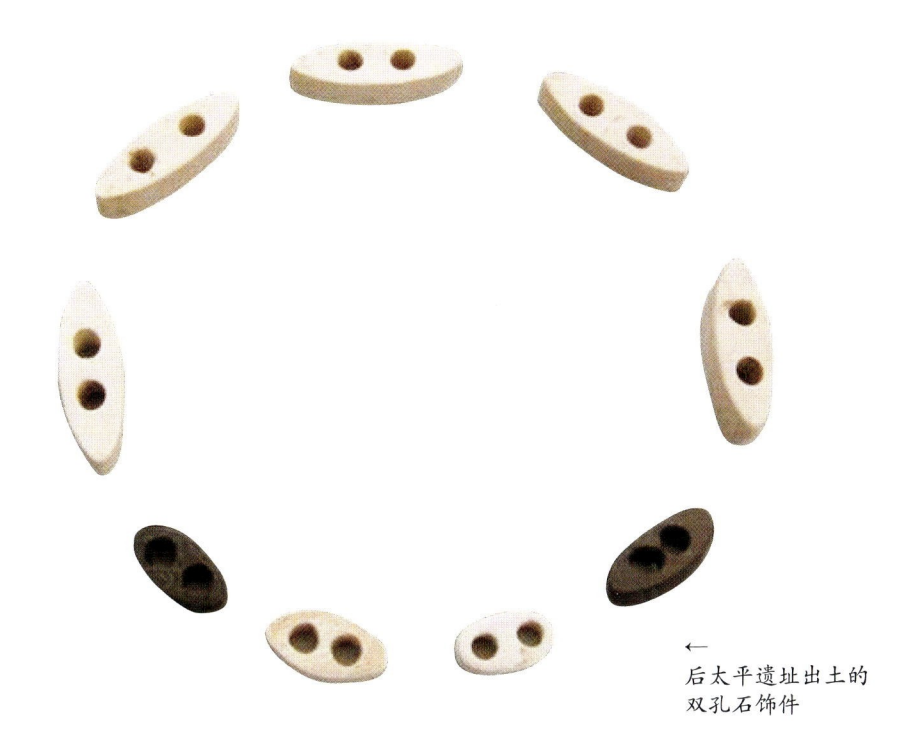

妇女把兽骨头磨成针，用麻线把兽皮缝起来做衣服。

做饭用的器具是鬲和鼎。鬲的上部是圆罐子，下部是一个圆如角锥的三个支柱。鼎是三条腿的瓦罐，有方的和圆的。鬲和鼎是锅灶，把柴架在底下烧火。

在佩戴装饰品方面，女人喜欢在脖子上佩戴用白石管、黑石管串缀的项链。

他们有自己的公共墓地——后太平墓地。那时他们也许认为：同一个聚落的人，都有一个共同的祖先，聚落成员之间都有着血缘关系，是不应分离的亲骨肉，他们活着在一起，死了也要在一起。他们对于人的死亡还缺乏科学的认识，以为人死了就是长眠，只是躯体离开了现实世界，而灵魂是不会死的，还要在另一个世界里生活。为了让死者有一个安适的处所，所以要给死者建造墓葬。既然死者还要在另外一个世界里生活，就

宝藏历史·岁月吉林

↑ 后太平遗址出土的柳叶形青铜镞陶范

↑ 后太平遗址出土的青铜鱼钩陶范

要给死者准备必需的劳动工具、生活用具以及食物。东辽河的先民并没有想到，正是他们为死亡而准备的墓地为他们创造的古文化提供了重生的机会。

这个主人叫什么名字呢？当初那么密集的人群，为什么一下子就走得无影无踪？他们是从哪儿来的，谁是他们的祖先？他们究竟走到哪里去了？谁是他们的子孙？

不知道，不知道。

谜一样的后太平文化在让人眺望历史。历史其实布满了我们无法探看的黑洞。

历史永远没有终结。后太平文化消失了，别的文化又开始了。一个种族亡逸了，另一个种族又诞生了。后太平文化对于东辽河流域文明史，是绝唱、绝响，是空前绝后。历史可以没有许多东西，但不能没有它。它震撼的不仅仅是吉林省，还是中国和世界，它让所有的人都因为它而仰望东辽河。

回想我们此次的工作历程：一次与白金宝文化的意外邂逅，引发我们去探寻东辽河流域先民遗留下的神秘印记，而这一串串足迹不仅为我们捎来了白金宝文化不为人知的消息，还让我们有了更加意外的惊喜——一个新的青铜时代考古学文化被发现了。

如今，历尽沧桑的东辽河早已失去了往日的雄浑，古时的河岸几经风雨剥蚀，残垣断壁般满目疮痍，干涸的河床被辟为大片的农田，辛勤滋养着一代代后人，唯有滔滔的东辽河水一去不复返。但人们不会忘记，荣耀于这片圣土之上曾经灿烂辉煌的后太平。

边塞雄风

——战国时期的吉林

战国时期,诸侯争霸,群雄并起,中原燕、赵文化已直达吉林省中部和南部。当中原地区的城市发展已经有了上千年的历史之后,城市这种文明形态也在吉林省中部出现,即东辽河畔的二龙湖古城,这都归因于北方燕国在东北的拓展与开发。

在战国七雄中，燕国不是一个强国。但在燕昭王时，燕国达到兴盛。燕昭王，这位雄才大略的燕国君王，通过招贤纳士、励精图治，经过近20年苦心经营，终于带领燕国走出700多年积贫积弱的历史阴霾，开创了一个国力振兴、兵强马壮的新时代。在这个逆水行舟的历史当口，燕昭王派出大将秦开，统率燕军劲旅，北逐东胡，东略朝鲜，自燕山山脉到朝鲜半岛北部的清川江口，一举揽入燕国的版图。为了巩固军事成果，燕昭王抓住历史机遇自西向东设置上谷、渔阳、右北平、辽西、辽东五郡，并向这里大批移民，发展经济，在五郡的北边筑起了一道长城，将东北南部纳入中原王朝的有效管辖，开始了史无前例的东北大开发。

于是，吉林省中部的东辽河畔赫然兴起了一座城市，这就是二龙湖古城。这是目前已知吉林省最早出现、有考古资料证实的城市。在战国晚期一直到西汉初年的岁月里，二龙湖古城依托优越的地理位置、方便的交通条件和丰富的物产资源，凭借燕国强大的军力，将先进的燕文化在这里铺展开来，拉开了古城2300多年历史的第一幕。二龙湖古城为战国时期燕国的北界树立了鲜明的标尺。

燕将秦开袭走东胡、建长城、设郡县，将先进的生产方式和进步的社会制度扩展到东北地区，中原先进的农耕文明与当地民族的文化，开始了长期的碰撞、交流和融汇的激烈、复杂、多元的历史过程，也为统一多民族国家的形成奠定了基础。

塞外戍堡
——二龙湖古城遗址

战国末期，礼崩乐坏，中原大地齐、楚、燕、韩、赵、魏、秦七雄并起，中原的战火悄悄蔓延，燕文化的触角伸向东北的东辽河畔。在东辽河及其支流孤山河交汇地带，也就是今天的吉林省四平市二龙湖左岸一条南北走向的高埠上，一座城池拔地而起，中原燕政权在这里拓土开疆，这就是距今2300余年的二龙湖古城遗址。

二龙湖，曾流传着一个有趣的故事。据说早先这里称作滴嗒咀子，常年滴嗒水，人们叫它埠子。埠子上有珍珠，旁边有两座山，是二龙，又称二龙戏珠。虽说滴嗒咀子流水少，但由于常年不断，滴出一泓几十丈深的水潭。深潭水溢出，又被珍珠山拦住，形成了辽阔的湖面，湖又被二龙山环抱。所以，人们称之为"二龙湖"。传说归传说，不过当年附近还真有这个滴嗒咀子。1943年，日本侵略者为掠夺农产品，开发水田，在孤家子平原生产稻米，修建了二龙湖水库，这个滴嗒咀子淹没在水库之中，消失殆尽。

二龙湖古城遗址位于吉林省南部的四平市铁东区（原隶属梨树县）石岭镇二龙山村北崴子屯，地理位置为东经124°45'、北纬43°10'，中心地域海拔250米。城址平面近方形，坐北朝南，方向北偏东30°，周长约751米，其中东墙长193米、南墙长183米、西墙长190米、北墙长185米。城垣叠土夯筑，城墙基宽18米，残高2～4米，南墙偏西辟一错口形瓮门。城内平面布局受自然地理的影响，地势西高东低，中部正对城门处有一夯土台基保存尚好。城外南、北、西三面设有护城壕，壕深2米左右。城址所在处于长白山山脉向西延伸的吉林大黑山余脉，周围山峰林立，背依半月形的山体，面朝东辽河，依山傍水，居高临下，其险要的地势非常适合军事防御的需要。

二龙湖古城的修筑，历史上与一个名叫秦开的人密切相关。他本是战国七雄之一燕国德能兼具的著名将领，其人生的至暗遭遇和高光时刻都与"东胡"这个名字命运攸关。在燕昭王时期（前311～前279）的一次战斗中，秦开成为东胡的战俘。但战胜东胡人的念头在他心中从未泯灭。战俘的身份未能阻碍他了解东胡地区的地理环境，当他几年后返回燕国时，这些都成为他制胜的法宝。在他的率领下，燕国军队把东胡军队打退1000多里，使燕国的疆域东部到达朝鲜半岛西北部。秦开击走东胡，是汉族军队与东胡势力在东北第一次大规模的交锋，也拉开了中原政权与少数民族势力争斗、融合的序幕。大约秦开在这次出兵之际或不久，燕国不断向北扩张，又征服了东辽河流域的"地近于燕"的貊部落，燕国的统治力量到达东辽河上游及辉发河流域，燕文化因素渗入东北腹地的吉林地区。这种影响不仅大大提高了东北腹地土著文化的发展水平，而且促进了土著民族政权的建立，导致了一系列的文化格局变迁。东辽河上游的宝山文化，在汉文化扩张中逐渐被消融，与南下的汉书二期文化、当地西团山文化共同融合形成夫余文化。

为了防止东胡族卷土重来，更好地开发和经营新开辟的土地，燕国在从东胡族夺回的土地上设置了上谷、渔阳、右北平、辽西、辽东五郡，并在五郡的北部沿边地区修筑了长城。辽东郡是五郡中最东边的一个郡，从目前的考古发现来看，今天的二龙湖古城遗址应该是燕人在辽东郡设在长城之外的最北部的一个军事据点，城外的错口形瓮门显示该城具有较强的军事防御功能，应属于"点线式"障塞长城体系中一个向北突出的重要支点。冷兵器时代，一座城，也许就决定着一场战争的胜负。燕军戍守的边城不会离长城太远，因而辽东郡北部长城也当从此城附近经过。

二龙湖古城遗址发现于1983年的文物普查，后因城址受到严重破坏，1987年春，吉林大学历史系考古专业和四平市博物馆联合对二龙湖古城

宝藏历史·岁月吉林

遗址进行了调查与试掘。2002年，吉林省文物考古研究所又对城内的东南角进行了正式发掘。

1987年试掘时，对城址进行了勘测，并对城址内已遭到破坏的三个灰坑和一条灰沟进行了清理，同时在城址的周邻地区也做了调查。在调查中清理和采集的遗物较为丰富，有陶器、铁器、铜器等。陶器基本可分为

陶壶

陶釜

陶水管

↑
二龙湖古城遗址出土的文物

夹砂陶和泥质陶两类。泥质陶大部分为灰色，陶质坚硬，火候较高。夹砂陶有红褐色和灰色两种，火候较低，陶质疏松。陶器表面大都饰有纹饰，主要有绳纹和弦纹，绳纹最多。陶器制法均为轮制，器类有釜、大口尊、罐、盆、甑、钵、豆、瓮等，在城外东南采集到的还有器耳、豆把等。发现的铁有铁钁、铁镰、铁刀、铁马镳等。铜器有三翼有銎式铜镞、兽头饰。此外，还有板瓦、筒瓦、纺轮等。

2002 年，经国家文物局批准，吉林省文物考古研究所和四平市文物管理委员会办公室（今四平市文化遗产保护中心）对城址进行了大面积发掘，揭露面积 2200 平方米。此次考古发掘获得巨大收获。房址发现 14 座，均为半地穴式，根据房址的平面形态可分为圆角方形（或长方形）半地穴式和梯形半地穴式两种。第一类房址最为常见。室内多筑有灶台，灶台高 30～40 厘米，呈长方形，可分为单眼灶和双眼灶。部分房址发现有外伸的斜坡门道和沿穴壁排列的柱洞。在清理的房址中，较重要的发现是屋内高高突起的长方形灶台，灶台一侧均有一个装水用的折肩瓮。灶台上有 3 个红烧土圈，其中两个为釜孔，即蒸煮用的灶，第三个孔是烟道孔。这种有釜孔的长方形灶台，其形制与辽宁省辽阳汉墓出土的陶灶相似。灰坑发现 6 个。根据平面形状的不同，可分为圆坑形和不规则形两种。发掘过程中还发现灰沟 3 条，其中 2 号沟为现代沟。1 号沟位于发掘区东南部，沟宽 200 厘米、深 18～25 厘米。此沟与二龙湖古城东墙平行，推测为城内的排水沟。3 号沟位于发掘区的西部，从已揭露的部分来看，呈不规则形。最宽处为 330 厘米、最窄处为 65 厘米、深约 50 厘米。

出土遗物十分丰富，有 800 余件。可分为陶器、铜器、铁器、石器、其他 5 大类。陶器可分为泥质陶器和夹砂陶器两类。泥质陶器数量最多，器表较为细腻、光滑，烧制的火候较高。颜色可分为灰陶、黑皮陶、黄陶等。夹砂陶器亦占有一定的比例，烧制的火候极低，质地较酥，很容易破碎。颜色可分为灰陶、灰褐陶、红陶等。陶器多为轮制，部分器物为手制。器形较大的陶器，表面多施绳纹，绳纹亦有粗细之分。有些绳纹中间

宝藏历史·岁月吉林

↑
二龙湖古城遗址2002年考古发掘现场

还以弦纹相隔。部分器物上还可见篦点几何纹、附加堆纹、弦纹、网格纹、圆圈纹、刻划符号等。器形较小的陶器多为素面。出土的陶器可辨器形有鬲、长孔甑、小罐、弧腹罐、鼓腹罐、叠唇罐、圜底釜、盆形釜、壶、折肩瓮、豆、碗、折腹钵、量、盅、大口尊、弦纹瓦当、筒瓦、板瓦、纺轮、轮式器、网坠、小陶、饼、陶乳钉、陶塑、陶水管等。铜器共出土95件，器类11种。包括铜镞、铜带钩、铜刀币、铜腕饰、铜鱼钩、铜管、长舌形铜器、锥形铜器、铜扣、铜珠、铜环。铁器出土数量最多，共出土325件，可分为21种器类。包括铁钁（共发现216件，保存完整的49件）、铁镐、内戈式铁镰、铁凿、铁锥、铁刀、铁折背刀、铁剑、铁削刀、铁刀柄、铁掐刀、铁带钩、铁鱼钩、铁钉、铁车軎、环形铁器、折尺形铁器、铸文铁器、圭形铁器、不明铁器、铁块。石器共出土30件，可分为11种器类。包括石斧、石镰、双孔石刀、石镞、剑柄加重器、石璧、刮削器、研磨器、磨石、石制陶工具、石量。出土杂器17件，8种器类。包括玛瑙环、料珠、料环、铅环、粉笔状物、绿松石、水晶石块、料管。

↑
房址

　　二龙湖古城遗址出土的器物共包含了燕文化、土著文化、汉文化三种文化因素，从地层的第 4 层出土的遗物来看，应为土著文化与燕文化并存的一种战国晚期遗存。而从第 3 层及 3 层下开口的遗迹单位出土的遗物情况来看三种文化因素共存，燕文化占据主体，土著文化次之，汉文化所占极少。从城墙断面暴露的情况来看，此城的夯土墙基直接叠压于生土之上，而第 4 层应该是该城内最早的堆积，据此可以认定该城建于战国晚期，并沿用至西汉初期。

　　历史文献曾记载，战国时期中原各国冶铁业已经官营，由铁官统一管理。二龙湖古城遗址发掘出土铁器数百件，品种多样，有铁镬、铁镐、铁镰、铁刀等，其中以铁镬数量最多，计 216 件，其中保存完整的 49 件。大量铁镬不仅是筑城工匠的重要工具，也是城内居民农耕的必备用品，这种与今日铁斧相近的形态及装柄方式表明古人改造利用自然的能力已与今人无异。二龙湖古城遗址出土铁器表明，当时当地人群已经使用了大量的铁质工具和农具，反映出农业生产已经达到相当的规模。目前尚不能确定这些铁器的生产地点，但铁器铸造后脱碳退火技术内涵与燕国和中原地区钢铁技术发展进程是相一致的。铁器在东辽河流域的出现和使用,给当地带来一个巨大变化,就是使这里的社会形态脱离了氏族部落的陈旧脐带,迎来了一个社会变革急速发展的新时期,东辽河历史崭新的一页,终于在先进生产力的推动下掀开了。

陶豆

陶瓮

铁钁

↑
二龙湖古城遗址出土的文物

这些历经 2000 多年的"陈年旧物"背后体现的是不同部族的人群往来，是不同时代先人的生息传承。铁质马具、三翼有銎铜镞为军事城堡的二次证明，环形刀式的典型燕国铜币、铜带钩及陶釜、罐、尊、豆等生活用具则展示了战乱平息后，百姓的日常起居。饕餮纹、琵琶形铜带钩、窄口铁镬，釜、豆、甑、瓮罐、鬲的陶器组合为典型的燕文化传统。夹砂手制小陶罐、盆形釜、扁板状耳、双孔石刀等则为当地土著文化特色，其受到白金宝文化影响，同类器亦在辽源、伊通等地发现。然而，座边起突棱的高圈足豆、中间以双线相隔并饰有乳钉纹装饰的双线卷云纹瓦当则为汉文化因素器物，是古城居民目睹秦汉更替，延续至汉初的最好例证。

　　通过对城址的发掘可知，古城内基本设施完善，官署、市场、日常百姓居址等一应俱全，较为密集的房址分布情况及布局合理的城内排水设施又再次表明城内人口分布较为集中，城内设计规整，其繁荣景象可见一斑。城内出土遗物种类丰富，以战国晚期燕文化遗物为主，亦见汉初代表性器物，是中原王朝治理东北的历史见证，也是先祖生产力大发展的重要体现。

　　二龙湖古城遗址是吉林省东辽河地区的一次重要考古发现，是目前所确认的吉林省最早的城址，这也是东辽河流域历史上行政归属的最早开始。二龙湖古城成为当时东辽河上游政治、经济、文化中心和军事要塞。它是迄今所知这一时期中原系统汉文化最北部的古城遗址，对研究东北地区战国晚期行政区划与社会经济具有重要的历史考古价值，同时为今后在相邻地区寻找同时期的文化遗存提供了新的线索。

　　燕军的铁壁铜墙静默了多少狼烟烽火，大将秦开退却东胡千里，却敌不过历史浪潮下的秦国一扫六合。守候了2300年的二龙湖古城，在岁月的尘埃里，细数分合。二龙湖古城作为燕人在辽东郡设在长城外最北部的军事据点，见证了筑城军民的辛酸劳苦，见证了东胡部族的荒逃败退，也见证了西汉初年的王朝更替，是研究东北地区开发史、行政区划、东北古民族史的坐标和里程碑。

　　2001年，二龙湖古城遗址被国务院公布为第五批全国重点文物保护单位。

东明开国

——汉-魏晋时期夫余地方政权下的吉林

夫余亦书扶余,属秽貊族系。夫余国是文献记载中东北地区最早具备国家形态的古国,约在西汉初或更早建国,494年灭亡,历经汉、魏、晋、北魏各朝,立国长达700多年之久。

夫余立国有一个古老的传说：公元前2～3世纪，正是秦汉历史大转折时期。在松嫩平原上，有个橐离国。国王身边有一个地位卑微的侍妾，不知什么原因，肚子忽然大了起来。国王发现之后，异常震怒，拔出佩刀，要将侍妾斩为两段。侍妾苦苦哀求，国王才允许她说出实情。原来在国王外出打猎之际，有一团像鸡蛋那样大小的气体击中侍妾，侍妾就怀孕了。

王充《论衡·吉验篇》中是这样记载的：北夷橐离国王侍婢有娠，王欲杀之。婢对曰："有气如鸡子，从天而下，我故有娠。"国王半信半疑，待婴儿生下来，是个男孩。国王立刻命人扔进猪圈里冻死，可是所有的猪都往孩子嘴里吹热气，还用猪身挡住寒流。国王又命人扔进马圈，让马踩死，可是马不但不加害，反而"以气嘘之"。国王闻知后，认为这是上帝的儿子，便指令他的母亲，那个婢女抚养这个男孩，并给他取了个名字叫"东明"。东明这孩子生来聪明，有些事一望便知，有着强健的体魄，精于骑射。国王怕东明长大夺取自己的王位，决定趁其羽毛未丰，杀了他。其母闻讯，告诉东明赶快逃走。东明一路向南逃亡，追兵紧随而至。眼看追兵就要到了，大江茫茫拦住了去路，东明情急中，以弓击水，江中的鱼鳖忽然浮出水面，搭成了一座桥，东明刚刚渡过江去，追兵就到了，可是江上的鱼鳖瞬间不见了，追兵只好望江兴叹。东明来到了秽人部落，教其人种植五谷，驯养家禽，后来被拥立为王，建夫余国。

像炎帝、黄帝、女娲等许多始祖神一样，东明开国的故事，具有浓厚的神创色彩。但是，东明始创的这个夫余国"方可两千里，户八万"，在东北大地屹立700年之久，是真实的历史。《三国志·夫余传》载："夫余在长城之北，去玄菟千里，南与高句丽，东与挹娄，西与鲜卑接，北有弱水，方可二千里。户八万，其民土著，有宫室、仓库、牢狱。多山陵、广泽，于东夷之域最平敞。"[1]

夫余一直与中原王朝保持密切联系。玄菟郡设立后，夫余国正式确立了与汉朝的臣属关系。文献记载，中央政府时常赐予夫余王印绶和玉匣。在已发掘的夫余墓葬中，有的采用木椁和青膏泥，这种习俗深受中原文化影响。考古发现的夫余文化遗存主要集中在吉林省吉林市市区和长春地区的榆树市。

01 南城子城址
——依山傍水夫余城

夫余王城称为夫余城。作为历史名城，它不仅是夫余国的都城，在夫余国灭亡后，夫余城仍被后世沿用并保留了其旧称，在很长一段时间内都是区域经济文化中心。关于夫余城，史书记述较多，如《旧唐书·高丽传》记载修建长城："乃筑长城，东北自夫余城，西南至海，千有余里。"[2] 唐朝名将薛仁贵东征辽东，在唐总章元年（668），"乘胜领二千人进攻夫

---

[1] （晋）陈寿撰：《三国志》，卷三十魏书三十，《夫余》，（北京）中华书局，2006年，第502页。

[2] （后唐）刘昫等撰：《旧唐书》，卷一百九十九上，《列传一百四十九上东夷》，（北京）中华书局，1975年，第5321页。

余城，诸将咸言兵少，仁贵曰：'在主将善用耳，不在多也。'遂先锋而行，贼众来拒，逆击大破之，杀获万余人，遂拔夫余城"[1]。薛仁贵威震夫余川，其他城纷纷投降。渤海国时夫余城是抵御契丹的重镇，"屯劲兵以防御契丹"，辽太祖阿保机长途奔袭夫余城，攻下夫余城，再急行军攻打牡丹江的渤海上京城，渤海国王出城投降。回师路过夫余城病逝在城外大帐，改城名为黄龙府城。

夫余城城址位于吉林市龙潭区的永安村，定名为永安遗址。东团山是一个海拔252米的圆锥形小山，矗立在江岸，松花江为之一屈，贴身绕过。夫余以东团山为瞭望台，围绕山麓平缓台地边缘修筑内城城墙。内城遗址俗称平地城、南城子。根据发掘材料得知，东团山城的城墙是高句丽时期修建。南城子的城墙周长1380米（不含东团山山体部分），城墙南段及东南段在地表隐约可见，高出城内地表约0.5米，高出城外地表2~3米，经发掘和勘探确认城墙南段及东南段共计287米，建于西汉。城墙北部已经完全被现代村庄叠压。内城南部有一处高台，考古发掘发现是利用自然高地经修整后作为大型建筑群基址，但破坏严重，保存最好的房址是F3，该房址仍残存东、西两排磉墩，建筑长度超过20米（图一）[2]。中国传统王宫建筑，体量高大，房顶盖铺瓦，边沿装饰瓦当，为了承受房顶沉重的压力，在立柱之下垫石柱础，石柱础之下还要夯筑磉。地层内出土有多种样式的几何花纹贴砖（图二，2、3），高等级建筑的墙壁还贴有各种花纹砖，王宫建筑不仅高大，墙壁装饰也是十分华丽。

吉林市博物馆曾在南城子城址采集到1件金龙头，残长6.5厘米，宽2.5厘米，厚1.3厘米（图二，1）。青铜质地，表面鎏金。长吻张开，牙

---

[1] （后唐）刘昫等撰：《旧唐书》，卷八十三上，《列传第三十三薛仁贵》，（北京）中华书局，1975年，第2782页。
[2] 王聪、夏艳平、于洪洋等：《吉林省吉林市东团山遗址2015~2017年发掘收获》，《北方文物》，2022年第6期，第36-41页。

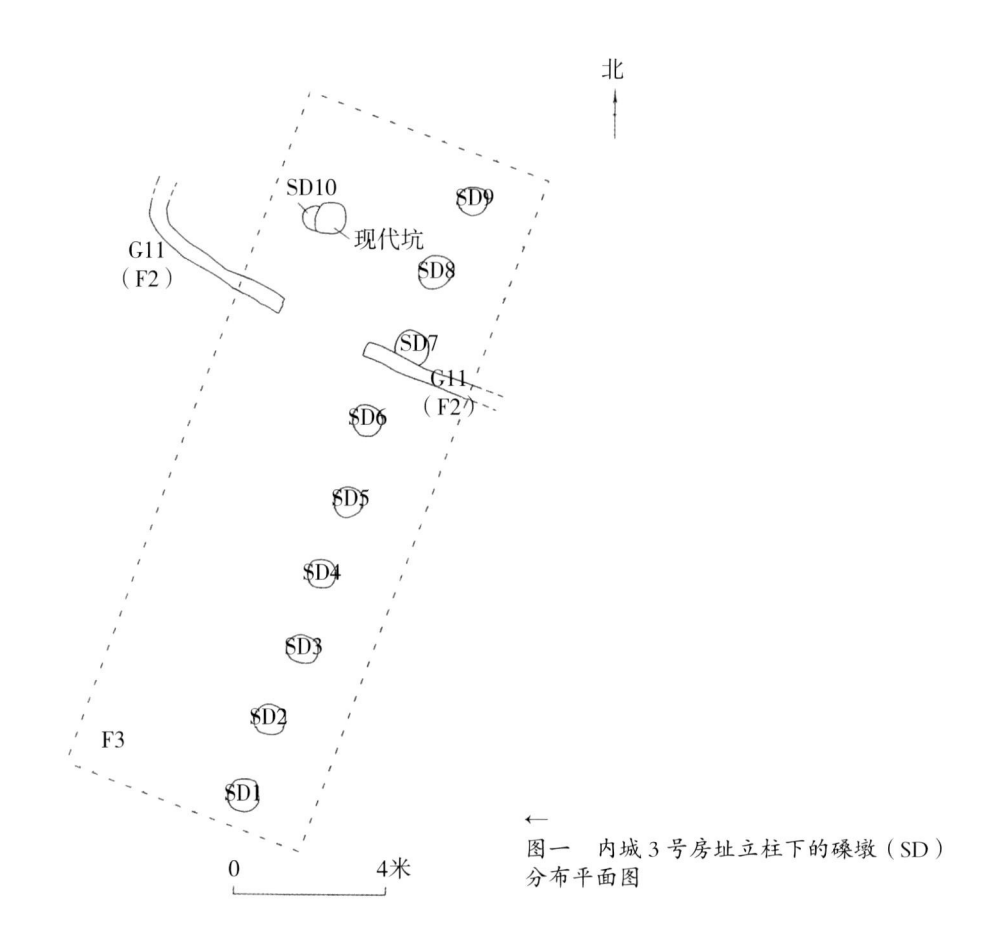

图一 内城3号房址立柱下的磉墩（SD）分布平面图

齿隐现，龙眼因为凸起被损坏，痕迹仍存，下颚中部有一孔，双角残失，颈部折断。这件金龙应该是夫余国王之物，用金龙装饰，彰显王权。在东团山采集到的青铜人面像，长脸大耳，是夫余国本土神灵崇拜艺术品的代表（图二，4）。内城发掘出土的陶器中复原器较少，所以其中器座出土与复原意义重大，因为西团山文化没有器座类器物，汉书二期文化盛行器座，这件出于宫城的雕刻精美的器座是夫余国王室贵族还保留索离国的某些文化习俗证明（图二，5）。出土的灰陶罐，具有汉文化的特征（图二，6）。

南城子面积狭小，只能是宫城，在宫城之外还有一个面积很大的外

图二 夫余城内城的文物

城。① 外城的城墙在地表已经看不到。早年调查时文物散布面到达北侧火车站，采集到瓦当残片有"长"字②，这是汉代流行的"长乐未央"瓦当的残片。这是松花江流域首次出现房檐装饰瓦当的高等级建筑的证明，是夫余国王城在汉代已经有宫殿的实证。

因为外城区地面建筑和街道密布，很难开展工作。其中有一处空

---

① 武国勋:《夫余王城新考——前期夫余王城的发现》,《黑龙江文物丛刊》, 1983 年第 4 期, 第 35-42 页。
② 李文信:《吉林龙潭山汉代文化》,《李文信考古文集》, 辽宁人民出版社, 2009 年, 第 41 页。

1 　　　　　　　　　　　　　　　　2

图三　夫余城外城出土的丘状V形瓣花纹瓦当

地，2018年计划在此处修建加油站，施工前考古先行，发掘见有夯土台基和瓦当，说明外城区也存在宫殿式建筑，为保护重要遗址停止了发掘。所见瓦当花纹甚奇，初看似尖叶的八叶花卉（图三，1），侧视犹如迭起群峰（图三，2），可称之为"丘状V形瓣花纹瓦当"，是夫余文化特有的瓦当。

吉林省文物考古研究所对永安遗址进行了持续多年的考古发掘。城内有西团山文化、夫余文化、高句丽文化和渤海国的遗迹和遗物，与夫余城历史相符。西团山文化是以吉林市西团山遗址命名的青铜时代文化，从西周时期有人开始在这里繁衍生活，东明南下至此建立夫余国，西团山文化才消失。在西团山文化的晚期，已经出现具有嫩江下游平原的汉书二期文化因素的陶器，战国时期已经开始有人向南迁徙，这是东明南下能迅速控制西团山文化区域的社会基础。

夫余国的领域四至目前不能确定，领域的范围有以下线索。《史记》卷一百二十九《货殖列传》："（燕）北邻乌桓、夫余，东绾秽貉、朝鲜、真番之利"[1]，四平市铁东区二龙湖古城是燕国最北的城堡，夫余国最初的西界有可能止于此地。夫余国有金矿，并出口金产品到高句丽，向南的地界已经越过桦甸市的金矿产区。《三国志》记载夫余国北疆有弱水（齐齐哈尔市富裕县的乌裕尔河），夫余国以王城为中心，重点向北发展，至少在三国时期已经占据了东明王故乡地域。《三国志》中"多山陵、广泽，于东夷之域最平敞"，其中的"多山陵"是王城和其南的地区，"广泽"是指查干湖、月亮湖等嫩江沿岸的湖泡沼泽密布，"东夷之域最平敞"是指松嫩平原，这是东北最大的平原。可见"方可二千里"并不虚言，与实际相符。

靺鞨部落4世纪开始从三江平原向外扩张，据《资治通鉴·晋纪十九》，东晋永和二年（346）春正月，攻占夫余城，夫余"部落衰散，西徙近燕，而不设备"，又被前燕派军袭击，"遂拔夫余，虏其王玄及部众五万余口而还"。[2] 至此，夫余王城衰败并走向废弃。

02 规模巨大的帽儿山墓地

夫余城东北是高大的龙潭山，东南是低矮的帽儿山。据《资治通鉴·晋纪十九》，东晋永和二年（346）春正月条载："初，夫余居于鹿山"[3]，夫余城所在的群山，当时称为"鹿山"。

---

[1] （西汉）司马迁撰：《史记》，卷一百二十九，《货殖列传》，（北京）中华书局，1959年，第3265页。

[2] （宋）司马光撰：《资治通鉴》，卷九十七，《晋纪十九》，（北京）中华书局，1956年，第3069页。

[3] （宋）司马光撰：《资治通鉴》，卷九十七，《晋纪十九》，（北京）中华书局，1956年，第3069页。

史载夫余城外有南山墓地，刑杀罪犯。在城南和东侧的多个山头坡地进行考古调查、勘探、发掘都发现了墓葬，统称为帽儿山墓地。

帽儿山墓地面积约15平方公里，目前已知在山梁、岗地、山坡上和山坡下台地分布着4000余座夫余国时期的墓葬，推测整个墓地墓葬总数应超过10000座，自北向南分为龙潭山、西山、帽儿山、南山四大墓区。1980年，吉林市博物馆为配合吉林市送配电工程公司在帽儿山的基建活动，抢救性地发掘了三座墓葬。1989~1997年大约10年间，吉林省文物考古研究所在吉林市博物馆、吉林市文物管理处的配合下，对帽儿山墓地进行了调查、勘探和发掘，又发掘共计200余座墓葬。

根据发掘材料可知，帽儿山墓地的墓葬形制有土圹墓、土圹木椁墓、土圹火葬墓、土圹积石墓、土圹石圹墓等类型，其中土圹木椁墓数量最多，内部以青膏泥填充。墓葬面貌与以往的西团山文化风靡的石棺墓迥异，这是外来移民文化置换当地文化传统的典型案例。

考古发掘共计出土4000余件造型精美、品种丰富的文物：陶器有盆、罐、豆、壶、纺轮等，主要为夹砂褐陶和泥质灰、褐陶；铁器有镢、铧、锥、矛、剑、环首刀、削刀、箭镞、甲片、马衔等；铜器有权杖、泡饰、车辖、车軎、铜镜等；金银器也出土较多，有金牌饰、金泡饰、金管饰、金片饰、鎏金马镫、银指环、金银耳饰等；另外还有漆器、木器及玛瑙珠、玛瑙管等玉石器。新莽"货泉"钱币的出土说明帽儿山墓地一部分墓葬时间已至两汉之际。帽儿山墓地出土的金银饰品、红玛瑙珠等分别与《三国志·魏志·东夷传》载之夫余人"以金银饰帽"，盛产"赤玉""美珠"且"珠大如酸枣"相符合。"赤玉"很可能就是红玛瑙。以土圹木椁墓为主体的墓葬形制以及丰富的随葬品正是夫余人"厚葬，有椁无棺"的真实反映。帽儿山墓地也采集到花纹砖，可知墓地地面上曾经有高等级的享堂建筑，现在已经看不见踪迹。

帽儿山墓地有浓厚的汉式墓葬俗。西山Ⅰ区的18号墓出土的遗物最多。18号墓为圆角长方形土坑竖穴墓，直壁微斜，墓底铺有厚约4厘米

东明开国

金牌饰

银耳饰

陶豆

陶罐

↑
帽儿山墓地出土的文物

的青膏泥，人骨无存。木椁是内外双层椁。每层都外抹青膏泥。内层木椁顶覆盖8~12厘米的桦树皮，桦树皮层之上是20厘米的青膏泥层。出土有陶器、漆器、铜器、铁器和丝织品等珍贵遗物。出土丝织物27件，其中还有一张残高20厘米的绢制墨书帛画。[①]

墓中帛画是招魂引导主人升天之物，是在下葬时制作，用毛笔蘸墨水在素面帛上绘制图画。因为是夫余神职人员临时所画，图不规整，也不完全对称，部分墨迹褪掉。抽象对龙纹样，龙身粗直，四肢三爪，龙颈与龙头部用细长线直折示意有昂扬之态，龙尾用弧线弯转波折有飘动之势（图四，1）。主题龙纹样式是模仿南北朝时期丝织品上流行的抽象龙纹，该墓还有木芯包铜皮的马镫，年代在5世纪，所以帛画年代在夫余国后期。

墓葬随葬帛画是汉朝贵族之俗，帽山墓地的发现说明夫余贵族墓到北朝时期还保持这一习俗，可见汉朝文化对夫余丧葬礼俗影响之深远。夫余墓葬帛画的意涵也应该和汉墓帛画的用意相同。1972年长沙马王堆一号汉墓出土的T形帛画，是现存最著名的西汉时期帛画。画面内容丰富，从上而下分为三部分，分别表现天上、人间、地下，整体呈现了墓主渴望由人间升入天界，左右有龙护卫，辅助升天（图四，2）。由此可见，龙在升天过程中扮演重要的角色，帽儿山墓地出土的龙纹帛画也应是墓主渴望死后升入天国所做的努力。根据马王堆帛画，可以对帽儿山墓地帛画进行初步解读。以双排星点纹呈连山之形为线格，表示上下两界，或表示银河。下界三组对龙纹是头下尾上，表示降龙接引。上界三组对龙纹是头上尾下，表示升龙入天。每组对龙之间有一个特殊符号，或长方框接上下两个方向的箭头、或长方框接左右方向箭头，或四个方向箭

[①] 董学增：《帽儿山古墓群——我国汉魏时代最大的墓地》，《中国历史文化名城——吉林市》，（长春）吉林人民出版社，1999年，第58-62页；吉林省文物考古研究所编：《田野考古集粹：吉林省文物考古研究所成立二十五周年纪念》，（北京）文物出版社，2008年，第45页。

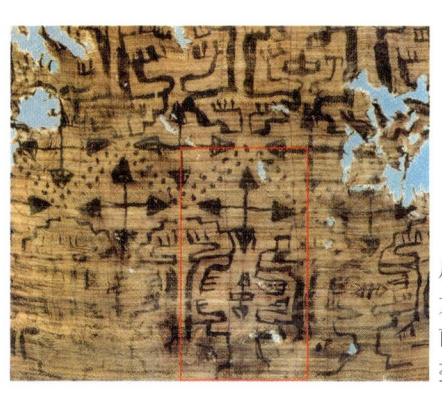

↑图四 墨书帛画
1. 帽儿山墓地出土帛画（局部） 2. 马王堆出土帛画

头，有特殊指示意义。或表示每组对龙之神来自不同的星空神域，或表示有其他意涵。

史载夫余国王下葬使用玉衣。《三国志·夫余传》记载："汉时，夫余王葬用玉匣。常豫（预）以付玄菟郡，王死则迎取以葬。公孙渊伏诛，玄菟库犹有玉匣一具。今夫余库有玉璧、圭、瓒，数代之物，传世以为宝，耆老言先代所赐也。"①是说汉朝廷赏赐的银缕玉衣预先存储于玄菟郡的大库，国王一旦亡故，即去大库领取。夫余国的历代国王，按汉朝礼制在死后是得享银缕玉衣的。朝廷的惯例是，将赠赐夫余王的玉衣藏于玄菟郡府库，一旦王死便可前来领用。三国时，辽东大乱，魏帝平灭公孙渊之叛时，点检玄菟郡库藏，发现尚留存有一领预留给夫余王葬用的银缕玉衣。与东团山遥对的帽儿山下，已知分布有4000余座夫

---

① （晋）陈寿撰：《三国志》，卷三十魏书三十，《夫余》，（北京）中华书局，2006年，第503页。

余古墓。近年，发掘了部分墓葬，竟全无一丝银缕玉衣的消息。王墓仍有待今后考古发现。

帽儿山古墓群的发现，对于确认吉林市是夫余王国前期都城所在地，对研究东北第一个奴隶制国家的兴衰，对研究当时东北地区少数民族生产生活习俗及其与中原文化的交流，都具有十分重要的历史价值。

1996年11月20日，帽儿山墓地被国务院公布为第四批全国重点文物保护单位。

03 融合汉风的学古东山遗址

考古发掘的学古东山遗址，代表了王城附近普通聚落下层社会的文化生活面貌。遗址西距乌拉街镇4公里，位于吉林市龙潭区乌拉街满族镇学古村河南近东的山顶端漫岗处，山下是吉林至哈尔滨铁路线夹角拐弯地带。学古东山海拔170米，高出河面30米。东北接连绵起伏的丘陵，西南为开阔的岗地，张老河东向流到遗址山脚折向北流。站在山头上，整个乌拉街满族镇尽收眼底。

1973年和1975年吉林市博物馆对学古东山遗址进行了两次试掘，发现居住址和灰坑各一座。其中属于夫余文化遗址的有一座灰坑，灰坑呈不规则长方形，底部不平，直接打破下层的西团山文化居住址。在灰坑出土的遗物有陶器和铁器，陶器都属于泥质灰陶，器形有罐、壶、甑、豆、钵等。铁器有铁矛、铁钁、铁锛、铁凿、铁镰、铁锥等。汉式陶豆皆为敞口，浅盘，实心柱，喇叭形圈足。学古东山上层的泥质陶器和铁器形制，与河北、河南、陕西等地汉代遗址同类遗物大体一致，与内蒙古哲里木盟奈曼旗沙巴营子古城以及辽宁省辽阳三道壕西汉村落遗址同类遗物基本相同，属西汉遗物。普通民居遗址使用汉式陶器生活，反映了王城周围的夫余国下层社会也曾经受到内地汉文化的强烈影响。

04 深受草原文化熏染的老河深墓地

老河深墓地，位于吉林榆树市大坡镇老河深村以南 500 米处一片开阔的岗地上。1980～1981 年吉林省文物考古研究所对此遗址进行发掘。遗址大致可分为上、中、下三层。上层遗存主要是靺鞨时期的墓葬，中层遗存是夫余时期的墓葬遗存，下层遗存是西团山文化时期的居住址。

属于夫余时期的中层墓葬共发掘出 129 座。墓葬体现了较强的草原特色。墓口距地表的深度大致相同。129 座墓有较严格的位置排序。以单人葬为主，也有男女同穴合葬、异穴合葬或一男二女合葬的。棺木下葬时，多行火烧仪式，并盛行杀马祭祀。随葬品有明显性别区别，但均体现了浓厚的草原文化特点：男性随葬剑、矛、环首刀、镞、箭囊、铠甲等武器，女性两腕戴有铜腕饰。另该墓地内发现大量夫余民族的生活、生产用具以及兵器、装饰品。

出土的双耳青铜鍑（图五，1），是游牧人喜爱的青铜锅，口沿上有山形双立耳，便于搬运携带，下有高底座，底下燃火不用锅台。俄罗斯西伯利亚的岩画中有游牧人用杆悬吊肉放入铜鍑内煮（图五，2）[1]。

青铜鎏金牌饰中有飞马形神兽、虎等造型（图五，3、4），表现出夫

---

[1] 埃尔迪·米克洛什·兹，杜亚雄：《遍及欧亚中部的匈奴鍑及其岩画形象》，《新疆师范大学学报（哲学社会科学版）》，1995 年第 4 期，第 35-48 页。

宝藏历史·岁月吉林

← 玛瑙串饰

→ 金耳饰

↑ 腕饰

图五　夫余文化中的草原文化文物
1. 老河深墓地出土铜鍑　2. 西伯利亚岩画中铜鍑的使用画面
3. 飞马形神兽鎏金铜牌饰　4. 虎纹鎏金铜牌饰

余与鲜卑以及草原丝绸之路的密切联系。此外，通过甲胄、铁剑、铁刀、箭镞等兵器、车马具、生产工具和梳妆装饰用具的出土，足可窥见当时夫余民族的生产生活、作战狩猎场景。

榆树老河深中层墓地内涵丰富，草原文化特色明显，对于探讨夫余文化构成具有重要意义。

永乐无疆

——汉唐时期地方政权高句丽在吉林

作为历史上的一个称谓,高句(音"沟")丽既是一个东北边疆古代民族的名称,又是一个政权的名称,其间还曾被作为中原政权所设置的地方机构县的名称(玄菟郡高句丽县)。它们的沿袭关系是族名—县名—政权名。

高句丽民族是我国东北地区的古老少数民族之一，兴起于战国秦汉时期我国东北境内的浑江流域和鸭绿江中游地区，主要人群属于文献记载的"貊人"，其历史早于政权。据文献记载，高句丽政权的创始者朱蒙出自夫余（大致以今吉林省吉林市一带为活动中心），政权建立初期其势力只限于浑江流域，从公元前37年至427年先后以桓仁和集安为都。东汉时期高句丽发展较快，《后汉书·高句骊传》记："高句骊，在辽东之东千里，南与朝鲜貊，东与沃沮，北与夫余接。地方二千里，多大山深谷，人随而为居。"以桓仁、集安、通化地区为中心，西边占据了新宾一带，北到辉发河流域和第二松花江上游，与夫余相接，东至延边，南至清川江，与乐浪为邻。东汉末三国时期，由于公孙氏和魏将毌丘俭先后征伐高句丽，高句丽西进受挫。4世纪初，高句丽占领乐浪、带方，其势力向南发展到了大同江、载宁江流域，开始与朝鲜半岛南部的百济、新罗争雄。4世纪中叶，前燕开国君主慕容皝（鲜卑族）又一次远征高句丽，"焚其宫室，毁丸都而归"（《晋书·慕容传》）。但是中原战乱不止，高句丽西邻的慕容鲜卑势力日趋衰弱，于是到5世纪初，辽东之地终被高句丽占有。与此同时，高句丽向北发展，410年其势力到达吉林市之夫余故地，后来便和从松花江下游南下的勿吉族相衔接。427年迁都平壤后，高句丽又把南边作为主要发展方向。475年长寿王率兵攻破百济都城汉城，迫使百济迁都熊津（今公州），高句丽的势力到达汉江流域。至此，高句丽政权的统治范围达到了极限。6世纪末，隋王朝

统一南方，国力大增。而在这时，高句丽王却率骑兵攻辽西，于是又引发了隋唐两代与高句丽之间长期的战争。645年，唐军渡过辽水，收回了被高句丽占据了240年的辽东。又过了20多年，至668年，唐军攻克平壤，高句丽政权灭亡。

　　高句丽政权在历史上存在长达705年之久，其中以集安为都的时间长达400余年，留下以城址与墓葬为代表的大量灿烂的文化遗产。高句丽遗迹的发现，以好太王碑为最早，时间在清朝末年。总的看来，高句丽的遗迹主要是都城、山城和墓葬三大类，而在这些遗迹的调查发掘中还发现了多种遗物，包括有名的碑刻等。2004年，高句丽王城、王陵及贵族墓葬被联合国教科文组织批准列入《世界遗产名录》。

01 平地城与山城的王城组合——国内城与丸都山城

历时最长的平原王城——国内城

　　国内城地处中朝界河鸭绿江中游右岸的通沟平原中枢，今吉林省集安市市区内，是高句丽历史上的第二座王城，也是为都时间最久的一座王城，这里山清水秀、气候温和，有塞外"小江南"之称。城外北倚禹山，东有龙山，西有七星山，前临鸭绿江，通沟河自北向南从西城墙外蜿蜒注入鸭绿江，地理环境依山临水，易守难攻，就当时的生产力发展状况而言，是古人非常理想的聚居之地。北行2.5公里为丸都山城之所在。

　　高句丽的王城曾经历了"两迁三治"的发展进程。公元前9年，高句丽第二代王琉璃明王率军攻打鲜卑，大获全胜。此时正赶上中原王朝王莽篡汉，王莽不仅在内部推行复古政策，对少数民族也实行高压政策。王莽下令征发高句丽兵讨伐匈奴,高句丽不愿协助,迟迟不肯出兵。11年春天,新莽大将严尤强迫高句丽出兵,途中士兵多数逃亡为寇,辽西大尹田谭率兵追击,却被高句丽兵所杀。王莽大怒,命严尤击之,严尤斩杀了高句丽大将延丕。而后王莽下令将高句丽更名为"下句丽",将高句丽王降为"高句丽侯"。直至汉光武帝八年(32),高句丽王遣使朝贡,才得以恢复王的称号。琉璃明王在位期间最大的贡献莫过于迁都于丸都山城。文献记载,公元2年琉璃明王在"纥升骨城"(即第一座王城,推定位于辽宁桓仁一带)郊祭时,用于祭祀的野猪逃佚。掌管祭祀事宜的薛支

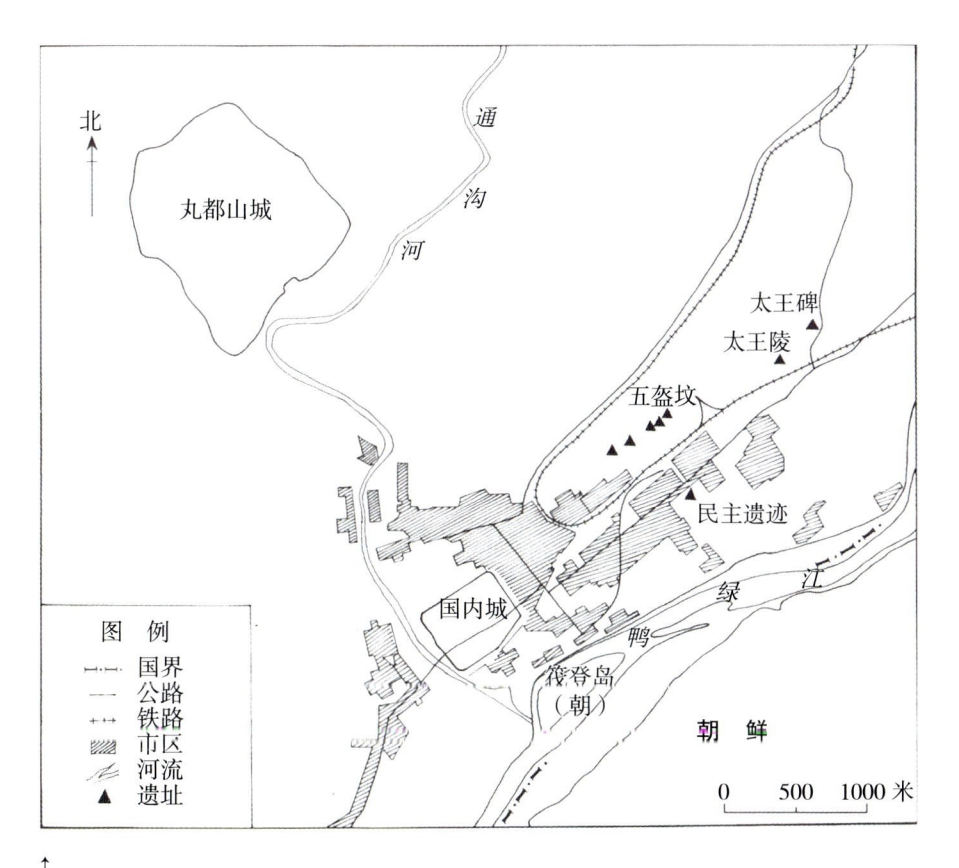

↑
国内城地理位置图(图源自吉林省文物考古研究所,集安市博物馆:《国内城——2000～2003年集安国内城与民主遗址试掘报告》,文物出版社,2004年,图一。)

追逐野猪到国内尉那岩后,发现此地山水深险、物产丰富,于是建议王迁都于此。野兽的指引传说自然不足为凭,但却是这一区域宜居的注脚。高句丽于汉平帝元始三年(3)迁都国内城,同时筑尉那岩城(即丸都山城)。北魏始光三年(426),高句丽长寿王迁都平壤后,国内城仍作为高句丽的"别都"使用,被列为"三京之一"。清朝初年,清廷将长白山地区划归"禁区",国内城因位于禁区内,沦为荒芜之地。清光绪二十八年(1902),设辑安县,县城治所置于国内城城内。此后,随着国内城城市功能的恢复,包括城墙及国内城内的风貌也逐渐被改变。

国内城是东亚地区古代地方政权中为数不多的地表保存有石筑墙体的平地王城遗址,城墙坚实牢固又不失美观庄严。城址平面略呈方形,方向为155°,东墙558米、西墙699米、南墙749米、北墙735米,周长超过2700米,内外两壁全部以长方形或方形石条垒砌,是一座坚固的石城。考古发现表明,国内城现存墙体的始建年代不早于公元4世纪,城门原有六处,民国十年曾重修三座,东门曰"辑文门",西门曰"安武门",

↑
国内城出土的鎏金青铜牌饰

↑
国内城出土的龙纹砖

南门"襟江门"是高句丽时期的主要城门。

高句丽灭亡后,唐代的国内城是安东都护府之哥勿州驻地,后为渤海国西京所辖桓州,辽代沿袭之。清光绪二十八年(1902)辑安县建治后,国内城依然是近现代当地的政治、经济、文化的核心区块。现今还能看到经发掘后部分修复的城墙、瓮城、角楼、马面、排水涵洞等遗迹,2000年来城市中心一直根植于此,从未改变。

因战争兴废的防御性都城——丸都山城

丸都山城是高句丽最重要的山城,也是著名的王城之一。一般认为丸都山城是国内城的军事守备城,与国内城唇齿相依,共同构成了高句丽中期平地城与山城组合的王城模式。高句丽王平日居住于国内城内,战时可退避至丸都。城址雄踞于集安市西北,属长白山系老岭山脉的丸都山上,距集安市区约2.5公里,海拔最高处为676米。

目前学界公认丸都山城即为文献记载的"尉那岩城"(也称"山城子山城")。据史料记载,公元3年高句丽迁都至国内城,并筑尉那岩城为其卫城。东汉建安二年(197),高句丽与当时割据辽东的公孙度发生过

宝藏历史·岁月吉林

大规模战争,高句丽战败,国内城被毁。次年,高句丽第十代王山上王扩建加固尉那岩城,更名为丸都城,修筑了大型宫殿。东汉建安十四年(209),山上王迁都于丸都。从《三国史记》的记载来看,丸都山城的基本格局形成于209年左右。公孙氏政权覆灭后,曹魏政权确立了在辽东地区的统治,高句丽趁辽东混乱之时发起突袭,趁机攻城略地。

↑
丸都山城瞭望台全景

曹魏正始五年（244），幽州刺史毌（音"贯"）丘俭率领步骑兵万余人出玄菟郡征讨高句丽，于沸流水、梁口两度大败东川王（高句丽第十一代王），号称2万人的高句丽军队被诛灭18000余人，东川王偕妻子及部下逃窜至东沃沮。毌丘俭领兵至丸都山城下，由于山城险峻，城墙坚固，数次进攻均未奏效，于是采用避实就虚、正面佯攻、西北偷袭的战术，令

↑丸都山城出土的卷云纹瓦当

↑丸都山城出土的莲花纹瓦当

↑丸都山城出土的兽面纹瓦当

宝藏历史·岁月吉林

← 丸都山城出土的陶罐

↓ 丸都山城出土的鎏金铜器

士兵从山城西北面山崖攀爬上去，杀死为数不多的守兵后，放下长绳，把战马、战车捆在绳子上吊上去，史称"束马悬车，以登丸都"。魏军攻入丸都城后屠杀城内官员数千后退兵。此后，毌丘俭又对高句丽进行了多次进攻，丸都山城也遭到了严重破坏，直至245年年初战争基本结束。

清光绪三十年（1904），集安县县民在筑路时，在距离集安县城17公里板岔岭西北天沟的山坡上发现了毌丘俭纪功碑，上面明确记载了毌丘俭征讨高句丽的史实。

经此一战，高句丽元气大伤，文献记载中，此后长达40多年间与辽东的战争仅有一次。然而高句丽觊觎辽东的野心并未消散，经长时间的休养生息后，于4世纪又与慕容鲜卑在辽东地区进行了激烈的角逐。慕容鲜卑的首领慕容廆也对高句丽发起了多次进攻，并于咸康八年（342）趁高句丽陈重兵于北道之机，率军出其不意地经险狭的南道攻入高句丽王城。慕容皝下令开掘美川王（高句丽第十五代王）的陵墓，将其尸体带回前燕，同时掠走高句丽的大量财富及5万余人，焚烧了城内的宫室，彻底摧毁丸都山城后凯旋。

丸都山城四周峰峦叠嶂，异常险峻。其地理特点是北高南低，东、西、北三面城垣外临陡峭的绝壁，内抱较为平缓的坡地，平面呈不规则的四边形，形如簸箕状。城墙的修筑利用自然山势，体现了高句丽山城的建筑特点。在悬崖峭壁处以石壁为城墙，豁口处和山脊平坦处以石垒筑城墙。

丸都山城城垣现存墙面主要以修琢规整的楔形石垒砌，与国内城现存高句丽时期主体城垣的墙面砌石在用材、工艺及形态上呈现出一致的风格。山城平面呈不规则的长方形，东墙长1716米、西墙长2440米、南墙长1786米、北墙长1009米，周长6951米。目前山城东墙南端、西墙北端、北墙西段保存较好。其中尤以北墙构筑坚固、险峻，有些区段墙高达5米，由20余层修琢规整的长方形和方形石条垒砌。城墙自下而上，逐层内收。各墙均有女墙，女墙高0.78~1.3米、宽0.73~1米不等，女墙的内壁底下有柱洞，可能在战时起到加固城墙的作用。目前考古发现的丸都山城城墙始建年代可能不早于4世纪后叶，与文献记载还有一定的时间差，可能经过后期修缮。

丸都山城目前发现城门7处，除1号门址属平地起筑外，其余6处门址均分布于山坡或山顶的战略防守要点。其中，南、东、北墙各有两处城门，西墙则只在南部发现一处，南城门内凹有瓮城，便于防御。以宫殿址为核心，7个城门构成了丸都山城的主要军事防御体系。

宫殿址位于山城南部的平缓台地上，海拔254米。宫殿址周边遗存分布密集，是丸都山城内遗迹最为集中的区域。考古发掘证明，宫殿址毁于战火，可能与高句丽同慕容鲜卑的战事有关。宫殿址依山势而建，整体东高西低，平面形状不规则，东、西两墙较为平直，南北墙呈斜边状。整个宫殿址及附属设施呈不规则四边形，南北长95.5米、东西宽86.5米，面积8260.75平方米。宫殿址的建筑遗迹包括宫墙、排水系统、建筑台基、建筑址、宫门、中心广场及宫殿附属设施等。

城内有泉水两处，一在城西北角，一在城东山脚下。在南城门汇于一处，二泉水自然形成两条小溪，经瓮门下涵洞汇合为一，注入通沟河。

瞭望台位于山城西南部，南距1号门址100米，东北距宫殿址320米。当地俗称"点将台"。自蓄水池西上小丘，即可登台瞭望，通沟河谷尽收眼底。瞭望台所处位置地势较高，视野开阔，极适于察看丸都城和国内城的动静，可起到瞭望军情的作用。

戍卒居住址位于瞭望台北侧，其西、北两面邻沟谷，东、南两面为缓坡台地。建筑构件已遭损坏，仅残存础石。有学者推测其为守护瞭望台的兵卒居住地。

蓄水池遗址位于瞭望台东南30米处的一片洼地中。向南100米为城墙1号门址，东北300米为宫殿址。考古发掘前为洼地，终年积水，四周已形成沼泽，水草丛生，岸边为耕地。池水清澈，池中生莲，当地人称为"饮马湾"或"莲花池"。

丸都山城内共发现高句丽时期的墓葬38座，主要分布在山城南部的台地及山脚平缓地带。有积石墓和封土墓，其中封土墓最多。这些墓葬应是山城废弃之后埋葬的。驻足丸都山城南墙附近，可以俯瞰宏伟壮观的山城下高句丽贵族古墓区，内有墓葬百余座，这里可见高句丽墓葬形制的大致变迁。著名大型积石墓、兄墓、弟墓、折天井墓、壁画墓、龟甲墓、美人墓均坐落于此。

高句丽政权建立后，屡受中原政权的册封，臣属于不同时期的中原王朝。但随着中原王朝和高句丽自身力量对比的消长，高句丽也多次与中原王朝和周边地方势力发生冲突。作为高句丽早、中期王城，丸都山城曾发

永乐无疆

↑
丸都山城全景图（图源自吉林省文物考古研究所，集安市博物馆：《丸都山城——2001～2003年集安丸都山城调查试掘报告》，文物出版社，2004年，图版一。）

←
毌丘俭纪功碑，现藏于辽宁省博物馆（笔者拍摄）

↑
丸都山城南城墙及1号门址（笔者拍摄）

↑
丸都山城下高句丽贵族墓葬区（笔者拍摄）

生过多次战事，也诞生了很多趣事。据文献记载，高句丽第三代王大武神王十一年秋七月（28），汉辽东军队攻伐高句丽，直逼王城，高句丽王公大臣退守丸都。粮草殆尽，形势危急。左辅乙豆智献计，以池中鲤鱼及美酒慰劳辽东军。使者代大武神王向辽东军将领谢罪："寡人愚昧，获罪于上国。致令将军帅百万之军暴露敝境。无以将厚意，辄用薄物，致供于左右。"汉军以为丸都城中水草粮食丰足，久围不利，于是退军。这就是高句丽历史上著名的故事——"鲤鱼退兵"。

高句丽人生活的区域多大山深谷，没有平原沼泽，百姓依山而居，食用山涧之水。虽然定土而居，但没有适宜耕种的良田，所以百姓养成了节食的习俗。集安一带发现了较多高句丽时期的石质农具，石、陶质网坠，说明了高句丽人农业兼营渔猎的综合经济类型。丸都山城环山为屏，山腹为宫，谷口为门，山城防御坚固，因地制宜的建筑方式体现了高句丽人卓越的建筑理念和高超的筑城技法。历经多次战乱和千年沧桑，丸都山城内建筑早已荡然无存，仅有断壁残垣历历在目，保留着当年的雄伟壮观，山城四周景色盎然，被交叠错落的山脉与森林环抱，是高句丽文物古迹旅游景区亘古不变的亮丽景观。

02 海东第一古碑
——好太王碑

好太王碑是高句丽第十九代王——"国冈上广开土境平安好太王"的碑碣，亦称"广开土王碑"或"广开土王陵碑"，是中国现存最大的石碑之一，被誉为"海东第一古碑"。好太王碑是集安代表性文物遗迹之一，也是吉林省高句丽遗存的"名牌"。

好太王碑位于太王镇大碑村，距集安市区约4公里，西南距好太王陵200米，矗立于禹山脚下，南临鸭绿江，东依龙山。东晋义熙十年（414），高句丽第二十代王长寿王为歌颂其父好太王的丰功伟绩而立此碑。是由一整块巨大的天然角砾凝灰岩（俗称火山岩）稍加修琢而成，碑体略呈方柱形，高6.39米，幅面宽1.34～2.0米不等，四面环刻汉字碑文，共44行，每行41字，除去行文及碑石缺损空刻，共1775字，文字大小在9～10厘米，字体为方严厚重的隶书，也保留有篆书和楷书的风格，笔画工整，字体端庄，拙朴遒劲，颇具章法。

碑文主体内容分为三部分：第一部分记述了高句丽建国神话。高句丽始祖邹牟出自北夫余，是天帝的儿子，其母为河伯的女儿，剖生于肉卵之中，从小善于骑射，聪慧过人，因而得名"朱蒙"，后南下建都。而后简述好太王的生平，于十八岁登基，号"永乐大王"，卒于三十九岁（412），谥号为"国冈上广开土境平安好太王"。第二部分篇幅较大，记载了好太王在位22年间，东征西讨，开疆拓土的战事和军事活动。据碑文记载好太王在位期间伐百济、救新罗、败倭、征讨东夫余的过程中攻城略地并掠得牲口，夺得百济城64座、村1400余个。第三部分铭刻了好太王的守墓烟户，国烟30家，看烟300家。同时镌刻有好太王存时教言与守墓制度等，对于研究高句丽的王族丧葬制度及社会生活具有重要意义。除好太王碑记载外，好太王对同时期慕容鲜卑与契丹的多次战争中也屡次取得了辉煌的战绩，以至于控制整个辽东，使契丹臣服。

高句丽灭亡后，好太王碑无人问津。元明之际，集安一带烽火连年，萧条不堪。清朝初年，长白山山区被封禁200余年，好太王碑长期湮没在荒野蔓草之中。清光绪三年（1877），桓仁设县，关月山发现此碑，拓字转赠师友，传入京师。光绪四五年间（1878～1879），当地农民初天富奉桓仁知县的命令，为方便捶拓碑文，于碑上涂抹马粪，干后用火焚烧，苔藓虽被除掉，碑身却被烧裂，局部崩掉了一大块，在第一面和第二面之间形成了长长的裂痕，好太王碑遭到了第一次严重的人为破坏。后经

↑ 好太王碑新亭（笔者拍摄）

多次捶拓和不规范修补致使碑体文字磨损严重，释文混乱。清光绪三十三年（1907）前后，日本侵略者企图用军舰将此碑运回日本，遭到当地人民的坚决反对而未得逞。1927年，集安工商界自筹资金，为好太王碑修建碑亭，次年竣工，古碑得到了较好的保护。1961年，好太王碑作为高句丽墓葬洞沟古墓群的一部分，被列为首批全国重点文物保护单位。1976年，木制碑亭腐朽倾斜严重，后被拆除。1982年，国家拨专款修筑了钢筋混凝土结构的大型永久性碑亭，扩大保护区，并设有专人进行保护管理。2003年，为防止风雨侵蚀，在碑亭四周安装了玻璃墙。为恢复古碑附近的历史风貌，还组织居民搬迁，进行环境整治。

好太王碑是现存最早、文字最多的高句丽史料。自好太王碑发现以来，引起了国内学术界的广泛关注，为研究高句丽政权的形成、发展和相关制度提供了丰富的史料依据。不仅是研究高句丽历史的"活化石"，也是中国乃至东北亚地区不可多得的文化瑰宝。

03 安如山固如岳的太王陵

太王陵是洞沟古墓群高句丽王陵的代表之一，也是集安的标志性文物遗迹。墓葬西距集安市区约 4 公里，位于禹山南麓一座小丘上，南距鸭绿江约 2 公里，其东北 360 米的公路边上为太王陵。因墓上发现有"愿太王陵安如山固如岳"的铭文砖，故名"太王陵"。

太王陵是一座大型方坛阶梯石室墓，呈方形，边长 66 米，残高 14.8 米。太王陵现存阶坛四面可以贯通的今见八级，自下而上逐级收分。每级阶坛由数层修琢工细的长方形石条垒砌，层间稍内收并凿有凸棱，阶坛内以河卵石填充。为防止填石重压形成的张力破坏陵墓，在阶坛基外，每边用 5 块巨型花岗岩护墙石倚护阶坛石。陵墓顶部为边长约 24 米的方形平台，墓室建于阶坛顶部平台正中，墓室外侧周边用大块河卵石封作斜坡，顶上有厚约 1 米的封土。墓室平面呈长方形，长 3.24 米、宽 2.96 米、高 3 米，内置一座两坡水硬山式的石椁，经修复，石椁长 2.4 米、宽 2.7 米、高 2.05 米。石椁内并排两座石棺床，长 2.2 米、宽 1.2 米，中间无空隙，四周边缘凸起。石椁用沉积页岩精磨而成，呈绿、蓝、紫 3 色，各部由榫卯结构结合。墓葬被盗，墓室内有盗洞，石椁和棺床被盗墓者毁坏。

太王陵周围有陪坟、祭台、陵墙等附属设施，太王陵曾有一个广阔的陵园，陵园内遍铺河卵石垫层。陪葬墓位于太王陵南侧中部，北距太王陵 3 米左右，结构为石棚墓。两座祭台位于太王陵东侧，祭台设在与墓道开口相反的一面，与墓道垂直而与阶坛平行。清光绪年间，太王陵曾出土大

↑ 太王陵南遗址出土的莲花纹瓦当

↑ 太王陵南遗址出土的菱纹砖

↑ 太王陵南遗址出土的"未豆"文字砖

↑ 太王陵南遗址出土的文字筒瓦

量的莲花纹瓦当和铭文砖。砖侧面模印有"愿太王陵安如山固如岳"的铭文。2003年，清理出土了铁器、铜器、金器、鎏金器和建筑构件等1000余件文物。其中有一件刻有"辛卯年，好太王，囗造铃，九十六"铭文铜铃出土。

学者根据太王陵出土的铭文砖和铜铃推测，太王陵始建于东晋孝武帝太元十六年（391）。好太王去世两年后，即东晋安帝义熙十年（414），棺椁葬入此陵。虽然学界大多认可太王陵的墓主为高句丽第十九代王广开土王高谈德（好太王），但也有部分学者认为太王陵墓主可能是广开土王之父——故国壤王。

133

宝藏历史·岁月吉林

↑
太王陵出土铭文砖（图源自吉林省文物考古研究所，集安市博物馆：《集安高句丽王陵——1990～2003年集安高句丽王陵调查报告》，文物出版社，2004年，图版一一一。）

↑
太王陵出土铜铃（图源自吉林省文物考古研究所，集安市博物馆：《集安高句丽王陵——1990～2003年集安高句丽王陵调查报告》，文物出版社，2004年，图版八一。）

↑
太王陵鎏金案饰

↑
太王陵鎏金马饰

04 "东方金字塔"——将军坟

将军坟是洞沟古墓群中的重要墓葬之一，位于集安市东北4.5公里的龙山脚下，是现存的保存最为完好的高句丽大型方坛阶梯积石墓王陵。陵墓雄伟壮观，结构严谨，技艺精湛。将军坟早年被盗。清代同治末年，中原灾民出关谋生，见陵墓宏伟壮观，误以为其为镇守边关的将军之墓，故名"将军坟"，讹传沿用至今。此外，因其外观呈截尖方锥形，形似埃及法老陵墓，被誉为"东方金字塔"。

将军坟建于5世纪前叶，墓主人的身份颇有争议。1913年，日本学者关野贞首次提出将军坟墓主为高句丽第十九代王好太王，日本历史学家池内宏则认为墓主为第十代王山上王。此后，国内外多数学者认为将军坟为高句丽第二十代王长寿王陵，但也有学者推定将军坟墓主是长寿王之父好太王。

将军坟墓高13.07米，墓底东北侧边长33.1米，西南侧边长31.8米，

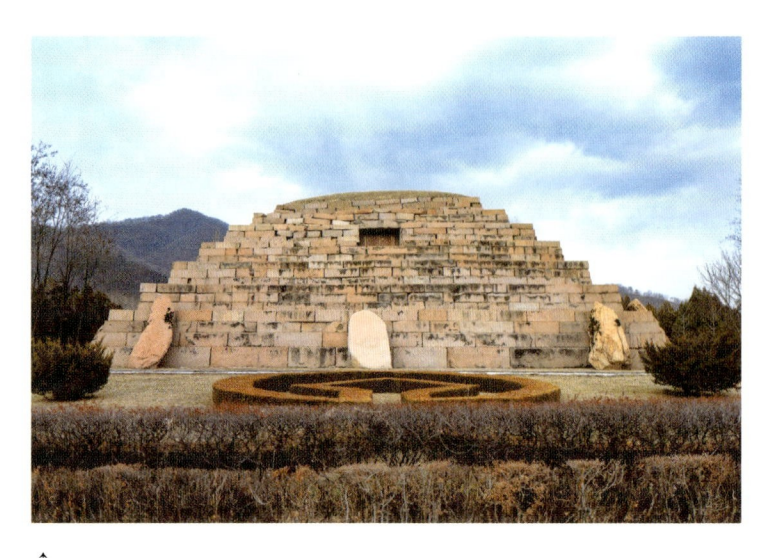

将军坟（笔者拍摄）

西北侧边长32.6米，东南侧边长31.7米。顶面积270平方米，底面积960平方米。为典型的高句丽方坛阶梯石室墓，系用精琢的花岗岩砌筑。共用1100余块精细加工的石条垒砌边缘，阶坛底部近于正方，所用石条较大，上有七级阶坛，向上逐渐变小，由22层石条逐层内收构成，内以河卵石填充，耗材6000立方米。为使墓葬牢固，防止石条错位，每块石条的外侧边缘均凿有顺阶坛方向的凸棱，砌筑时上层石条叠压在下层石条的凸棱内。为抵消因自重产生的向外张力，墓底部四面均以重约10吨的3块巨石倚护，现存倚护石11块（后面中间缺失1块）。墓室是从第三级台阶筑起，墓道口设在第五级台阶西南面的中间部位，墓葬为西南向，墓室呈方形，长宽各5米，高5.5米，四壁各用六层石条砌筑，近顶端各置一大石条为梁，藻井做平行叠涩状，其上覆盖一整块巨大石板。墓室内有东西排列的两座棺床，为防止棺床移位，在其四周均凿有凸起的边缘。石棺床一大一小，一高一矮，原来很可能葬有一男一女。由于墓葬早年被盗，室内无遗物出土，墓葬附近淤土内发现较多铁链、瓦当、板瓦、鎏金饰件，墓顶曾发现较多

↑
将军坟一号陪冢（笔者拍摄）

↑
将军坟二号陪冢及祭台（图源自吉林省文物考古研究所，集安市博物馆：《集安高句丽王陵——1990～2003年集安高句丽王陵调查报告》，文物出版社，2004年，图版三三。）

的瓦当和板瓦残件，结合墓葬周围出土的较多建筑构件，推测墓上原有享堂一类的建筑，也有学者认为这些建筑构件应是直接覆盖在墓上。

在对将军坟的保护和维修时，曾发现南面约60米处有一涵洞，可将墓室和墓顶的渗水排出。将军坟有面积广大的陵园，在其东北部有一座祭台和两座陪冢，现仅一座陪冢保存较好，西南200米的祭祀遗址面积达5公顷。

将军坟是高句丽王陵的杰出代表，也是高句丽大型积石墓的巅峰之作，此后不见石造王陵，宏伟且矗立千年不倒的将军坟体现了高句丽人精湛的墓葬建筑技法和石材加工技术，更反映了高句丽人的聪明才智。

05 高句丽壁画艺术宝库
——五盔坟四号墓

五盔坟四号墓为高句丽晚期最为精美的壁画墓之一，位于洞沟古墓群禹山墓区最南端，南距集安火车站380米，距市区3公里，因附近共有五座大型封土墓，当地人称它们为"五盔坟"或"五块坟"。五盔坟四号墓即五盔坟自西向东的第四座墓。

五盔坟四号墓为封土石室壁画墓，覆斗形封土，周长160米，残高8米。由墓道、甬道、墓室三部分构成。墓道在南，现存长6米，后接甬道，墓门高、宽各1.75米。墓室平面呈长方形，东西长4.2米、南北宽3.68米、举高3.64米，四壁为两层石条砌筑，高1.92米，梁枋以上作两重抹角叠涩藻井，上覆盖顶石。墓室内南北平行放置三座石棺床。南壁西端有一东西向石座，可能是放置随葬品的台座。墓室底部用平整的石板铺垫。

墓室四壁、藻井及甬道均绘有精美的壁画，壁画直接绘于花岗岩石壁上，壁画富丽堂皇、鲜艳生动。壁画内容大体分为两类题材，一类是四神，另一类是各种圣人、仙人、飞天等。学术界一般认为，高句丽壁画墓整体经历了从早期日常生活题材向晚期图案、四神题材的转变。

↑
五盔坟四号墓藻井北角，伏羲女娲图（图源自徐光冀：《中国出土壁画全集——辽宁 吉林 黑龙江》，科学出版社，2011年，第191-192页。）

↑
五盔坟四号墓藻井壁画（图源自徐光冀：《中国出土壁画全集——辽宁 吉林 黑龙江》，科学出版社，2011年，第185页。）

↑
南角抹角石绘制的疑似镶嵌夜明珠的龙（图源自徐光冀：《中国出土壁画全集——辽宁 吉林 黑龙江》，科学出版社，2011年，第188页。）

宝藏历史·岁月吉林

    墓室四壁均为四神图像，并以网状莲花火焰图案为衬地，网纹以红、黄、黑三色平行线条描绘。网纹内错杂描绘着莲花、卷草和足踏莲台的人物，构成了一幅儒、道、释"三教合一"的图像画面，既体现了高句丽人多元化的宗教信仰，又反映了高句丽上层统治者学习同时期中原"三位一体"的宗教统治思想。四神亦称"四象"或"四灵"，即青龙、白虎、朱雀、玄武。在古代，四神是对二十八星宿所构成的四组图像的称谓，亦代表东、西、南、北四个方位，在墓室四壁也严格遵守方位上的对应。东壁绘青龙图，龙首向南，昂首舞爪；西壁绘白虎图，与东壁青龙图相对称，

东壁青龙图 　　　　　　　　　　西壁白虎图

南壁朱雀图 　　　　　　　　　　北壁玄武图

↑
墓室四神图（图源自徐光冀：《中国出土壁画全集——辽宁 吉林 黑龙江》，科学出版社，2011年，第176-177页。）

面朝南向，做飞扑之势；南壁绘朱雀图，头朝东向，红胜黄吻，足踏莲台；北壁绘玄武图，面朝西向，蛇绕龟身，两首相对，张口吐舌。四神形象是中原地区典型的汉文化元素，四神在高句丽墓内出现体现了高句丽人对中原先进汉文化的学习与传承。

墓室四隅分绘有兽面人身的怪兽托龙顶梁，怪兽形象相同，面部色彩不一。四壁以上为梁枋，梁枋上绘有8条龙，每面两龙相缠，衬以流星、星辰。墓室藻井绘神仙、羽人、飞天、伎月仙人等形象。北角两抹角石绘伏羲女娲形象（又记日月神），均为人首蛇身，女娲居左，伏羲居右。东角两抹角石绘神农氏燧人氏图（牛头人）。神农氏居左，手持禾穗，授人五谷。燧人氏居右，手持火把，教人用火。南角两抹石绘奚仲父子图。画面中一人冶铁，一人造轮。西角两抹角石绘乘龙仙人，头戴平天冠，身着袍服，似为黄帝。第一重抹角石四面正中各绘一龙，低首回顾，龙口张开，口中有洞，洞内可能镶嵌有夜明珠。

五盔坟四号墓的年代约为6世纪末7世纪初。墓葬内的壁画布局合理、内容丰富、设色精当，是高句丽壁画艺术中的瑰宝。不仅体现了高句丽人精湛的绘画技法，而且反映了中原汉文化影响至高句丽的宗教信仰、统治思想等多个方面。更表明了高句丽作为边疆政权从未将自己"置身事外"，高句丽文化与中原文化藕断丝连的联系也正是中华文明多元一体的最好体现。

06 "表里不一"的禹山3319号墓

禹山3319号墓是一座高句丽贵族墓葬。位于洞沟古墓群禹山墓区西端，集安市区北侧的小山丘顶上，站在墓顶可俯瞰集安市区。

该墓是一座阶坛积石砖室墓，平面呈方形，边长21米左右，残高2.65米。墓由内、外两部分组成：内部用砖砌筑墓室，外部则采用石材构筑阶坛，石砌方坛三级。在第三级方阶上面起筑墓室，集安高句丽墓葬中"表里不一"者仅此一例。

在墓前左、右两侧距墓约9米处各立有一巨石，左侧巨石为青灰色沉积岩石，长1.04米、宽0.54米、厚0.9米。石面上刻有人物形象，为正面半裸身像，头戴似菱形帻冠，冠顶端刻有形似鸟羽装饰。桃形脸，尖下颏，五官偏上，双目似核形上斜，鼻梁笔直，鼻翼肥厚，枣核状口，弓形耳。长颈，颈部以下只用简单弧线象征肩壁，并收缩为狭窄身躯。右石背有凿痕，未见其他形象。关于石刻人像的含义说法不一，有学者认为可能与祭祀有关；刻绘人物为母神，或体现了高句丽人对母神形象的崇拜；甚至有人天马行空地认为是外星人的画像。

1962年吉林省文物普查队调查时，在该墓发现带有"丁巳"年号的纪年瓦当。1979年集安市博物馆在墓前发现青瓷盘口壶1件，1983年复查时又发现半个"丁巳"纪年瓦当。此外，禹山3319号墓曾多次遭盗掘和破坏，仍出土有部分鎏金器、铁器、青瓷器、釉陶器以及建筑构件。早期有学者主张禹山3319号墓为高句丽第17代王小兽王的陵墓，但通过对洞沟古墓群已知王陵的调查来看，该墓规模较小，不具备王陵的条件。此后又有学者根据墓葬出土的"丁巳"纪年瓦当和来自东晋的青瓷盘口壶等产品判断该墓年代应为357年，推测墓主应来自中原，可能是东晋时期投奔高句丽的时任平州刺史东夷校尉崔毖的墓葬，即墓主并非高句丽人，可备一说。《晋书》记载，崔毖出身望族，任职时恰逢五胡乱华，崔毖欲割据一方，曾游说宇文部鲜卑、段部鲜卑、高句丽三方势力讨伐慕容廆，却被慕容廆以离间计击败。崔毖惧怕慕容廆报复便派使臣佯装祝贺，然而其作为主谋的事暴露，并在慕容廆的威逼下于东晋元帝大兴二年（319）携家眷逃奔至高句丽。

↑
禹山3319号墓墓室（图源自吉林省文物考古研究所：《吉林集安高句丽墓葬报告集》，科学出版社，2009年，彩版九。）

↑
石刻人像（图源自吉林省文物考古研究所：《吉林集安高句丽墓葬报告集》，科学出版社，2009年，彩版九。）

海曲华风

——唐-五代时期地方政权渤海国在吉林

渤海国是唐至五代时期，以粟末靺鞨族为主体建立的地方性民族政权。698年，第一代国王大祚荣在东牟山建立渤海政权。渤海国前后历经十一世十五位国王，最终在926年被契丹可汗阿保机攻灭。渤海国疆域涵盖今中国东北地区、朝鲜半岛东北部及俄罗斯滨海边疆区，因其国力强盛、文化繁荣，被唐朝史书誉称为"海东盛国"。

渤海国接受唐廷册封，积极学习唐王朝政治制度，在中央建立三省六部制，地方上实行"五京"制。文化上受儒家、佛教影响极深，儒家经典、佛教寺庙遗址屡屡见于渤海。经济上双方互通有无，黄铜、马匹、丝绸、瓷器成为重要流通商品，甚至在唐登州境内设立"渤海馆"为商旅服务。唐朝皇帝李隆基对渤海第二代国王大武艺的敕书中，曾言其"地虽海曲，常习华风"。这既揭示唐王朝对渤海的赞赏态度，也说明渤海国对中原文化的认同程度之深。

渤海存国228年，渤海国疆域内留下以城址、墓葬与寺庙为代表的大量文化遗产。其中西古城、磨盘村山城、古城村寺庙址的渤海考古发掘工作，先后于2002年、2021年、2022年被评为"全国十大考古新发现"。

宝藏历史·岁月吉林

01 渤海国三大王城——磨盘村山城、西古城、八连城

磨盘村山城

磨盘村山城又名城子山山城，坐落于吉林省延边朝鲜族自治州图们市长安镇磨盘村。山城充分利用自然山势，城垣沿山脊和山腹修筑，平面呈阔叶状，周长4549米。城内多为坡地，地表可采集到大量砖瓦等建筑构件。以往曾在城内采拾到金仿汉仙人神兽铜镜、"南京路勾当公事之印"

↑
磨盘村山城远景航拍

等多件带铭文遗物，据此学界普遍认为磨盘村山城为金末东北地方割据政权东夏国南京城。除带铭文的遗物外，城内还发现大量的板瓦、筒瓦等建筑构件。

2013～2023年，吉林省文物考古研究所等单位对磨盘村山城连续进行了11个年度的考古调查与发掘工作，相关成果正在陆续公布。磨盘村山城内发现早、晚两期遗存，晚期遗存以兽面纹瓦当、卷沿陶器为代表，年代属于东夏国时期无疑。早期遗迹以圆形建筑址为代表，早期遗物以红褐色的菱格纹、方格纹、绳纹板瓦为代表。关于早期遗存的年代，碳14测年数据显示城墙始建于656～727年，建筑址内浮选种子的年代为550～700年。

至于早期遗存的年代，学术界现存高句丽晚期、渤海早期两种观点。近来发掘者安文荣研究员与冯恩学教授共同撰文，从文化特征、地

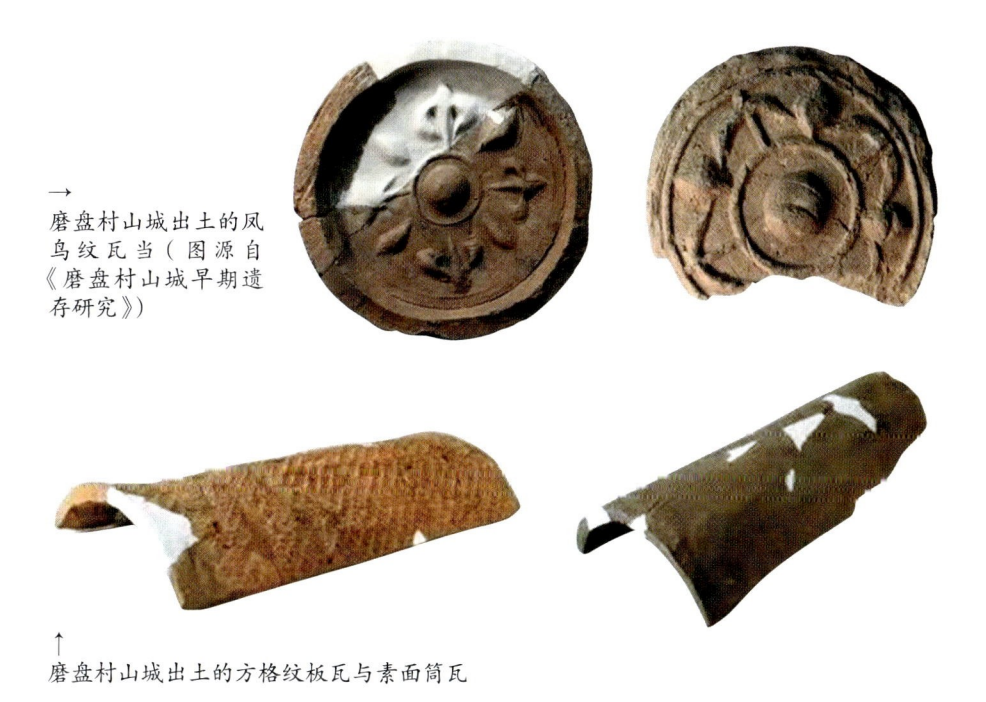

→ 磨盘村山城出土的凤鸟纹瓦当（图源自《磨盘村山城早期遗存研究》）

↑ 磨盘村山城出土的方格纹板瓦与素面筒瓦

理环境、年代区间等不同角度予以论证，初步推测磨盘村山城与唐书记载的渤海早期都城"东牟山"相吻合，这为渤海早期都城的探讨提供了新线索。

西古城

西古城位于和龙市西城镇城南村，地处长白山余脉北侧的丘陵河谷地带，海拔约320米，城南1.5公里处有海兰江。海兰江自西向东横穿头道

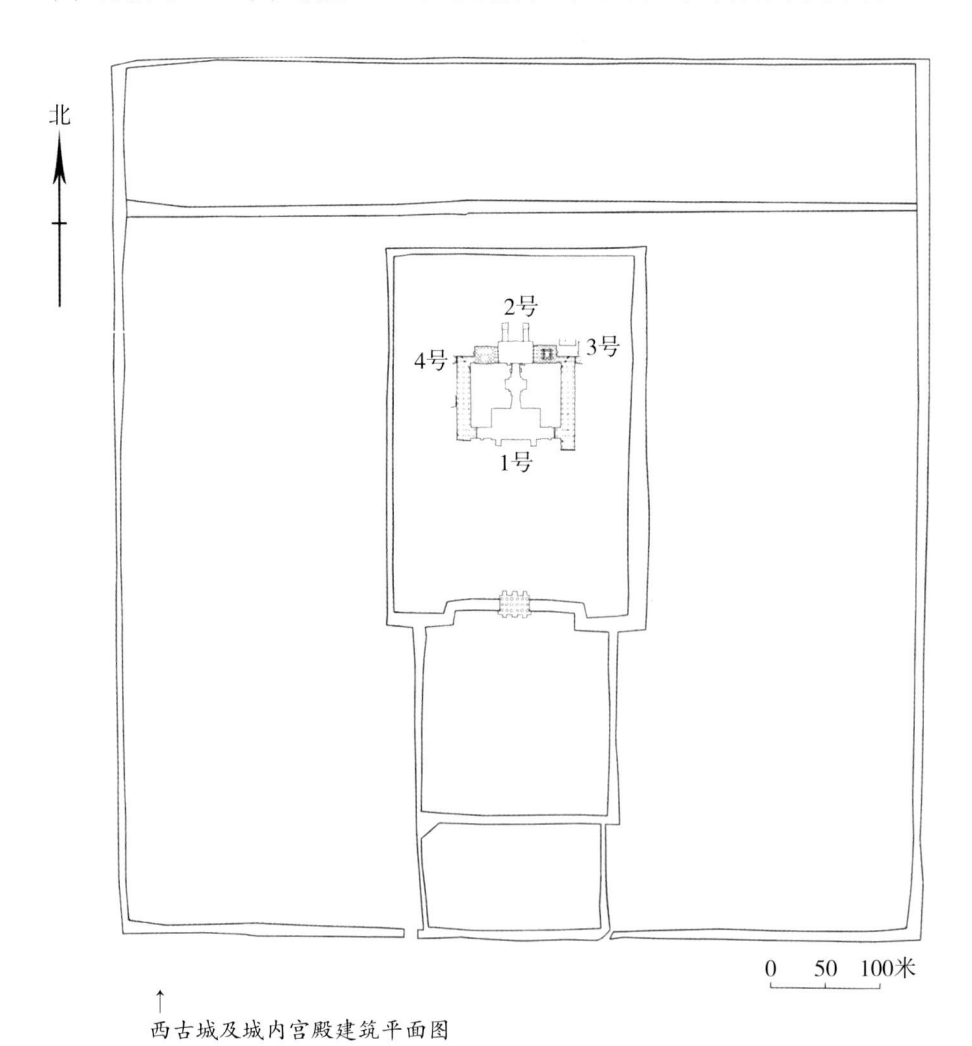

西古城及城内宫殿建筑平面图

↑ 西古城遗址的兽头

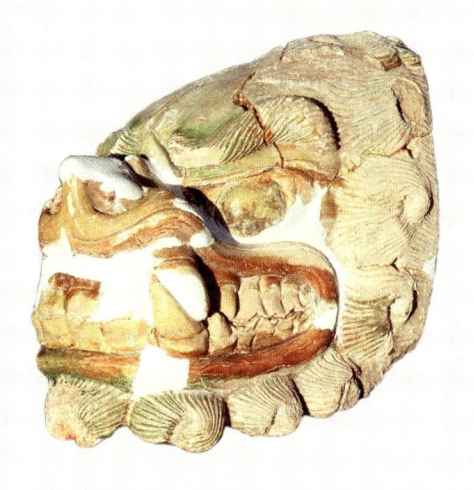

↑ 西古城遗址的鸱尾

↑ 西古城遗址的鸱尾

↑ 西古城遗址的萼形间饰六瓣莲花纹瓦当

平原，西古城坐落于头道平原西北部。头道平原东西长约30公里，南北宽约5公里，域内河流纵横、土壤肥沃、气候温和，非常适宜人类生产、生活。

关于西古城的文献记录，最早见于晚清名将革命先驱吴禄贞撰写的《延吉边务报告》，言"延吉厅西南一百十里处有古城二，一曰东古城，一曰西古城……"20世纪20~40年代，日本军国主义势力入侵中国东北地区。在"满洲国文教部委托"的名义下，鸟山喜一、藤田亮策等人先后盗掘西古城遗址，同时侵略者掳走大量中国珍贵文物。

20世纪50年代，中国各级文物部门对西古城采取了种种保护措施。1981年，吉林省人民政府将西古城遗址列为省级重点文物保护单位。1996年，国务院将西古城列为第四批全国重点文物保护单位。2000~2002年，吉林省文物考古研究所对西古城实施了连续三年的考古发掘工作。2004~2005年，为贯彻大遗址保护规划，吉林省文物考古研究所再次对西古城进行了两年的考古发掘工作。

基于为期五年的考古工作，确认西古城由内城、外城两部分组成，平面呈长方形，周长约2700米。外城东西宽630米，南北长730米，城墙夯筑，基宽13~17米，顶部宽1.5~4米，残高1.8~2.5米。南墙、北墙中间各有一门，门道宽14~15米，两门址位于中轴线。外城原有城壕作为防御设施，现多被填平。内城位于外城中部偏北位置，东西宽187米，南北长310米。内城墙下挖基槽，主体部分也是采用夯筑技术。内城中轴线上分布着一号、二号、五号宫殿址，二号宫殿址东、西两侧分布着三号、四号宫殿址。西古城遗址出土遗物以瓦件、建筑饰件为主，包括板瓦、筒瓦、瓦当、压当条、当沟、鸱尾、兽头等。

从发掘现场所获种种证据来看，西古城各建筑遗迹均未发现火烧痕迹，且存在间歇性倒塌迹象（如五号宫殿址）。这表明西古城很可能源于自然废弃，并非人为毁坏。据《新唐书》记载，"显州，天宝中王所都""天宝末，钦茂徙上京"。说明渤海国在天宝时期是以显州（西古城）

为都，直至755年前后才迁都到黑龙江宁安上京城。

八连城

八连城遗址位于吉林省珲春市三家子乡，东距珲春市区约6公里。珲春地区属于中温带季风气候，又带有明显的海洋性特征。八连城西2.1公里为图们江，城址位于河谷平原地带，地势平坦、河流密布，四

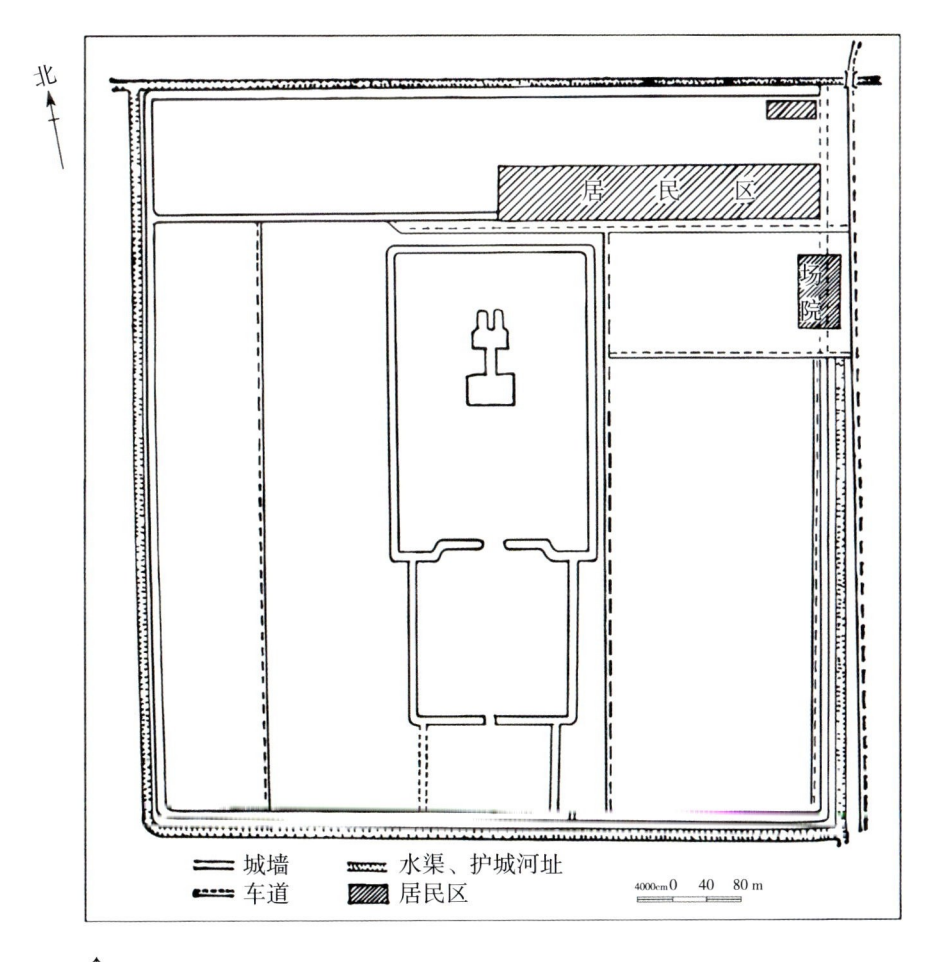

八连城及城内宫殿建筑平面图

↑
八连城出土的瓦当

周群山环绕。在渤海国人入住之前，珲春地区曾经是沃沮、高句丽人活动之地。

1924年，日本人鸟山喜一调查八连城遗址，初步判断该城址属于渤海国时期。九一八事变后，在日本政府及侵华日军支持下，鸟山喜一、斋藤优、驹井和爱等人又打着伪满洲国文教部委托的幌子，多次调查或盗掘八连城遗址。当时日本人的盗掘活动集中于大型宫殿遗迹，对宫殿遗迹的揭露也完全不符合考古学发掘规范，实际上是一种严重的破坏行为。

20世纪50年代以来，吉林省文物部门曾先后多次调查、测绘八连城遗址。1961年，吉林省政府将八连城遗址列为省级重点文物保护单位。2001年，国务院将八连城列为第五批全国重点文物保护单位。2004～2009年，为完成"吉林省境内渤海都城遗址研究"的学术课题，以及实施大遗址保护工程建设，吉林省文物考古研究所对八连城遗址进行六个年度的考古发掘工作。

↑
八连城出土的花纹砖、套兽

　　八连城由外城、内城两部分组成，平面呈长方形，周长约 2900 米。外城东西宽约 707 米、南北长约 745 米。外城墙体以土夯筑而成，质地坚硬。城墙残高约 1.1 米，底部宽约 6.1 米，顶部宽约 2 米。内城东西宽约 216 米，南北长约 317 米。内城墙以黄土夯筑而成，夯层非常明显，每层厚 6～20 厘米。墙体底部宽约 5.4 米，顶部宽约 1.8 米，残高约 1.5 米。内城中轴线上分布着一号、二号宫殿址，二号宫殿址东、西两侧分布着三号、四号宫殿址。八连城遗址出土遗物以瓦件、建筑饰件为主，包括板瓦、筒瓦、瓦当、压当条、当沟、鸱尾、兽头等。

　　八连城作为渤海国东京故址，使用时间在 785～794 年。794 年后，国王大华玙又将都城迁回宁安上京城。由于史书记载不详，八连城的始建年代并不清楚，这是一个难以破解的谜团。但是在考古发掘中，一号宫殿址倒塌堆积曾发现一件刻划文字的压当条，纵向刻划的文字为"维次甘露元□"。926 年，阿保机灭亡渤海后，改渤海国为东丹国，册封自己的儿子耶律倍为东丹国王，建元"甘露"。据此历史背景，考古学家推测压当条上的文字可以补全为"维次甘露元年"。由此说明，此件压当条是926年的遗物，契丹人用以修缮已有的宫殿建筑。此件遗物能够充分证明，契丹人当时并未毁坏八连城内部的建筑，反而给予精心的维护修缮。与此同时，八连城内城的宫殿建筑、内外城门均未发现火烧痕迹，部分建筑的倒塌堆积还保留自然倒塌的迹象，证明八连城应是自然废弃，没有遭受人为破坏。

渤海国灭亡后，阿保机改渤海国为东丹国，册封长子耶律倍为"人皇王"进行管理。后来契丹贵族耶律羽之担任东丹国右相，耶律羽之上书契丹皇帝耶律德光，言渤海"遗种浸以蕃息，今居远境，恐为后患……梁水之地乃其故乡……乘其微弱，徙还其民，万世长策也"。928年，辽开始大规模迁徙渤海遗民至各地。渤海遗民在辽境内留下诸多带有鲜明渤海文化特征的遗物，如内蒙古巴林左旗辽祖陵、赤峰市林西饶州古城、辽宁北镇市琉璃寺、辽阳三道壕沟等地发现的莲花纹瓦当。

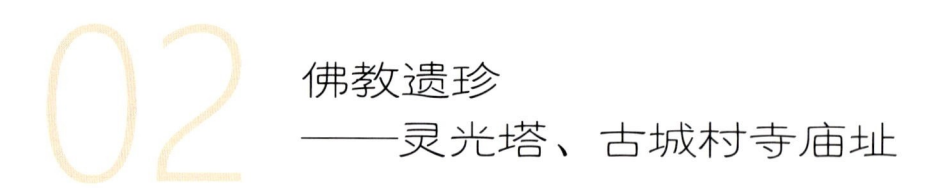

02 佛教遗珍
——灵光塔、古城村寺庙址

灵光塔

灵光塔位于白山市长白朝鲜族自治县长白镇西北郊塔山一处平坦的台地上，海拔820米。长白灵光塔是一座砖造楼阁式空心方塔，坐北朝南。灵光塔非原名，清末长白县知府张凤台慨其历久未灭，将之与西汉时灵光殿相提并论，重新命名为灵光塔。

据《长白山江岗志略》记载："塔顶明时被烈风吹折今尚缺"，说明灵光塔在明代之前早已损毁。1936年，长白县地方乡绅出资修砌，以五口铁锅倒扣做成塔刹。1955年，政府组织工程人员重新维修塔基，砌筑石座加以保护。1984年，吉林省政府对灵光塔进行全面维修，于塔内设置钢铁支架支撑塔身，并以水泥填充地宫。

灵光塔由通道、甬道、地宫、塔身和塔刹五个部分组成。

通道在甬道前，从甬道前向左、右两翼拓展至地面，做成阶梯式，有11个台阶，可以顺势拾级通达地面。通道左右壁和台阶均为原生土，唯每阶台级的中央部位一般铺三四块石（方形、长方形和圭形砖），而且在最中间处砖块水平位置降低，或用两块砖块斜倚，使台阶中部呈一凹沟。

甬道在通道后、地宫前，甬道左右均以砖砌，地铺三层砖，上无盖石板。

地宫前接甬道，地宫系狭小的长方形，南北长1.9米、

↑长白山灵光塔

东西宽 1.42 米、高 1.49 米。墙壁由多层砖块砌成，方向与塔向相似，底铺三层砖，顶盖石板。地宫的壁面和上部均用白灰涂抹，白灰片大部脱落，绝大多数为素面，仅个别壁面涂赭石等色。地宫后墙中央略微偏东处室底上，有一石块砌筑的台座，座面相当平整，地宫室顶盖石断折下陷。

塔基在地宫盖石顶部，为坚实的夯土层，厚度不详。

塔身在塔基夯土层以上，用长方砖、圭形砖、多角砖砌筑，通高 12.86 米。塔身平面方形，高五层，逐层收分，每层顶用砖砌出檐，檐部迭涩砖，在迭涩中间隔一层砖施菱角牙子。第一层边长 3.3 米、高 5.07 米，在底层周围有用石砌的石座，高 0.8 米。第二层边长 3 米、高 1.65 米。第三层边长 2.4 米、高 1.5 米。第四层边长 2.1 米、高 1.2 米。第五层边长 1.9 米、高 1.44 米。

塔刹在塔身顶部，呈葫芦形，高 1.98 米。

1982 年，中国科学院自然科学史研究所张驭寰先生调查了灵光塔，断定其为渤海国塔。1986 年，吉林省文物工作者在长白古城内采集到莲花纹瓦当，与灵光塔花纹砖上之莲瓣装饰完全一致，进一步证明其为渤海时期的建筑。长白灵光塔是中国境内唯一保存完整的渤海时期佛教建筑，具有重要的历史文化价值。

古城村寺庙址

珲春古城村寺庙址地处图们江畔，位于吉林省延边朝鲜族自治州珲春市三家子满族乡古城村。古城村寺庙遗址由 1 号寺庙址、2 号寺庙址组成，出土了大量的佛教造像、瓦当以及其他建筑构件。2022 年，该遗址被评为全国十大考古新发现。

1995 年，当地村民在农田改造过程中发现一些佛像残件并向当地文物部门报告，时任珲春市文物管理所所长的李正凤将相关文物进行收集和保存。其中，1 号寺庙址遭到严重破坏，采集遗物包括佛教造像残片、筒瓦、板瓦及各种类型的瓦当。2 号寺庙址保存情况较好，地表可观察到多个隆起的土包，结合遗址周边散落的大量建筑构件及佛教造像残片，推测

↑ 古城村2号寺庙址出土的莲花纹瓦当

↑ 古城村2号寺庙址舍利函出土的金瓶

← 古城村2号寺庙址舍利函中的铁函

出2号佛寺遗址的大致范围。

2016~2022年，吉林省文物考古研究所对古城村寺庙址进行连续考古发掘。确认古城村寺庙址中的1号寺是我国境内发现的第一处高句丽佛教寺庙，也是我国东北地区发现的最早寺庙遗址。所获北朝晚期风格的佛教造像，成为探索中原佛教对东北边疆地区佛教影响的重要实物线索。2号寺庙址是目前首次考古发掘揭露的渤海国高等级佛寺，为研究我国唐代高等级佛寺的建筑布局、建筑风格以及探讨我国古代舍利瘗埋制度等方面提供了重要材料。

遗址的发现不仅填补了我国高句丽佛寺遗址资料的空白，同时也填补了图们江流域高句丽考古的空白。此外，该遗址的发现与研究廓清了渤海国高等级佛寺的平面布局，为研究渤海国的佛教文化以及建筑模式提供了全新的线索，对完善隋唐时期佛教文化的全貌有着巨大学术价值。

03 贵族墓葬
——六顶山与龙头山

六顶山墓葬

六顶山墓地位于吉林省敦化市的六顶山，地处长白山地向第二松花江沿岸丘陵、平原的过渡地带。敦化市北有威虎岭，南有哈尔巴岭，西有牡丹岭，三山环抱成一盆地。六顶山原称牛顶山，位于敦化市区南5公里，是一座东西长约1.5公里的孤立山丘。"六顶"之名，原是指山丘有六个高出的小山尖。六顶山东、西两个山坳中，各分布一个墓区，两墓区统称六顶山墓地。

↓
六顶山远景图

↑
贞惠公主墓

↑
六顶山一区 M5 石室墓发掘照片

宝藏历史·岁月吉林

↑
六顶山一区 M3 出土兽面砖

↑
六顶山一区 M5 出土三彩壶

　　1949年秋，敦化启东中学与延边大学历史科师生一起清理一墓区（西侧）9座被盗墓葬。清理过程中发现贞惠公主墓葬，出土石狮、贞惠公主墓碑、鎏金装饰品等遗物。贞惠公主墓碑的发现震惊中外，这是首次发现明确身份的渤海贵族墓葬，中外学者纷纷著文考证渤海国的历史。特别是贞惠公主墓碑提及她"陪葬于珍陵之西原，礼也"，一度让中外渤海史研究者认为六顶山墓地中存在国王的陵寝，进而认为渤海建国之初的"旧国"也在敦化地区。

　　1961年，国务院将六顶山墓地列为全国第一批重点文物保护单位。1964年5~6月，中国科学院考古研究所与朝鲜社会科学院组建联合考古队，共同清理六顶山墓地（墓葬20座），出土各类文物377件。2004~2009年，吉林省文物考古研究所对六顶山墓地进行大规模考古调查、发掘。本次考古工作确认墓地共有235座墓葬，其中一墓区有105座墓葬，二墓区有130座墓葬。墓葬形制多样，包括土坑墓、石棺墓、石室墓、圹室墓四类，并发现房址、石台等附属设施。六顶山墓地出土遗物极为丰富，如陶罐、陶制瓦件（板瓦、筒瓦、瓦当、兽面瓦）、三彩壶、铜带銙、铁钉、铜镜、玉器、玛瑙珠等。

六顶山墓地发现渤海第三代国王大钦茂次女贞惠公主的墓葬，以及与之结构、出土遗物相似的墓葬，学者由此判断该墓地应为渤海贵族的墓葬群。关于墓地的年代，通过出土遗物的类型学比对，考古学家认为墓葬主体年代在8~9世纪。墓葬含数种葬俗，其中的土坑墓是靺鞨人传统葬俗形式，在南北朝时期便已使用；一墓区第三号墓葬发现墓上建筑，与史书记载的靺鞨人"冢上作屋"习惯相符合。墓地出土的众多遗物中，三彩器、绞胎器、瑞兽葡萄铜镜均为唐朝舶来品。尤其是通过釉陶成分的检测、分析，能够初步判定釉陶器物同河南巩义的黄冶窑制品相似，很可能就是黄冶窑产品流通至渤海国。

龙头山墓群

龙头山全长约7.5公里，海拔400米，是一条南北蜿蜒起伏的漫岗，山体南部与重峦叠嶂的山峰相连，向北则延伸至海兰江冲刷的头道平原南端。龙头山墓群由南至北可分为石国墓区、龙海墓区、龙湖墓区，龙海墓

↑
龙头山M13出土铜镜

↑
龙头山M13出土漆器

贞孝公主墓墓室内壁画

区位于延边朝鲜族自治州和龙市头道镇龙海村西龙头山中部。墓群东有福洞河自南向北流,并在龙首处注入海兰江。

1980～1981年,延边博物馆发掘龙海墓区中的贞惠公主墓葬。2004～2005年,为探明墓群的性质和布局,吉林省文物考古研究所等单位对龙海墓区进行了发掘。两年共发掘墓葬14座、井1眼,并获取丰富的考古资料。

龙海墓区位于整个墓群的中部,占地面积约4万平方米,是龙头山古墓群中最重要的墓区。龙海墓区的墓葬有大型和中型石室封土墓、大型砖室墓、大型砖室塔墓以及墓上修建大型建筑的同封异穴砖椁墓五种类型。经清理的14座墓葬虽已被盗,但是出土遗物丰富,包括陶罐、倒心形莲花纹瓦当、侧视莲花纹瓦当、铜镜、金冠饰、带銙以及铁钉等。

龙海墓区发现渤海国第三代国王大钦茂四女贞孝公主墓(M1)、孝懿皇后墓葬(M12)及九代王大明忠顺穆皇后墓葬(M3),有力证明龙海墓区属于8～9世纪初渤海国王室陵寝。两位皇后墓志均以汉字书写,出土三彩男俑、女俑的装扮均与中原三彩俑相近,金带銙、瑞兽铜镜也为中原地区输入,是渤海国常习华风的真实历史写照。

海曲华风

↑
贞孝公主墓壁画

↑
龙海墓区 M10 出土三彩俑

163

金戈铁马
——辽金时期的吉林

宋辽金时期是中国历史上长达300余年的分裂时期,也是我国统一多民族国家形成的重要阶段。辽朝在五代后期雄踞漠北,后与北宋对峙。金朝灭辽、北宋,与南宋对峙,后被蒙古所灭。尽管宋朝一直被视为正统,但辽、金也多以华夏自称,对中华文明具有强烈的认同,辽、金与宋朝共同构成了当时的中国。

辽朝（907～1125）是由契丹族建立的国家，从辽太祖耶律阿保机到天祚帝，共经历9位皇帝，国祚219年。辽朝的疆域广阔，南隔白沟（今河北保定一带）与北宋为界，东至日本海，西至阿尔泰山，北至额尔古纳河，幅员万里。辽朝建有五京，其中上京位于巴林左旗，东京位于辽阳，今吉林省辖区在辽代分别属于上京道、东京道管辖。在建制州县之外，还有一些藩属女真部族的城寨，但由于文献失载，只能推测其大体活动范围，包括辉发河流域的回跋部、辽源附近的乙典部、吉林附近的顺化王部、通化附近的鸭绿江部、白山附近的长白山部、延吉附近的蒲卢毛朵部。

金朝（1115～1234）是由女真人建立的国家，从金太祖完颜阿骨打到金哀宗，同样历经9帝，国祚119年。金国与南宋以秦岭淮河为界，今天的山河四省、陕西的大部、内蒙古东部、东北三省及外东北地区均为金朝疆域。金朝同样设有五京，以中都（今北京）为都城。今吉林省辖区分属上京路、东京路、隆州路、咸平路、婆速府路、曷懒路管辖，吉林境内较为重要的州具包括（新）泰州（白城城四家子古城）、肇州（前郭塔虎城）、隆州（农安古城）、信州（公主岭奉家屯古城）、韩州（梨树偏脸城）、曲江县（榆树大坡古城）。另外还有不少猛安谋克城寨，但大部分难以考证，仅知奥吉猛安在长春附近、移里闵斡鲁浑猛安在德惠附近。

辽金时期是吉林省经济繁荣的一个历史时期，州城堡寨遍布全境，尤其是几个重要州城建置，大体奠定了现今吉林省行政区划的雏形。据不完全统计，吉林省共有辽金时期城址 262 座、聚落遗址 1769 处，是整个东北地区辽金遗址最为密集的区域之一。

01 黄龙府的塔影

乘火车在农安站下车，顺农安路东行，遇宝塔街南折，无须多远，就能在低矮的楼宇之间望见一座青灰色的古塔。它既不高耸，也不宏大，甚至极少装饰，与周边的筒子楼完美地融合在一起，仿佛是同一时代的产物。在它身后向东一里，便是黄龙府的西城门。

对于大多数国人而言，辽金时期的历史地理仿若陌生的异域，人们可能没听过金上京（今阿城市），可能不知道金中都（今北京市），可能将金人的居地笼统地想象成荒凉的塞外。但有一个地方却是一个例外，那就

↑ 乾安"春捺钵"遗址土台群　　↑ 永平遗址金代房址（F1）2009 年发掘现场

是黄龙府。南宋绍兴十年（1140），岳飞北伐，一路势如破竹，大有"收拾旧山河"之势。《宋史·岳飞传》记载："飞大喜，语其下曰：直抵黄龙府，与诸君痛饮尔！"在清代的《说岳全传》中，更为直白地表述为"直抵黄龙府，灭了金邦，迎回二圣"。北宋靖康二年（1127），金兵攻克北宋都城开封，掳走徽钦二帝。他们在金上京经历了屈辱的"牵羊礼"之后被安置在松花江下游的五国城（今依兰县土城子）。山高路远，道路阻隔，南宋官民并不清楚以上情况，直到偶然从金国商人陈忠那里传来密信，说是徽钦二帝现在黄龙府。实际上，黄龙府所处的位置正在贯穿东北的交通要道上，徽钦二帝或许是短暂停留，或者只是路过，无论如

↑
金代定窑刻划花龙纹盘，农安窖藏出土。

↑
辽金时期陶砚，农安审计家属楼工地出土。

←
金代石棺，农安卫校家属楼工地出土。

何，这里成了岳飞日思夜想、望眼欲穿的所在。"直捣黄龙"也作为一个成语而为人熟知。

黄龙府是隶属辽朝东京道的军事重镇，主要用以镇抚生女真诸部，因其重要性，又有"银府""东府"之称，甚至在一些宋代文献中被误认为是辽国的东京。历史上的黄龙府曾有过迁治，农安古城只是作为辽代后期的黄龙府，金初沿用，先改名为济州，后更名为隆州，金末升为隆安府，元代逐渐荒废，清末流人来此垦荒，人烟才逐渐繁盛，至清光绪十五年（1889）设农安县，县城与黄龙府故城重叠。

从卫星照片来看，黄龙府城的平面呈平行四边形，古城街、黄龙路正好是城址的南北、东西轴线。古城的周长，按光绪《吉林通志》所录"旧有土城，坍塌不齐，周围约七里"。根据卫星照片复原出来的城墙周长约

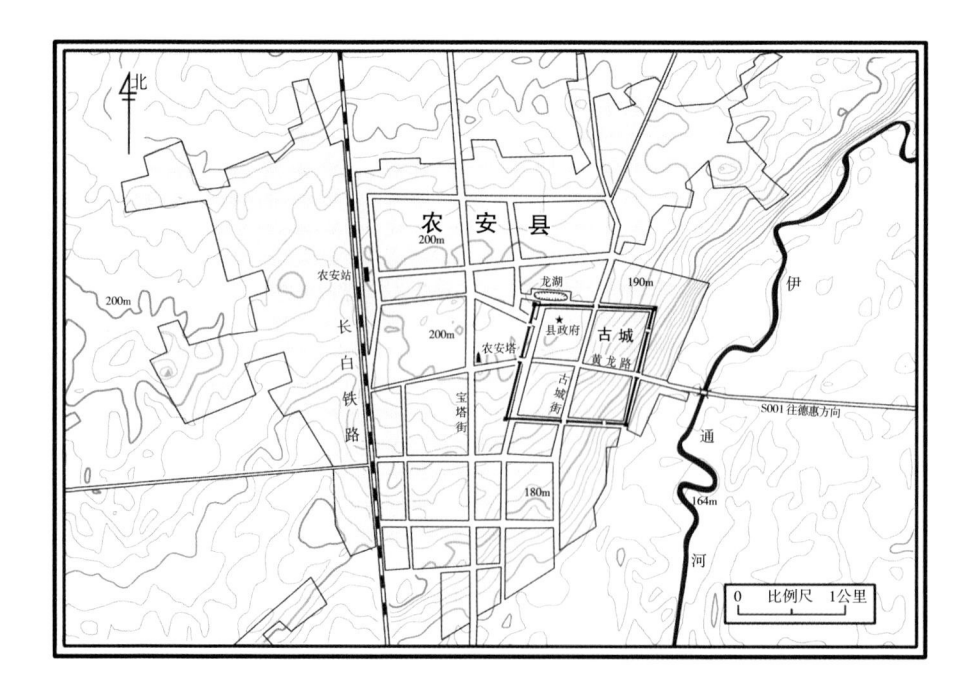

↑
农安古城地形图

4647米，在辽代州府级城址中算是规模较大的了。目前尚存的城墙主要断续集中在东城墙一线。

1115年，在完颜阿骨打的带领下，女真人取得了宁江州之役、出河店之役的胜利，遂定国号为大金，并在当年正月尝试进攻辽国东境最重要的军事重镇——黄龙府，扫清了外围防御，但未能攻克。8月，阿骨打再次亲征黄龙府，大军抵达松花江（当时称为混同江），发现江上没有舟楫可供渡河。阿骨打派人骑着赭白色马涉水过河，并以马鞭指引道路，大军跟随其后，水深只到马的腹部。这也是后来将黄龙府改名为"济州"、改军名为"利涉"的原因。

黄龙府被攻陷的过程记录在《完颜娄室神道碑》中，完颜娄室是金初重要的军事将领，死后被安葬在济州奥吉里，即今长春市东郊英俊镇石碑岭。碑文写道："（完颜娄室）进壁府城东南，扼敌军出入且巡其村堡，凡有以应援者，使不得交通。度城中力屈可攻，使驰奏。太祖遂亲御诸军以至，围之。王攻东南隅，选壮秉苋倚梯，望其楼橹，乘风纵火。王乃毁民家、堞，趋士力战，至火燃靴伤足而不知。诸军继进，敌遁不守。太祖嘉其功赏御马一、奴婢三百，仍赐誓券，恕死罪。"结合农安古城的地势，我们可以分析出女真军主攻东南角台的原因。农安古城的西半部坐落在伊通河左岸二级台地上，东半部坐落在一级台地上，又以东南隅地势最为低洼，主攻此处，登高而望，可以清晰地观察到城内守军的动向。回到东南角台，我们继续西行，来到基督教堂，这附近就是黄龙府的南门。从民国时期的地图、照片来看，城壕在此处向外凸起，很可能是瓮城的遗痕。剩余的西墙均已经被新建的高层住宅叠压、破坏，了无痕迹。

环绕古城一圈，再次回到辽塔。阳光照射在塔刹，微风拂动着风铃，千年前的梵音似乎萦绕在耳边。这座佛塔建于辽代圣宗太平年间，大约在1023年。塔身为八角形，共十三层，为实心密檐式砖塔，不可登临。塔由塔座、塔身、塔刹三部分组成，通高44米，一层设龛门、假门，上作仿木斗拱，各层屋檐均覆有板瓦、筒瓦、兽面瓦当、带状滴水，并装饰有脊兽。檐角挂有百余个铜铎，塔身原曾镶嵌众多铜镜，在佛教的观念里，踏进佛塔的影子，听到佛塔的风铎，看到塔上的反光，都可以积累善缘、获得庇佑。佛塔一般都有天宫和地宫，1953年修缮农安辽塔时在塔身十层发现了一块边长80厘米的方砖，揭开方砖露出边长2米多、深4米多的砖室天宫，里面发现一个木质硬山式房屋模型，内部藏有释迦牟尼佛、观音菩萨等佛像，有阴刻佛像的银牌，还有陶瓷香炉、瓷盒、银盒、木盒以及丝织品。这些宝物现今陈列在吉林省博物院，安静地躺在玻璃橱柜里，如一千年前一样。

农安辽塔理论上应该是某一佛寺的附属建筑，只不过寺院的名称已经湮没在史籍之中，无从考证。西门的行旅往来最为频繁，将寺院建在门外更方便吸引香火、招徕信众。出土文献《中都显庆院故萧苍严灵塔记》中提到金代济州有"祥周院""尼院"，结合经幢主人的身份，这两座佛院可能都是尼姑庵。除了大量的佛教建筑以外，辽代的黄龙府城、金代的济州（隆州）城还存在衙署、府学、孔庙等公共建筑，如辽代的黄龙府统军司、黄龙府女真部大王府、金代的利涉军节度使署等。重要的衙署建筑很可能建在城内西北部，这里地势较高，现今农安县政府也选址在此处。古城当时最为繁华的地带是在城中心的十字街沿线，商贾辐辏，百货骈阗，酒肆、作坊、客栈鳞次栉比，无怪契丹人将其谓之"银府"，完颜娄室也称其为"黄龙一都会"。金代的隆州因为地位下降，不再有辽代黄龙府时期的繁华，加上金代中期契丹民族大起义、金代后期来自蒙古的边患，经济更为凋敝。金代诗人周昂曾被贬为隆州都军，在此生活了多年。他的一首《边俗》可以为我们勾勒金末隆州城的生活景象："返阖看平野，斜垣逐幔坡。马牛难异域，鸡犬竟同窠。木杵春晨急，糠灯照夜多。淳风今已破，征敛为兵戈。"清晨的咚咚杵声、入夜的点点糠灯、近处同巢而卧的鸡犬、远处横亘慢坡的城墙，倘若没有后面两句，该是多么美好安逸的市井生活！

曾经的辉煌与后来的战乱，使得农安古城的地下蕴藏着数不清的遗迹与文物。1868年，农安南街曾出土窖藏铜钱2亿枚，1966年，东街又出

↑
农安古城东南角台

↑
暮色中的农安辽塔

土窖藏铜钱 40 万枚。这些铜钱窖藏，一般与金代的铜禁以及强行推广交钞政策有关，也可能是金末战乱的原因。最值得一提的还是 1985 年在北城发现的一处窖藏。这处窖藏以瓷器为主，其中 9 件定窑白釉刻花龙纹盘最为精美，其釉色洁白莹润，龙纹威武生动，是金代定窑的精品。此类龙纹产品发现很少，可能是用以赏赐贵族的器物。其他 20 余件定窑瓷器，如定窑萱草纹盘、双鱼纹盘、印花博古纹盘、贴花梨形壶等也都是不可多得的定窑精品。此外还有钧窑、湖田窑的瓷器和一些地方窑口的黑釉瓷器。除了瓷器，窖藏中还有青玉碗、青玉盘等宝物，以及铁钳、铁锉、铁锤、铁砧、铜剪等金属生产、生活用具。这批窖藏的主人应当是金代在城内居住的某位达官显贵，我们可以想象太平时节主人家用这些精美瓷器开席设宴的奢华场面，也可以想象窖藏埋藏时的慌乱——金末烽烟四起，耶律留哥、蒲鲜万奴、蒙古大军相继前来洗劫，主人在某次兵燹将至之时，将其仓促埋下，却再也没能回来。

  2017 年古城街管道改造，吉林大学考古队曾经对沿着古城街开掘的基槽进行记录，发现剖面上的辽金时期民居房址、灰坑、窑址、冶铁炉等遗迹连绵不绝，陶瓷碎片俯拾即是。

←
陶瓷棺，农安凯德花园辽墓出土。

当我们乘坐火车离开农安站，远处的楼房缓缓后退，在一处空隙中我们会再次看到那一闪而过的塔影。这座古塔最后一次出现在历史的舞台上，是在明天启五年、后金天命十年（1625）。当时蒙古科尔沁部刚与后金结盟，察哈尔部林丹汗来攻，后金派莽古尔泰、皇太极往援，刚到"龙安塔"，察哈尔部不战自退。农安一名即为"龙安"之音转，亦即金末贞祐初年升隆州为"隆安府"的音转。当图籍被焚烧、金石被掩埋，历史仍然在这片土地上口口相传，坚韧如城墙上生长的野草。

02 长春州与春捺钵

2007年6月，微风拂过初发的嫩叶，这是大沁他拉草原（白城的旧名）最为惬意的季节，但在洮北区德顺乡前胡里村北侧的耕地上，一对父子却遇到了不小的麻烦。他们的拖拉机突然陷进坑里，熄火了。好端端的田野里怎么会凭空出现一个陷坑呢？他们下车查看，只见后轮陷进去了一半，空洞不深，却能看到里面尽是虚土，用手抓出一捧，好像都是朽烂的粮食。

父亲毕竟阅历丰富，这种情况硬来的话只能越陷越深。在他的指挥下，儿子用铁锹往车轮下垫土，并不断地压紧拍实。劳作之间，铁锹铲到一块硬物，儿子拿起一看，是一块几乎完整的青砖，上面竟然刻满了文字，儿子有些吃惊，但也并未多想，毕竟那上面的字连他都能认得个大概"长春……百姓……年、月、日"，他顺手将砖头垫在车轮之下，引擎发动，拖拉机驶出陷坑，儿子想了想，又顺手将砖头扔到车斗里。

拖拉机的响声渐行渐远，消失在胡里村的庐舍矮墙间。不远处，横亘着一道整齐的黄土岗，初到此处的外乡人往往会好奇地发问"那是山吗"，本地人则会笑着回答"平原怎么能有山呢,那是城墙,金兀术修的城墙,绕一圈十来里地呢"。

城墙的豁口处立着一块巨大的石碑,外乡人无一例外会在此驻足,看着碑文,念出声"全国重点文物保护单位——城四家子城址,中华人民共和国国务院2006年5月25日公布……"这座古城一直是考古学家重点关注的对象。早在1927年,苏联学者包诺索夫和日本著名考古学家鸟居龙藏就前来"探险",掠走不少文物。新中国成立后,建立起服务于人民的文物考古事业,在1962年的"第一次全国文物普查"中,东北著名考古学家、历史地理学家李健才先生对古城进行了详细调查,并测绘了城址平面图。20世纪八九十年代,工作人员和学者也频繁对古城进行了调查。2013~2017年,吉林省文物考古研究所对古城进行了连续五年的调查、勘探、发掘,彻底解决了古城的年代问题和性质问题,发现了佛寺、道路、房屋、陶窑等遗迹,出土了墨书琉璃瓦、陶瓷器、铁器等各类遗物数千件,这些文物在白城市博物馆收藏并展览。

↑
城北寺庙址出土辽代墨书文字琉璃瓦,上有"大安八年"字样。

↑
城北寺庙址出土辽代墨书文字琉璃瓦,上有"大安九年、兴教院"字样。

回到刚才那块刻字青砖。自从它被带回农家，就一直摆在院墙上，任凭风吹雨淋。田里的苞米已经长到一人多高，父子一家来了收宝人"刘胖子"。他一眼便瞟到了院墙上的那块青砖，并用 50 块钱买走了它。后续数月，青砖随着收宝人"刘胖子"不断辗转，从洮南到白城，从白城到乌兰浩特，最终流落到一个书法家手里。青砖被放在他的书案上当成镇纸。柳边之外的出土金石甚少，这块铭文砖很快就在周边的文化圈传开，最终

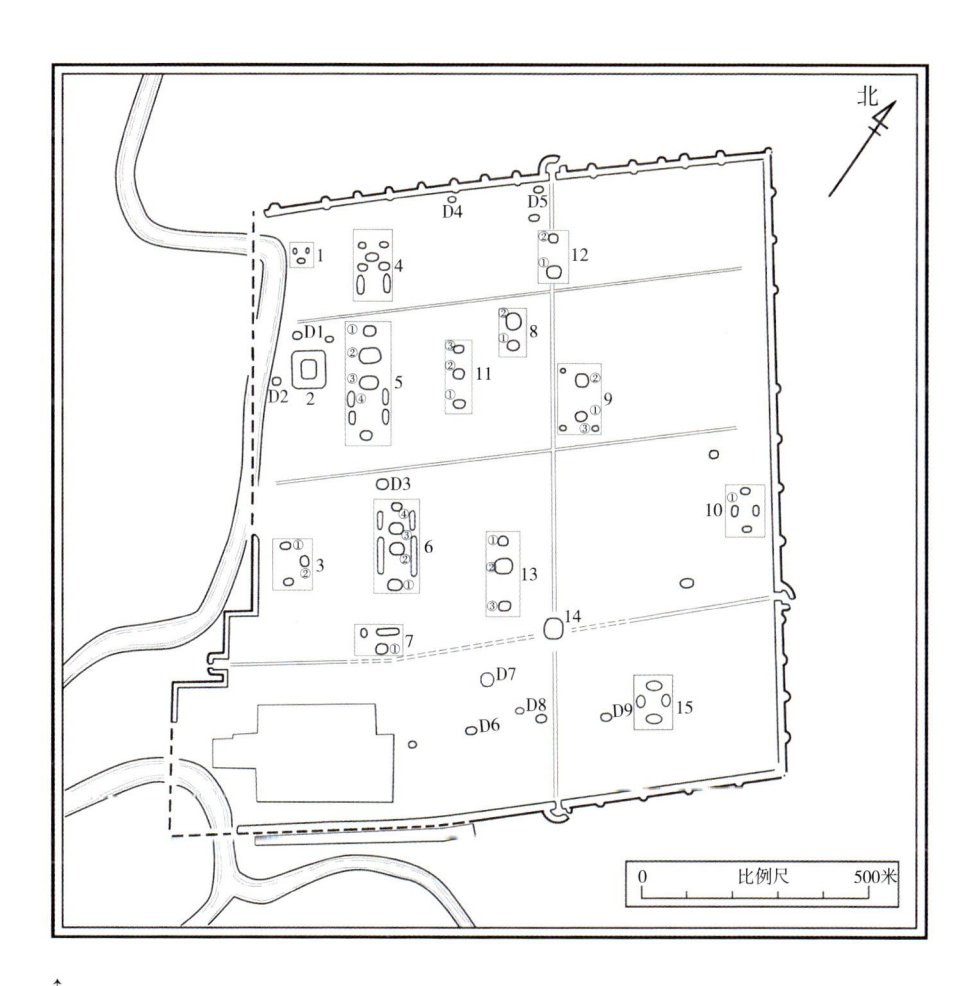

城四家子城址平面示意图（赵里萌绘制）

↑ 城四家子古城出土的刻字砖

传到了白城市博物馆老馆长的耳朵里。当他从别人拍到的模糊照片里读到"泰州长春县"那几个字，他的手开始止不住地颤抖，他知道，困扰学术界半个多世纪的谜团，很可能就要有答案了。

"寅字号窖一坐成黄粟二佰五十□，系泰州长春县户百姓刘玮，泰□□年壬月卅日入中，当该仓使王□□、仓子刘还魂、杨花牛，□□□□□□事刘子元、杨林。"当这块铭文砖终于安稳地躺在了白城市博物馆的库房，历史专业出身的老馆长迫不及待地捧起了那块青砖，几乎毫不费力地读出了上面的文字。再细加辨认，第一个缺字应该是"石"，第二个缺字应该是"和"，这应该是金代泰和年间泰州倚郭长春县官仓的档案文件，记录了城内百姓刘玮在寅字号窖交纳了二百五十石粮食，仓库的官员刘还魂、杨花牛等做见证一事。因为该档案需要与粮食一并保存，因此采用了青砖这一载体。同类铭文砖在隋唐洛阳含嘉仓遗址中就有大量发现，足以证明这块刻字砖并非现代伪造。除了文字之外，青砖十分普通，长32.8厘米、宽18厘米、厚5.5厘米，跟辽金时期的建筑用砖别无区别。因为青砖是金代的，最终被博物馆收藏并当成镇馆之宝，此事流传回村里，竟然变成了父子两人挖出了一块"金砖"，惹得老乡眼红。他们不知道，这块青砖的历史价值是金钱无法估量的。

一直以来，城四家子古城被认为是辽代的边防城市——泰州城，尽管有少数学者提出异议，但基本已经成为历史学界的主流观点，在谭其骧先生主编的《中国历史地图集》中就是如此标注。老馆长则是一个坚定的反对者，他在白城地区从事文物考古工作已经数十年，走遍了每一处辽金遗址，翻遍了每一本相关文献，他始终坚信这座恢宏的古城就是文献里记载的辽代晚期重要城市——长春州，是辽代皇帝每年春天来此驻跸的行在，是八路契丹之一的长春路，是震慑整个松嫩平原的东北路统军司所在，而当时的主流观点则认为长春州是在松原前郭县嫩江边上的塔虎

↑
城四家子古城出土的早期迦陵频伽

↑
城四家子古城出土的兽面瓦当

↑
城四家子古城出土的兽头

↑
城四家子古城出土的鸱尾

城。铭文砖的出土证明了老馆长的猜想，它明确写道城内粮仓属于"泰州长春县"，根据史料记载，金灭辽之后，短暂沿用了长春州的称号，但因为战争破坏，随后就将其降为长春县，归肇州（塔虎城）管辖。到金承安三年（1198）将废泰州复置于长春县，是为新泰州，其倚郭县为长春县，这才会出现泰州长春县的组合。也就是说，城四家子古城就是辽代长春州无疑！

让我们看看史料是如何记载长春州的吧。辽太平二年（1022）春正月，圣宗皇帝前往纳水（嫩江）钓鱼，随后驻跸长春州，这是它第一次出现在史料中，此时辽朝已经在此设立了州级衙署。长春州的城墙则是在辽兴宗重熙八年（1039）修筑，这时的长春州已经成了一个真正的城市，级别为节度使州。北宋《武经总要》也记载："长春州，契丹国旧地，仍曰韶阳军，亦为罪谴者配隶之所。北至黄龙府百里，东北至龙化州四百里，南至徽州三百五十里，西南至新州四百里，西北至上京二百里。"但这里的里数多数不准。长春州因春捺钵而设治，《辽史》载，长春州"本鸭子河春猎之地"。四时捺钵制度是辽代特有的政治制度，同传统的中原王朝不同，辽朝是由游牧的契丹人建立起来的，在政治上实行二元制度，虽然设有五京以及名义上的都城中京，但皇帝并不住在京城里，而是根据时节四处迁移，仍然保持着游牧者的传统。捺钵就是契丹语行宫、行在的意思，四时捺钵也可称为春水秋山，到了辽代后期，逐渐形成了几个固定的捺钵地，其中春捺钵地就在长春州附近。根据学者统计，辽代皇帝前来长春州进行捺钵的次数多达63次，可见这座城市是因春捺钵产生和兴起。

《辽史·营卫志》中有这样一段记载："春捺钵：曰鸭子河泺。皇帝正月上旬起牙帐约六十日方至。天鹅未至，卓帐冰上，凿冰取鱼。冰泮，乃纵鹰鹘捕鹅雁。晨出暮归，从事弋猎。鸭子河泺东西二十里，南北三十里。在长春州东北三十五里，四面皆沙堁，多榆柳杏林。"我们可以想象，在1000年前的洮儿河畔，车马不绝，旌旗猎猎，毡帐星布，营寨棋列，目光如炬的健儿引弓待发，锦衣佛妆的贵妇流连嬉戏，腰佩银牌的使者往返疾驰，春暖花开，鸭雁成列，人们沉浸在春光里，娱乐在杏花间，好不惬意。

渔猎活动是春捺钵的主要内容，其中鲟鳇鱼和天鹅是最重要的猎物。鲟鳇鱼学名为达氏鳇，它的吻部如剑，体型庞大，可以长到6米长，体重可达1吨以上，因此在宋代文献中也被称为牛鱼。每年春天，鲟鳇鱼要前往江河上游的鹅卵石河床产卵，在辽金时期，鲟鳇鱼可以一路逆流而上直到洮儿河流域。为了猎取鲟鳇鱼，辽人会在达鲁河（即今洮儿河）的冰面上安置帐篷以遮蔽阳光，然后在冰面上凿孔，冰封的河水极度缺氧，鲟鳇鱼不久便会聚集到冰孔透气，这时再用鱼叉掷入其背部，鳇鱼力大如牛，契丹人会拉紧鱼叉上系着的绳子与其长时间角力，待其精疲力竭再拖出水面。辽人以钩取到的第一尾鲟鳇鱼作为占卜，以推测年景好坏，并因之设宴，谓之"头鱼宴"。

捕猎天鹅则显得轻巧许多，海东青是这场游戏的主角。海东青学名矛隼，是一种小巧的猛禽，在当时主要产自五国部以东，今黑龙江下游一带。辽朝为了羁縻、控制松花江至黑龙江一线的女真系部落，以要求贡奉海东青为借口，开辟了一条"鹰路"。捕捉海东青极其困难，往往要冒着生命危险，而驯化之后的海东青更是成为非常高效的渔猎经济生产工具，因此价值昂贵。辽人向生女真索取或者交换海东青，生女真人通过交换或者战争的方式从五国部处获得海东青。围绕着海东青进行的战争和贸易频繁发生。一方面维持着辽朝对东北藩属的统治，另一方面促成了生女真诸部的统一，给辽朝的灭亡埋下了种子。回到捕鹅现场，我们可以看到在鸭子河泊（今白城五间房水库）的一处水域，身着墨绿色袍服的侍卫以五步、七步的间隔围满了水岸，有人发现天鹅游弋便会举旗，骑手便会疾驰而来，击鸣扁鼓，将天鹅惊起腾空，皇帝的臂鞲（一种手臂护具，用金、玉等材质制作，用于架鹰）上都架着海东青，一声令下腾起直奔猎物。海东青身姿娇小，天鹅体型庞大，因此主要攻击其头部，天鹅受伤落下，贵族、大臣、侍卫一拥而上，用刺鹅锥（一种金属锥状物）刺入鹅脑，并用鹅脑喂食海东青以作为回报。头鹅往往会被作为供品进献宗庙，最先

宝藏历史·岁月吉林

↑
城四家子古城出土佛像模具

获得头鹅者会得到重赏,宋使姜夔即有诗云:"一鹅先得金百两,天使走送贤王庐。"又如辽大康五年(1079),宰相张仁杰便因为获得头鹅而加官晋爵。

畋猎毕竟只是春捺钵的一部分,当皇帝及百官处理国政要事、进行礼佛祭拜的时候,就需要进入最近的城市——长春州。让我们随着天子的卤簿(指古代帝王的车马仪仗),一起参观这座宏伟的城市吧!

来到洮儿河边,长春州高大的城墙横卧在对岸。这里是城市郊区,可以看到一片片整齐的田畦,长春州的人口主要来自燕蓟流罪汉民以及渤海移民人,他们为这片处女地带来了成熟的农业技术。肥沃的黑土加上河水的滋养,新开垦的荒地连年丰收,以至于辽道宗初年(1055)"春州斗粟六钱"。古城内外经常出土各种类型的金属农具,如铁犁、铁铧、铁犁镜、铁锄等,是这一时期农业繁荣的物证。在河南岸有两处台基建筑群,左侧院落可能是辽代的驿馆,右侧院落可能是一处庙宇。从此向北,在河上应当架有木质平桥,考古队员曾在此找到疑似桥梁木柱的痕迹。过

↑ 城四家子古城出土金代白地黑花瓷盘，上书"风花雪月"四字。

↑ 城四家子古城出土金代陶瓮

　　河之后，我们来到了长春州的南门外，这里是城南关厢，居住着最底层的居民，临街开有简陋的旅店和酒肆，为宵禁无法入城的晚来旅客提供方便。

　　南城门雄伟壮丽，门台全部包砌青砖，门楼上装饰着威武的鸱吻和兽面瓦当，向春天前来朝觐的藩酋展示帝国的威严。向城墙两侧打望，马面敌台依次外凸，女墙雉堞望之森然。城墙是分段夯筑的，从城墙的断面可以看到清晰的夯窝。当时的城墙并不包砖，所以远望是一片黄白之色。从瓮城东门进入南城门，城门门洞是过梁式的，使用排叉柱做支撑。进入城内，最先映入眼帘的是一座华丽的高层建筑，它坐落在城中心地势最高的岗地之上，与流云相映，宛若仙台楼阁。从这里出土的苦名碑残段推测，这座殿阁可能是观音阁一类的佛教建筑，它坐落在长春州南北、东西大街十字路口上，为往来行人增添福祉。

　　站在城中心殿阁上四周环顾，可见城内建筑密布、鳞次栉比，几乎每一寸土地都被利用。以此十字路口为中心，可将城内分为四厢，城内

宝藏历史·岁月吉林

的高等级建筑主要分布在西北厢内，其面积最大，约占全城面积的四成。远远望去，尽是高堂广厦、碧瓦朱甍，高低错落的鸱吻数之不尽，其中最惹人注目的要数坐落在城北中轴线两侧的三组建筑，它们的屋顶与其他建筑不同，全用黄釉、绿釉琉璃瓦铺就，尤其是巨大的金黄色鸱吻，在阳光的映照下反射着璀璨的光芒。这三组建筑是比邻而居的佛寺，均由两座大殿和附属配殿组成，其中北侧寺院规模相对较小，西南侧寺院的后殿最为高耸，是全城现存遗迹中最大、最高的单体台基，其上遍布泥塑佛像碎块，东南侧寺院规模最大、附属建筑较多，其后殿也遍布泥塑残块。

　　吉林省文物考古研究所在 2013 年、2014 年对北侧寺院的前侧台基进行了考古发掘。夯土台基长 32 米、宽 25 米、残高 1.9 米，外侧包砌青砖，从残存的磉墩推测，建筑为面阔五间、进深四间，进门处和正中间均减两柱，形成开阔空间便于安置佛像和进行礼拜。因为该处寺院处于南北

↑
城四家子古城出土金代象棋

中轴线道路上，所以没有开阔的庭院。台基两侧即院墙，院墙之外即是被台基分成两股的城市南北大街，院墙内有涵洞与街道旁的排水沟相连，揭露晚期覆盖的沙土，道路上的车辙清晰可见。台基北侧接连慢道，应当与后侧台基相连，台基南侧连着一个宽阔的月台，月台南侧连接"三瓣蝉翅"形慢道，供僧侣香客登临。由于台基在金代被改建，因此辽代的原貌保存不多，从出土的建筑构件推测，当时的屋檐装饰了菱格纹檐头板瓦、兽面纹瓦当，屋脊装饰了兽头、迦陵频伽、凤鸟，建筑还大量使用了绿釉琉璃瓦。其中有40余件带有墨书题记，这应该是营建或修缮寺院时城内或周边城市的信众捐瓦的凭证，如"为报存亡父母施瓦两片大安……九月……□□施""宁□州王参军施瓦三十一（片）……父母并□于佛""酉大安九年……兴教院施……"辽代佛教兴盛，道宗时期长春州、泰州、宁江州三州曾一次性出家3000余人，可以推想长春州内僧侣如云、宛若佛国。官员、贵族、平民等俗家弟子也都积极供养，如前文墨书中提到的宁

↑ 城四家子古城出土辽代刻划佛寺、佛塔图像陶盆

↑ 城四家子古城出土辽代刻划鱼藻纹陶盆

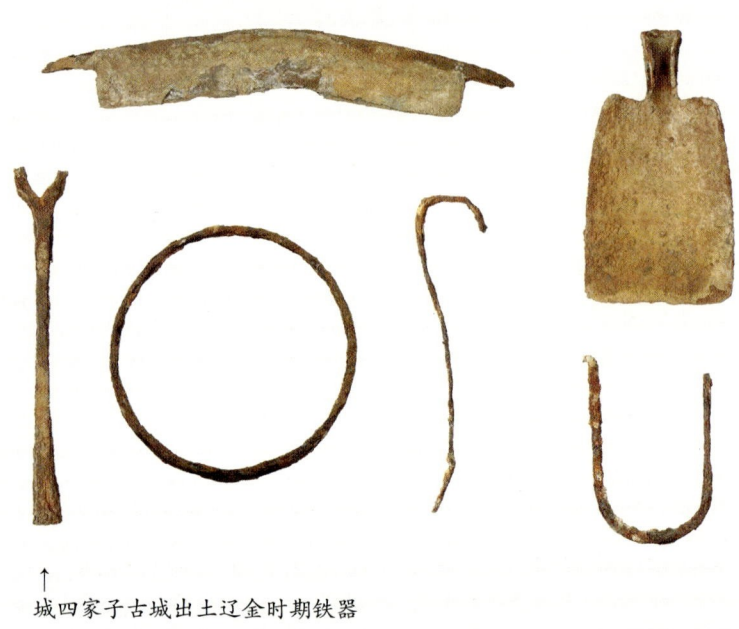

宝藏历史·岁月吉林

↑ 城四家子古城出土辽金时期铁器

↑ 城四家子古城出土辽金时期瓦当

江州的王参军，不远数百里，多次前来施瓦。

除却三组佛寺，西北厢还有三处大型院落、两处中型院落、三处小型院落、一处回字形院落，以及穿插分布其间的多处单体台基建筑。这些院落和建筑的性质应当是城内的行宫建筑、行政衙署等。其中位于建筑群中心位置的5号院落规模最大，南北长达250米，为三进式院落，由纵向上的四座主殿和两侧四座配殿组成，很可能是辽代皇帝的行宫。1112年春捺钵的头鱼宴上，天祚帝命阿骨打舞蹈，阿骨打不从并随后起兵反辽，那场左右中国历史走向的宴会很可能就发生在这里。

在5号院落的西侧是一座回字形院落，约70平方米见方，地表遍布冶炼痕迹。这里可能是长春州钱帛司所在。由于游牧、农耕二元帝国的特殊性，辽朝共有八大财政机构，分别是位于五个京城的五京计司以及位于平州、长春州、辽西路的三个钱帛司。其中长春州钱帛司设置于辽兴宗重熙二十二年（1053），主掌辽国东北地区的财政收入，并且因为附近的大兴安岭地区盛产铜矿，长春州钱帛司还兼有铸造钱币的职能，辽代钱币存世量极少，在城四家子古城中却多有发现，原因便是如此。这里我们还要提到一位廉洁的官员——大公鼎，他是渤海人，进士出身，辽道宗时期曾出任长春州钱帛都提点之职，主管一方钱粮。辽代后期贪腐问题严重，当春捺钵的队伍来到长春州，随行的贵族按照惯例又来钱帛司索要钱财，竟然被新上任的大公鼎一口回绝，"岂可辍官用，徇人情？"哪怕权贵咒骂怨恨仍然说道"此吾职，不敢废也"。

在5号院落的南侧是6号建筑，该建筑的规模较5号略小，但仍是城内第二大的建筑群，也是由纵向四座台基组成。这处院落可能是东北路统军司衙署，这是辽朝在东北地区设置的最重要的军事机构之一，用以镇抚女真等部族。辽天庆五年（1115）天祚帝亲征女真，即"自长春州分道而进"，护步达岗之战辽兵大败，天祚帝一日夜逃奔500里，退保长春州，此处建筑应当就是辽军的指挥中心和大本营。

6号建筑南侧，有一组由几处台基构成的高等级建筑，建筑附近的农

宝藏历史·岁月吉林

↑
城四家子古城地表散落的佛像璎珞碎片

↑
城四家子古城地表散落的陶兽头

家经常挖到朽烂的谷物，前文所述的刻字青砖就是在此出土的，因此这处建筑很可能是当时的官仓所在。《辽史·食货志》中记载，长春州中设有和籴仓"依祖宗法，出陈易新，许民自愿假货，收息二分"。此外城内还有各类手工业作坊，如制造农具、兵器的铁器作坊，制造罐、盆、瓮等生活用具的陶窑，制造牙刷、簪子的骨器作坊，制造各色饰品的玉器作坊，散布在城内各处。

古城西门处的城墙呈阶梯状向外凸起，目前还无法确定是不是辽代形成还是金代改建，但可以推测是跟西侧的洮儿河河道有关，目前西墙的北段已经被河水彻底破坏。面对洮儿河的水患，辽道宗大康十年（1084），官员贾师训曾率领民众修建长春州河堤，这段河堤现今已经痕迹全无，让人感慨沧海桑田的变幻。

与密布高等级建筑的西北厢不同，城南部、东部地势相对低矮，分布在这里的大多是城市贫民的住宅。根据考古及文献资料显示，这些民居建筑大部分应该是茅草顶，只有屋脊和房檐处铺瓦，但在这片区域中，也有十来处瓦顶建筑，如鹤立鸡群般存在，这些可能是一些小贵族的宅邸。

↑
反映春捺钵的遗物：吉林省博物院藏契丹文铜镜，白城大安红岗子乡出土。

↑
金代海东青啄雁玉饰，故宫博物院藏

宝藏历史·岁月吉林

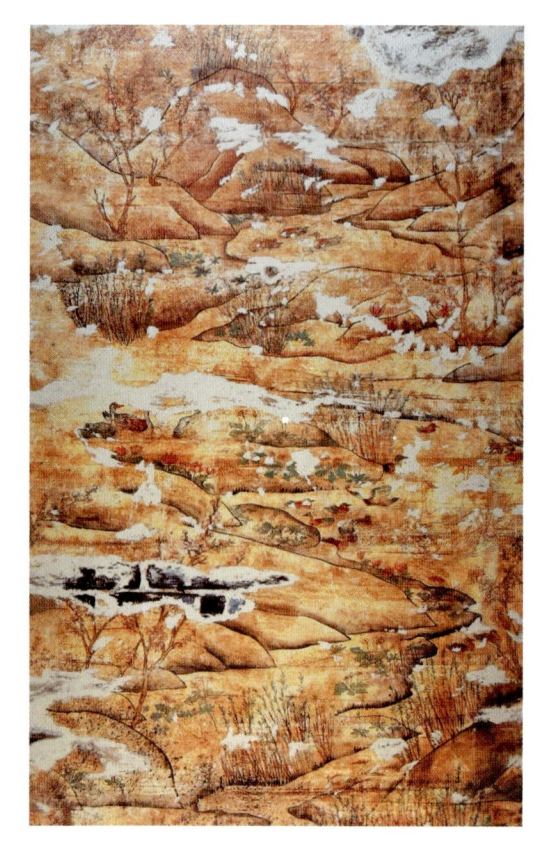

←
赤峰市巴林右旗庆东陵壁画,《四季山水图·春》。

↓
美国大都会博物馆藏宋《胡笳十八拍图》,其中描绘的契丹人春捺钵狩猎场景。

长春州在辽末被金军攻破，并未遭到大规模破坏。但随着降州为县，并经历金代前期的契丹人民大起义，城市逐渐凋敝，城内的高等级建筑均呈现萎缩、荒芜迹象，城北经过发掘的佛寺即显示，台基在金代被改建，整体规模缩小。到金代中后期，古城升为新泰州治所，金朝将东北路招讨司设置于此，成为抵御新兴蒙古势力的重镇，大量驻扎的士兵让古城迎来了新一轮繁荣期。现今城址地表最多的就是金代中晚期的各色陶瓷碎片，定窑、钧窑、江官屯窑、缸瓦窑，不同于辽代的贵族气息。古城到了金代更显出浓厚的世俗意味，来自五湖四海的戍边将士将饷银花费在城内的酒肆中，城市的商品经济达到了繁荣的顶峰。但这一切随着蒙古的南侵戛然而止，宣宗迁汴之后，东北地区大部分失守，新泰州也消失在金代末期的官方文书中。到了元代，古城基本废弃，曾经的繁华成为过眼云烟，只剩一座孤零零的驿站隐没在废墟中。这座城池见证了辽金两朝诸多历史，辽圣宗、兴宗、道宗、天祚四帝在此商议国事、宴请宾客。金太祖完颜阿骨打在此罢舞确定反心，海陵王经此迁往中都，完颜宗浩在此屯兵北伐。古城兴于捺钵、毁于边乱，是辽金风云200余年的见证者，当面对河边那倾颓的城墙，没有什么能比下面这首诗更能抒发我们的怀古之情了。作者周昂是金代著名的边塞诗人，因语涉谤讪被贬为隆州都军，这首诗便是他在泰和年间领兵北伐时在此写下的：

《北行》

比岁频分甲，今年贺息兵。

竞夸新战士，谁识旧书生。

北塞甘长别，南天欲远征。

二年迎复送，空愧泰州城。

这可能是描写白城地区的唯一一首古诗。这位失意的书生并不知道，在此地有迹可循的历史里，文明仅此一现。直到清光绪三十年（1904）洮南府设治，洮儿河畔才迎来第二次城镇化的浪潮。当契丹人的牧歌随风而逝，他的诗却藏在线装书里得以流传。更巧的是，周昂在泰州城里支取军粮的时候，应该与刻字砖上提到的那几位仓官打过照面。就像他们道别时说的那样："山水总相逢。"

03 宁江州与得胜坨颂碑

伯都古城，是辽代宁江州故址，现今松原市宁江区即得名于此。倘若要评选发生在吉林大地上、能够影响中国历史进程的大事件，那么辽天庆四年（1114）的宁江州之战应当可以列居榜首。这场交战双方仅有数千人的并不宏大的战役，先是摧毁了"信威万里"的辽朝，继而摧毁了"人物繁阜"的北宋，让耶律大石西遁流沙，建立了威震欧亚的西辽，又让草原失去契丹的辖制，间接促成了蒙古的崛起。

这座古城位于伯都乡的东南200米处。伯都古城现存城墙较为低矮，远不如附近的塔虎城那般高耸，但对于考古学家来说，这座古城的平面布局颇有特色，且因为仅在金初短暂使用，因此城内出土的文物可以作为这一地区辽代遗存的标杆，在学术上意义重大。

古城为正南北方向，平面呈正方形，周长约3205米，每面城墙长度接近800米。城墙是黄土夯筑的，残存的墙体底宽约16米，顶宽约4米，城墙高度不一，最高处约3米。整体上西垣保存最好，从西南角台沿城墙步行，经西城门，到西北角台，这是最佳的观赏路线。四面城墙正中各开有一座城门，城门外连着方形的瓮城。每面城墙上都设有外突的马面，而且间距尤其密集，大概每40米即有一座，是马面最密的辽金城址之一，这暗示着这里曾经面临着巨大的军事压力。城墙外面的护城壕早已被风沙填平，但仔细辨认还是能看出条带状凹陷的形状。

金戈铁马

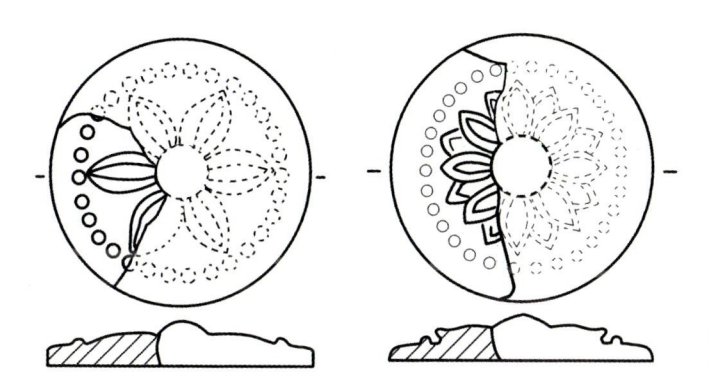

← 伯都古城出土的莲花纹瓦当

→ 伯都古城出土的千手观音铜牌

← 伯都古城出土的龙纹石刻

宝藏历史·岁月吉林

来到城内,正中心有一条贯穿东、西门的乡村小路,路两侧排水沟的断面上可以看到残砖断瓦、层层灰烬。同城四家子古城(辽长春州)相比,城内的大型建筑不算多,因为宁江州初设时仅为防御州,后升为观察州,相比节度州地位要低,衙署设置也会少很多。根据考古学家的调查结果,城内大概有三组高等级建筑。城中心偏西南,有一座巨大的土丘,直径近60米,高约3米,地表能够见到佛像残块,推测应当是一座佛殿的基址,其东侧还有两座对称的小台基,这里可能是一处整体朝东的寺院,是城内规模最大、等级最高的建筑。城西北侧有一处多进式院落,由至少前后两座台基组成,地表可以见到檐头板瓦、兽头等建筑构件,建筑的外围隐约还可看到长方形的围墙痕迹,这里可能是宁江州的

↑
伯都古城地表采集的陶瓷碎片

州衙。城东北侧有一座方形的台基,外围有封闭的长方形围墙,占据全城将近八分之一的面积。此处可能是榷场,专门为前来贸易的女真诸部而设立的。女真对辽国的积怨之一便是这处榷场中经常发生的不公平交易。除了上述三处建筑群外,在东城门内侧还有一片铁炼渣密集区,这里可能是当时城内的铁匠作坊。在北城门、南城门外各形成两片较大规模的城外关厢,西门外百余米有一处台基,上面见有沟纹砖,可能是一处高等级建筑或者是塔基。

城内地表可见大量陶瓷碎片,这说明宁江州作为榷场所在是较为繁华的。我们可以看到来自南北方的各大窑口的产品,这些瓷器的器型主要是碗、盘、盏、壶,占比较多的是辽国地产瓷器,如赤峰缸瓦窑的粗白瓷、北京门头沟区龙泉务窑的精细白瓷、山西浑源窑的印花白瓷。从北宋输入的瓷器也占一定的比例,最多的要数景德镇湖田窑的青白瓷,釉色青中闪白,晶莹剔透,装饰有篦纹划花,十分雅致。此外,还有少量定窑白瓷,颜色洁白,釉色纯净,是定窑产品中的上乘。由于在辽代生女真地面上,如哈尔滨地区,极少发现使用瓷器的证据,因此尽管城内陶瓷遗存丰富,但应该主要是供给城内居民饮酒设宴、烹茶待客使用,而非与生女真人交换贸易。城内以往还出土有各类铁器、窖藏铜钱、铜玉壶春瓶(元代)以及具有渤海遗风的莲花纹瓦当。最为精美的要数1962年出土的千手观音铜牌,残高16厘米,整体为殿阁造型,顶部饰鸱吻,两侧有立柱,正面为千手观音像,上下各有对称的飞天、供养人,背后为韦陀将军像,四周饰云气纹,可能是佛教徒随身携带的护身佛。

根据史料记载,宁江州是契丹清宁四年(1058)设置的"城鸭子、混同二水间",也就是在嫩江和松花江交汇处附近筑城。《契丹国志》记载:"州有榷场,女真以北珠、人参、生金、松实、白附子、蜜蜡、麻布之类为市,州人低其直,且拘辱之,谓之'打女真'。"这里的"打"指的是贸易,在宋元时期"贸易谓之打博"。但显然这种贸易是不公平的,辽国以"彬彬不异于中华"自称,在经过200余年的发展以及对中原的学习，在农业、手工业、建筑业水平上已经大体接近宋朝，还产生了一些名优特产，如锦州（今锦州）的丝绸、南京（今北京）的瓷器，以及被北宋权贵追捧的镔铁刀剑和金银马鞍，而粮食、织物、酒、金属工具应当是生女真人迫切需求的货物。相比辽国，女真人的生产力较为落后，除了土布和铁器之外，能够用以贸易的多是农业、渔猎业的初级产品，"山多林密土多林木，田宜麻谷，以耕凿为业，不事蚕桑。土产名马、生金、大珠、人参及蜜蜡、细布、松实、白附子，禽有鹰、鹘、海东青，兽多牛、羊、

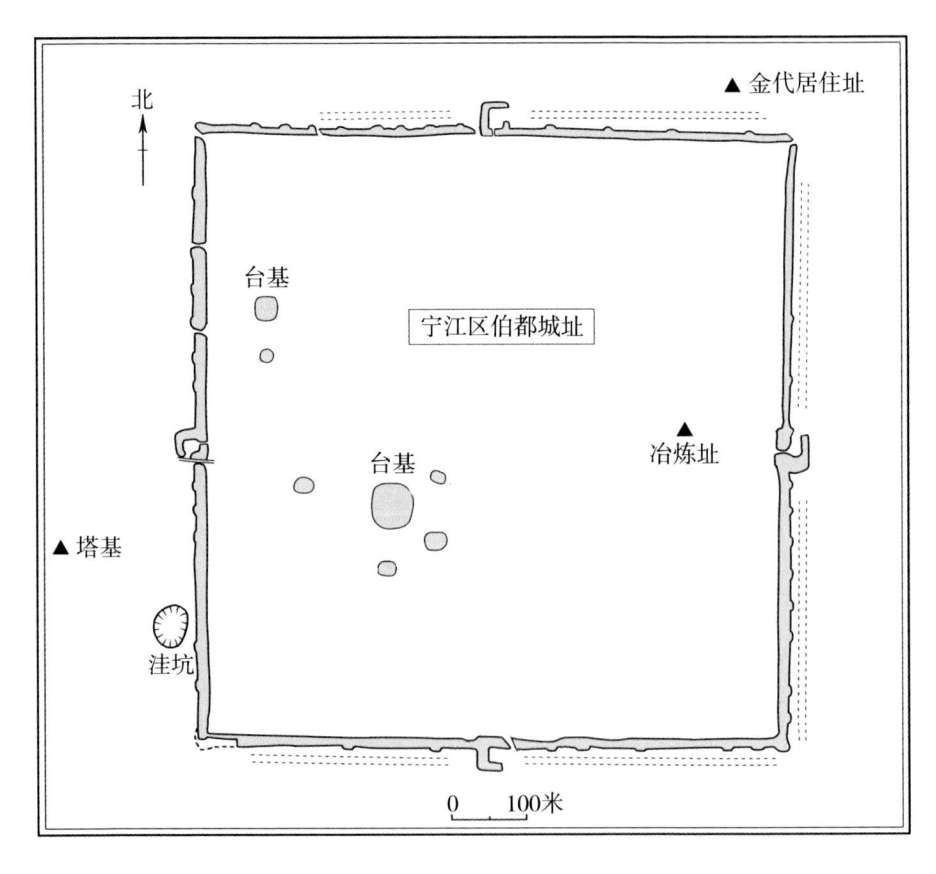

伯都古城平面示意图

麋鹿、野狗、白彘、青鼠、貂鼠，花果有白芍药、西瓜，海多大鱼、螃蟹（《三朝北盟会编》）"。此外，由于山海阻隔，辽国还垄断了茶叶、丝绸、漆器等产自北宋的货物，从中赚取高额差价。

不平等的交易成为女真人起兵反辽的重要原因，头鱼宴上的羞辱终于让女真人忍无可忍。辽天祚帝三年（1113），女真完颜部的领袖完颜阿骨打成为女真部落联盟的首领——都勃极烈，并于次年袭节度使之职。他"力农积谷，练兵牧马"，"外则多市金珠良马，岁时进奉赂遗，以通情好"，并借索要叛臣阿疏的机会前往辽国打探虚实。当他知道辽国政治腐朽、军备松弛的确切情报，即开始"备冲要，建城堡，修戎器"积极备战，现今拉林河北岸连成串的辽金古城大概就是此时修建的。

实际上，辽朝对女真人的防备贯穿整个王朝始终，从辽圣宗开始就构筑了黄龙府（今农安）到咸州（今开原）的军事防线，辽人对女真人虽然傲慢，但却从未小瞧。知悉女真人的战备动作后，天祚帝迅速派人前去质问，并命统军萧挞不野前往宁江州先行守备，派各路兵马前往集结，决定给这个不听话的新酋长一点教训。阿骨打派人前往宁江州侦查，知悉诸路兵马尚未到达，宁江州守军只有八百人，派去的探马还遇到了先行到达的渤海军，他们正在城东构筑阵地。当着女真探马，渤海军毫无戒备，甚至大声取笑："听说女真要造反，就凭你们这些鼠辈吗？"渤海人与女真人虽然同族同源、言语接近，但文明程度较高，尽管失国于契丹，却早已成为辽国的忠诚打手，对于女真十分鄙夷，更不可能相信这些会为了一口铁锅而争斗的穷亲戚能够造反成功。

得知宁江州的虚实，阿骨打决定趁辽军尚未集结，先下手为强，如果等到拉林河封冻，女真将无险可守。于是他开始召集各路人马，逮捕女真境内的辽国障鹰官以免走漏风声，并暗中游说处于女真与宁江州之间的达鲁古部，希望他们能够提供帮助。1114年9月，阿骨打带领主力从按出虎水（今阿城市阿什河）出发，女真各路兵马在涞流河（今拉林河）西岸会师，共有2500人。阿骨打在此进行了誓师演讲，陈列辽国罪状，许诺论功行赏。女真部队士气高涨,随后进行禳射(一种驱邪仪式),这时出现神迹(可能是后来编造的传说),士兵的脚上和矛上都发出火光,被大家认为是吉兆。根据史料记载,这些女真士兵均为骑兵,旗帜之外,以小木牌系到人马之上为号。50人为一队,前排披着重甲,持枪、棍棒,后排持弓箭,如狼群一般,时聚时散,机动灵活。

女真军渡过扎只水(今贾津沟)来到辽界,此前嘲笑他们的渤海军正驻守在此。仇人相见分外眼红,当女真人越过界壕,渤海骑兵开始进攻女真人的左翼,随后冲向中军。渤海人作战勇猛,素有"渤海三人当一虎"之俗语。正当渤海人志在必得之时,辽将耶律谢十突然坠马,众人纷纷搭救,阿骨打围点打援,最后射杀谢十,缴获其战马,女真人士气大增。阿骨打摘去头盔,冲入阵中,在女真勇士眼里,凭借盔甲而取胜不算真本事,辽军被这群虎狼之师吓退,自相践踏着逃回宁江州。

辽界之战女真人旗开得胜,随即进军宁江州,开始填平城壕,准备攻城。城内守将萧挞不野率军从东门出击,但几乎全军覆没。萧挞不野退入城中,将指挥权交给下属,带着300骑兵向西渡过松花江,自顾自地朝着长春州方向奔去。主帅临阵脱逃,宁江州在女真人的猛烈攻势下很快便陷落,防御使大药师奴被俘。女真人对宁江州进行了屠城,斩杀士兵,抢劫财宝,将婴儿用槊尖挑起盘舞为乐。但对渤海贵族并未大肆报复,反而打出"女真、渤

↑
伯都古城中心大型台基上的沟纹砖

海本同一家"的感情牌,让他们游说各路渤海人共同起事。

宁江州之战首战告捷,女真人随后又在宁江州附近与辽军主力展开出河店之战、达鲁古城之战、护步达岗之战等数次会战,均以寡敌众,势如破竹,直至攻克五京,"遂定大业"。在女真建立金朝的过程中,宁江州之战虽然规模不大,但具有特殊的象征性意义,它像一根针,戳破了大辽外强中干的伪装。后来,金朝史官在构筑开国历史的时候,曾经把宁江州一役赋予重要地位。金大定二十四年(1184),金世宗完颜雍从中都(北京)前往上京进行"寻根之旅"。在参观了太祖当年的誓师地——忽土皑葛蛮(女真语"得胜陀"之意)之后,为了缅怀祖先创业之艰难,命赵可撰文,孙俣书丹,党怀英篆额,建立"大金得胜碑",于金大定二十五年(1185)七月二十八日立石完成。这块石碑如今尚存,在今扶余市得胜镇石碑崴子村东北,拉林河西岸的台地上。石碑由青石雕刻,碑额为双面宝珠盘龙,碑身边缘装饰卷草纹,碑座为龟趺式样。这块石碑是珍贵的国宝,其正面刻有汉文815字,背面刻女真文1500余字,两种文字互为对照。"得胜碑"是现存女真文字最多的金代碑刻,是研究女真文的巨大宝库。

碑文的内容主要是对金太祖完颜阿骨打的歌功颂德之词。其中一段碑文如下:"得胜陀,太祖武元皇帝誓师之地也。臣谨按《实录》及《睿德神功碑》云:太祖率军渡涞流

↑
得胜碑1981年旧照

宝藏历史·岁月吉林

↑
碑额侧面及特写

↑
汉字碑文局部

↑
女真文碑额

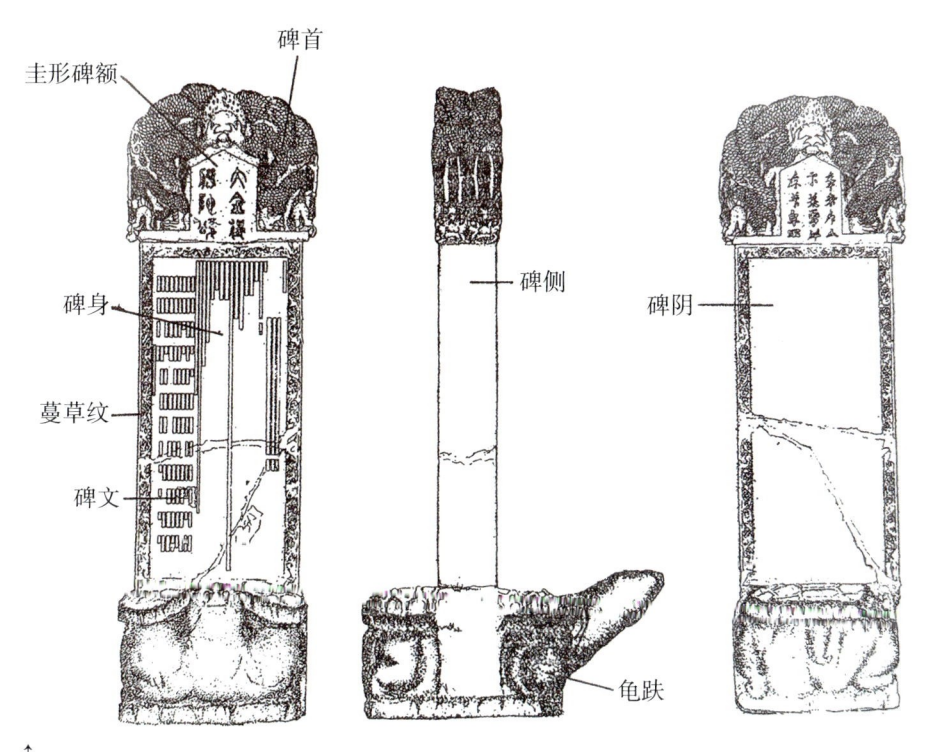

↑
得胜碑结构图（郑新城绘制）

水，命诸路军毕会。太祖先据高阜，国相撒改与众仰望，圣质如乔松之高，所乘赭白马亦如岗阜之大。太祖顾视撒改等人马，高大亦悉异常。太祖曰："此殆吉祥，天地协应吾军胜敌之验也。诸君观此，正当勠力同心。若大事克成，复会于此，当醻而名之。后以是名赐其地云。"在后世的回忆中，誓师时的阿骨打再次被赋予了神迹，其人与坐骑突然变大。碑文中的夸赞与史料中的阿骨打还是大体相称的，从宋朝使臣与辽国史官的记录中，我们可以勾勒出这样一个英雄豪杰的形象，身先士卒、有勇有谋、率真淳朴、诚实守信。然而他的继承者却给中原大地带来了沉重的苦难，曾经英勇的反抗者变成了新的施暴者，最终又变成了受害者。历史总是不断循环，就像这块石碑，被竖立，被砸碎，被修复，再竖立。

04 金肇州——塔虎城

让我们摊开一张东北地图，把目光落在地图的中央。这里是我国面积最大的平原——东北平原的核心地带。松花江从南向北流过，又拐了个弯向东奔去，嫩江从北往南流淌，再汇入松花江的臂弯。两条长河就这样默不作声地拥抱，交汇成"人"字，滋润着广袤而肥沃的平原。而今天我们要讲述的塔虎城的故事，就是发生在这两河交汇处的一处高岗上。这是一座有着 900 年历史的古城，也是一处曾决定东亚政局的古战场。

塔虎城，又写作"他虎""塔呼"，是蒙古语地名的音转，具体含义尚无定论，可能是"马蹄铁"或"胖头鱼"的意思。如果乘车行驶在松原和大安之间的 302 国道上，一定会经过这座古城。这里曾是铁甲鏖战的阵地，这里曾云集了四方商贾。待到车子渐行渐远，城墙、角楼、马面逐渐成为天边模糊的残影，或许会听到一声来自历史的长叹，关于一个王朝

金代双龙纹铜镜，塔虎城1980年出土。

的荣辱，关于一座城池的兴衰。

塔虎城平面呈正方形，每面城墙长1300米，周长5200米，是一座州府级别的大型城址。城墙为黄土夯筑，底宽20米左右，最高处达到8米。城墙上每隔一箭之地便设置一处凸出于墙体的马面，用来从侧面攻击攀援之敌。城墙外有两道护城河，中间用土堤相隔，在护城河的底部还发现有礌石和铁蒺藜。城墙的四角设置有高大的角台，角台外还有一道副墙。四处城门各开设在每面城墙的正中央，城门外还设置了半圆形的瓮城。

除了坚固的城防，在塔虎城内外还有大量的建筑遗迹。在城外的东北部，有一处佛塔基址，平面呈六边形，出土有牡丹纹雕砖。在城东门外，有一道运河遗迹，宽约50米，向东直通嫩江。在城内西北部，有一处高大的台基，这里应当是官府所在。此外，古城东、西、北面，都发现有陶窑遗址，城内居民使用的陶器，城内外建筑所用的砖瓦，就是出自这些陶窑。根据勘探结果，城内的道路呈五横五纵布局，使城内的街区呈现棋盘状布局。

2000年，有关部门决定拓宽贯穿塔虎城的一级公路，也就是现在的

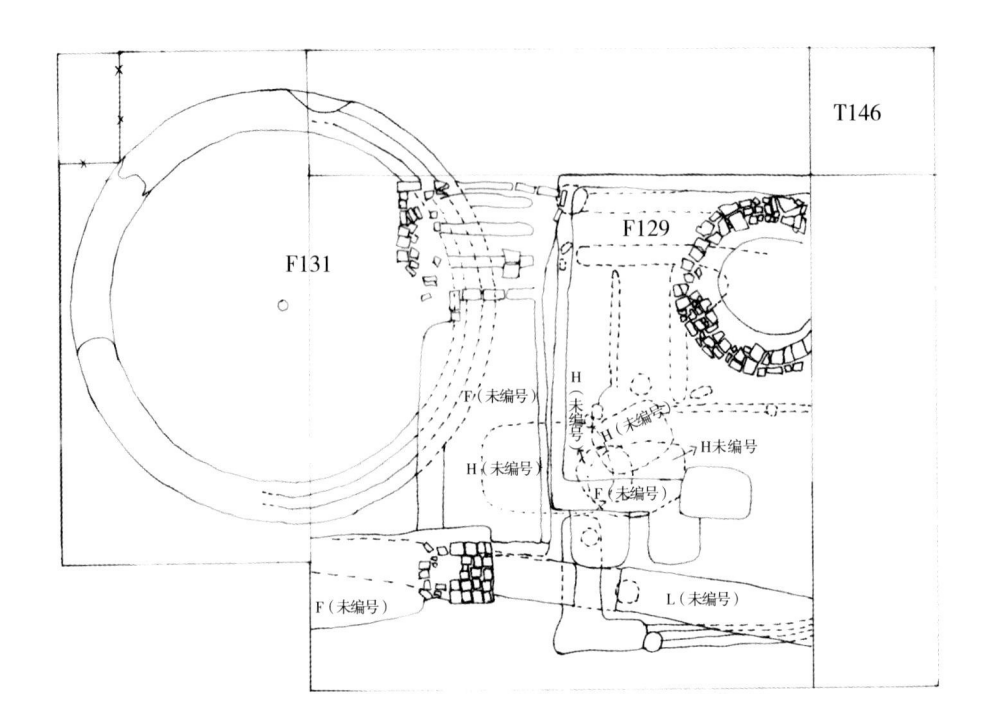

塔虎城2000年考古发掘T146号探方平面图

302国道。挖掘路基势必破坏城内的古代遗迹，因此吉林省文物考古研究所组织了吉林省各地的文物干部，对公路两侧进行了大规模的抢救性发掘。这次考古"会战"揭露出了塔虎城南北大街上的古代民居建筑，出土了大量城内居民所使用的器物。最重要的是，考古工作者根据出土文物确定了这是一座修建于金代的古城，又根据古地图和古书上的记录，确定了他在历史中的名字——辽代的出河店、金代的肇州城。

让我们把时间追溯到辽天庆四年（1114）那个寒冷的冬天。在鸭子河南岸，有一座叫作"出河店"的小村庄。顾名思义，想要过河的旅客，可以在这里打火住店。村庄坐落在大辽国最东端的边境地带，是一处重要的交通枢纽，向东南行80里便是宁江州，再向东行100多里，便是生女

↑
塔虎城出土金代瓷瓮

↑
塔虎城出土金代白地黑花梅瓶

↑
塔虎城出土金代粗白瓷碗，上书"酒色财气"四字。

宝藏历史·岁月吉林

↑
塔虎城出土金代定窑瓷塑童子

↑
塔虎城出土金代定窑瓷狮

↑
塔虎城出土金代定窑瓷罐

↑
塔虎城出土金代骑士瓷塑，是当时的儿童玩具。

↑ 塔虎城出土金代绿釉香炉　　　　　　　　↑ 塔虎城出土金代墨书瓷盏

← 塔虎城出土金代红绿彩塑像

真人的领地。几天前，斥候的马蹄声打破了这里的平静，随之而来的，是遮天蔽日的旌旗、连绵不绝的驼车，辽国汇集了来自各路的七千兵马，以及数以万计的民夫、家属，来到出河店安营扎寨。

就在不久之前，生女真人在首领完颜阿骨打的带领下起兵反辽，一举攻破宁江州。生女真人是生活在辽国东境的部落，主要靠狩猎和农耕过活。虽然人口不多，但作为优秀的猎人，他们有着"满万不可敌"的传说。宁江州之战让大辽丢尽颜面，因此辽天祚皇帝挥兵七千、号称十万，准备先收复宁江州，再直捣黄龙，踏平按出虎水，将女真人犁庭扫穴。

辽军把防御重点放在了出河店的东南侧，这里地势平坦，没有山水阻隔，是宁江州女真进攻的最优路径。出河店的东北侧是宽阔的嫩江，此时已经封冻，辽军居高临下，凭借江险，对这个方向的防御并没有足够重视，只是派出了一小队士兵凿开冰面，破坏道路。而此时在女真大营，完颜阿骨打辗转难眠，他深知女真与大辽之间的悬殊差距，此战凶吉关乎部落的命运，赢则尚存生机，输则尸骨无存。想着想着，一阵困意袭来，他

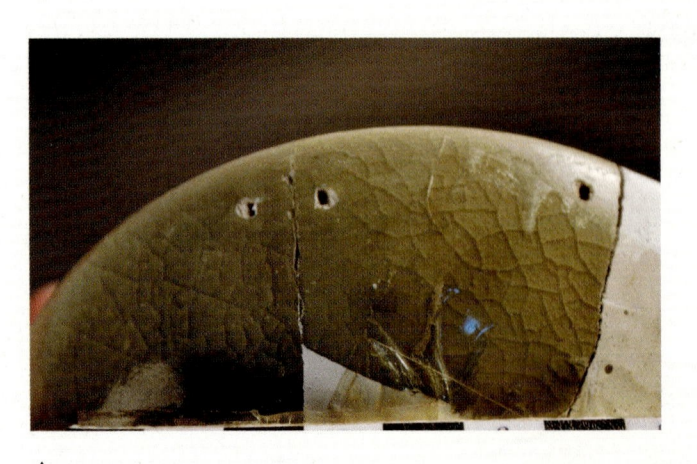

↑ 塔虎城出土金代青瓷上的锔孔，此类瓷器较为珍贵

↑ 塔虎城出土的骨梳

渐渐睡着,这时仿佛有神明在对其警醒,他猛然坐起,一个绝妙的想法迸发而出。

女真人选择了奇袭。3700甲士,乘着夜色,打着火把,一路向出河店北侧的嫩江奔去。在次日拂晓,黑压压的女真骑士出现在了冰河对岸。破坏冰面的辽兵很快就被打散,但刺骨的江水还是吞没了不少勇士。辽军对突如其来的敌人毫无防备,正赶上风沙四起,女真人乘着风势,突入辽军大营,兵刃所指之处势如破竹。在搞清情况之后,辽军开始组织起溃散的士兵,向东南方向撤退。女真人一路追击,最终在斡论泺(今查干湖)发现了正在休整的辽军,经过一番战斗,彻底击败了天祚帝派来的全部兵马。这场以少胜多、惊心动魄的战役至此落下帷幕,史称"出河店之战"。经过此役,女真人彻底扶稳了反辽的大旗,为立国打下了基础。

在出河店之战后,女真人又抵住了数轮辽军的攻势,并最终击溃了御驾亲征的天祚帝,覆灭了大辽,又乘势灭了北宋。女真人将自己新建立的国家称为大金,中国历史从此进入金、南宋南北对立的局面。为了纪念出

↑
塔虎城出土金代陶扑满

↑
塔虎城出土金代陶罐

宝藏历史·岁月吉林

↑
塔虎城出土金代兽面瓦当

↑
塔虎城出土金代陶质兽头

↑
塔虎城出土元代白地黑花瓷碗

↑
塔虎城出土元代白地黑花凤纹罐

河店之战的胜利，金朝在出河店旧址上新建了一座城市，并取名为"肇州"。肇字，是肇始的意思，意味着金朝"肇基王迹"在此，以纪念金太祖完颜阿骨打的艰苦创业。这座建立在辽代小村庄"出河店"上的城市，便是我们今天看到的塔虎城。

《金史·地理志》里记载，肇州的级别初为防御州，后升为节度州，是东北地区一座重要的城市，城中居民有5375户。[①] 考古学家发掘出的遗迹、遗物为我们勾勒出了金代肇州市民衣、食、住、行的大体面貌。让我们穿越到金代，去看一看肇州城究竟是什么样子。

我们可以乘坐小船，航行在嫩江之上，南岸远远的高岗上，肇州城宛

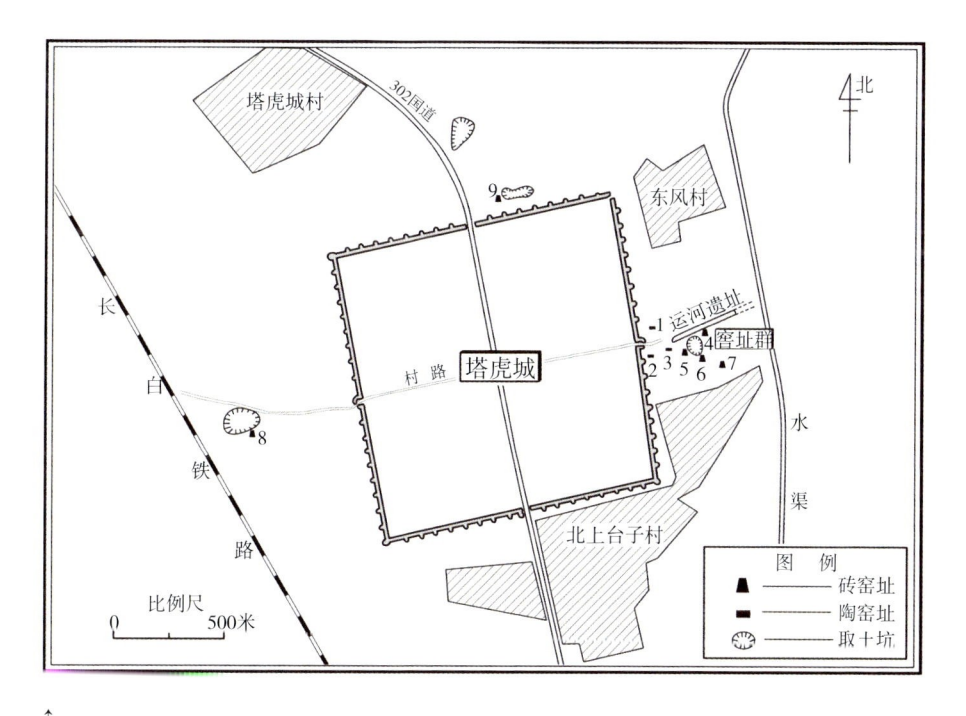

↑
塔虎城周边遗迹分布图

[①] 金代的行政区划等级分为路、府、州、县。在州城中又分为节度州、防御州、刺史州三级。

如巨兽般俯卧，一座高耸入云的宝塔如巨兽竖起的尾巴，塔上的铜铎发出阵阵清脆的铃声。小船顺着运河划向城池，城墙的轮廓越来越高大，半圆形的瓮城外，有民居星星点点，不远处的陶窑人声鼎沸，来自附近的商贩正在窑场旁边挑选刚刚出窑的陶器。小船停靠在了码头，码头旁边坐落着成片的仓库，旁边有一列漕船正在等待装船，食盐是最主要的货物。由于肇州附近盛产土盐，整个上京路（吉林、黑龙江的平原地区）的百姓都仰仗于此，因此远近的盐商都会凭着盐引（官方给予的经营执照）来肇州进货。

下船上岸，穿过瓮城，可以看到肇州城东门上巍峨的谯楼，屋宇上装饰着威武的鸱吻、脊兽，屋檐下挂着门额。城门是方形的门洞，我们称之为"过梁式城门"，两侧是密集的排叉柱，这是宋金时期最为流行的城门结构。穿过城门可以看到东西大路，大路之间被五道纵街分割，街道之间

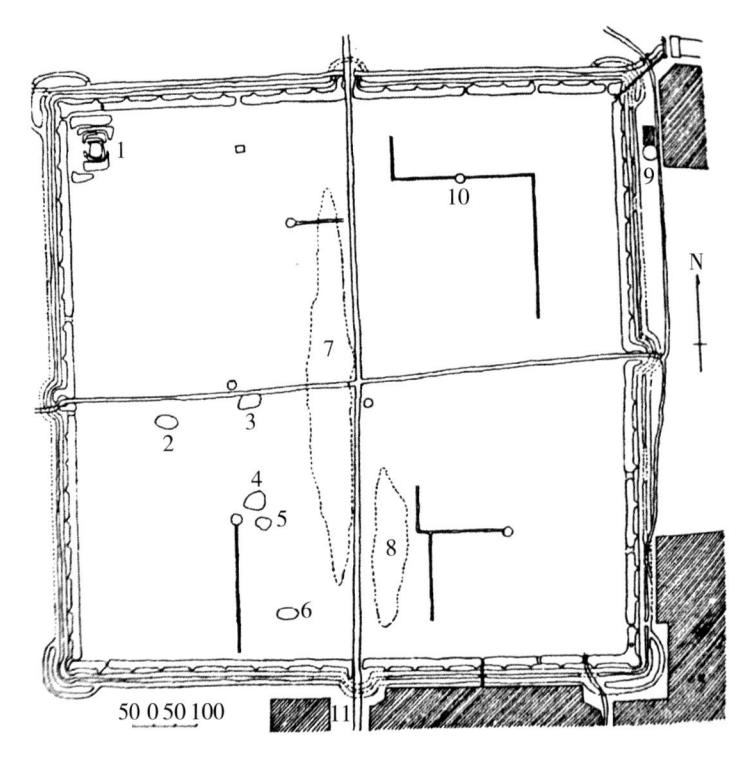

塔虎城平面图

↑
塔虎城南门址及南墙

是整齐的民居，佛寺、官署、官仓、孔庙、州学、军营等各类建筑穿插分布其间。走到城市的中心，这里是十字路口，是城市最繁华的地方。路口东南，有一处长方形的大型建筑，它内部半铺地砖，密设木质隔墙，屋顶使用凤鸟、瓦当，等级较高，可能是收税的"税务局"或是兑换交钞的"银行"。路口西北，有一处小型官式建筑，可能是城隍庙或是戏台，总之是一处公共建筑。

从路口往北走，可以看到一座座鳞次栉比的民居建筑。这些民居大多呈方形，使用土墙、茅草屋顶，只有在墙基部分用砖，在屋脊和屋檐部分用瓦。门或朝南开、或朝北开。烟囱立在房屋侧后面，这种与房屋分离的烟囱在满族传统民居中经常见到——"烟囱立在地面上"。民居一般只有一间，少数是两间。推门而入，可以看到绕着墙壁铺设的一圈火炕，满族民居称为

宝藏历史·岁月吉林

↑
塔虎城内的金代房址

↑
塔虎城东北角（外侧）

"万字炕""转圈炕"。火炕的一端设有灶台，灶台上安放着一口六耳铁锅。旁边有一口陶瓮埋在地面下，只露出口部，里面盛放清水。灶台旁边的碗橱中，摆放着一些瓷碗、瓷盘。火炕上放着矮脚炕桌，桌面上摆着执壶、盏子。讲究的人家，地面会铺满条砖，墙上还会挂上文人字画。由于金代推行猛安谋克制度，肇州城内居住的女真人往往半耕半戍，还会从事一定的渔猎生产活动，因此在房屋的门口还码放着锹、镐、斧、锛、铲等农具，渔网、鱼叉等渔具，角落里还安放着成套的铁甲、刀、枪、弓箭。

夹杂在民居之间的，还有一些食肆、酒店、作坊。其中食肆、酒店往往使用精美的瓷器以招徕顾客。出土文物显示，肇州城里的瓷器来源十分广泛，釉色品类也十分丰富，数量最多的是来自辽阳江官屯窑生产的粗白瓷、黑釉瓷。其次是较为精致的定窑白瓷，有素面、刻划花、印花三种，往往装饰着荷叶、萱草、花卉、鱼藻、禽鸟。此外，还有橄榄青色的耀州窑青瓷、天蓝色的钧瓷、青白色的湖田窑青白瓷。城内的作坊也数量众多，除了陶窑外，已知的还包括制骨作坊，生产骨牙刷、骨簪等生活用具以及骨牌、骨骰子等娱乐用具。冶炼作坊则生产铁质农具、兵器还有一些小型青铜牌饰。

从北大街望向西北，那里是城内最高长官肇州防御使的衙署，是一座多进式的官式建筑，那高大的屋顶让旁边的民居显得如此渺小。衙署部分使用琉璃瓦以彰显等级。城内以及辖区的日常政务就是在这里进行的。

1206年，铁木真在斡难河（今鄂嫩河）建立大蒙古国，称成吉思汗。不久之后，蒙金战争爆发，金朝主力在野狐岭大败。金贞祐二年（1214），金宣宗南迁汴梁，史称"贞祐南迁"。这一时期东北局势急转直下，在金廷南迁的同年，臣服蒙古的契丹耶律留哥率领大军围困了肇州。这时的肇州节度使叫作纥石烈德，他凭借肇州坚固的城墙进行了坚决的抵抗。由于运河水位较低，来自上京增援的300船粮食停在嫩江上无法送达。没了粮食，城中的将士很难再做抵抗。因此纥石烈德决定开凿一条水渠，将护城河中的水导入运河，这样漕船就能开到城门附近。他命人一边开凿水渠，一边在旁边挖掘陷马井，让士兵埋伏在旁边，击退前来阻挠的敌军。经过殊死战斗，水渠终于挖通，漕船上的粮食得以运到城内。敌军占不到便宜，终于撤退。可惜纥石烈德不久便被任命为辽东路转运使，城中百姓苦苦阻拦，纥石烈德只能趁着夜色出城上任。此时辽东诸郡都已陷落，肇州城的命运可想而知。这座繁荣的城市最终毁于金末的战火之中，尽管元代建立之后再次利用了城池，并重新设立了肇州。但城市的规模已经大大缩减，这座城市也由"肇基王绩"的荣耀之城沦落成元代流放罪犯的屯田之所。随着元朝的覆灭，肇州城彻底沦为废墟，成为蒙古郭尔罗斯部的游牧之地。当然，也正是城市废弃后的长期荒芜状态，让城市的废墟和遗迹得以完好地埋藏在地下。

05 冷山之下
——完颜希尹家族墓

金天会四年（1126），金兵攻陷汴京，胜利者开始大肆劫掠。有人搜刮财宝，有人掳掠美女，只有一人与众不同，他的战利品竟是堆积如山的书籍。这个人就是完颜希尹，又名谷神（或作悟室），是金朝初年重要的开国将领，官拜宰相、封号陈王。他推崇汉法，礼待儒士，是女真文字的创立者，被金朝封为圣人，建庙奉祀。这位历史风云人物的坟墓及其家族墓地就在今舒兰市东南的群山之中，这里也是全国保存最好的金代贵族墓地。

从舒兰市出发，溯细鳞河南下，进入林木苍翠的西老爷岭。东南行过25公里，出现一个叫作小城镇的地方。在东北，以"大城子""小城子"命名的地名数不胜数，大多是辽金时期的古城废墟，小城镇也不例外。在清末民初之时，位于镇北的古城尚有残基，据说是一个周围三里的小方城（或说边长百米），现今城墙已经全无痕迹，只有地上零星可见的布纹瓦片指示着小城曾经的位置。这里，就是完颜希尹的家乡——"纳里浑庄"，而这片区域，金人称之为"冷山"（关于冷山地望有多种看法，但都在张广才岭一线，相距不远）。

《金史·完颜希尹传》很短，需要结合《完颜希尹神道碑》才能大体勾勒出这位传奇人物的一生。希尹是欢都之子，"为人深密多智，目睛黄而夜有光，顾视如虎"。阿骨打起兵反辽，希尹作为主要谋士，在外交事务上起到重要作用。进攻宁江州之前，希尹先行游说周边的铁骊、兀惹诸部，暗结同盟，为突袭行动断绝了外援。天祚帝御驾亲征，部分女真人开始怯战，希望与辽媾和。希尹出谋献计，表面上修降书示众，暗地里却送去挑衅战书，使得天祚帝大怒，下旨"女真作过，大军翦除"，女真贵族内部这才下定了破釜沉舟的决心。宋金签订"海上之盟"，相约夹攻辽国，希尹则是金国方面的主要谈判人。南下攻宋，希尹任元帅完颜宗翰手下的右监军，他劝阻屠城，以言止杀，班师后因功获赐免死铁券。而希尹最大的贡献则是在金天辅三年（1119）与叶鲁一起创制女真文字（女真大字）："希尹乃依仿汉人楷字，因契丹制度，合本国语，制女真字。"文字的出现加速了女真文明化的进程，金朝在各路设学校传授女真文字，到金世宗时期进一步推广，用女真文翻译汉文经典，设立女真进士。这一文字直到明朝中叶仍在使用，书信往来于东北女真诸部与中央王朝之间。因创制文字之功，金章宗明昌五年（1194）依仓颉立庙之例，于纳里浑庄立庙，春秋祭祀。

希尹对于汉文化极其推崇，甚至希尹这个名字就是取"希望成为伊尹（商朝名相）"之意。他攻城时不喜金银却索图书，俘虏中有儒士必以礼相待，当他听说被扣留的宋使洪皓十分博学，就将其收入门下，一方面请教治理天下的策略，另一方面让他教自己的孩子读书。对于洪皓来说，这两个差事都很"要命"，当家教的时候，希尹把教室封死，仅留一个送饭的小洞，让他的八个儿子跟着先生朝夕诵读。当谋士的时候，洪皓一直保持立场和气节，每每冲撞希尹，而希尹虽每欲杀之而后快，最终还是惜其才华、敬其品格，仍待之如初。从金太宗开始，希尹的权力和地位开始上升，拥立金熙宗上位之后，更是风头正盛，成为汉化改革的重要推手。但最终因为心直口快、锋芒外露，同时得罪金熙宗、裴满皇后、完颜宗弼（金兀术），在政治斗争中失利，连其儿子一同被金熙宗赐死。尽管很快被平反昭雪，但其壮志未酬身先死，也是很悲惨的结局了。

希尹之墓就在小城子北边不远的山坳里，从镇上出发步行一公里就来到山脚。这里是一处簸箕状的山谷，坐北朝南，背依山岭，面朝平川，远山巍峨，谷口还有一座小土山，形如笔案，这里应该是当时的堪舆术士精心挑选的风水宝地。墓园坐落在山谷北侧，可分为五个墓区，自东向西呈半圆状排列。在

↑
第三墓区石虎

↑ 第三墓区文官石像生

↑ 第三墓区武官石像生

各个墓区的地面上散落着石像生，或竖立、或倒伏、或倾斜，遍布青苔，多有残缺，隐于林木之中，甚是荒凉。石像生也称为石翁仲，是立于帝王、贵族陵墓神道两侧的石雕人物、动物。历朝历代对墓前石像生的使用有着严格的等级制度，总体而言是品种和数量的由多到少，如石象、石麒麟都是皇帝才可使用。金朝沿用宋制，其贵族神道往往常见石羊、石虎、石人（文官、武官）、石望柱，此处墓园里也以这四种石雕为主。相比中原、南方那些细致入微、毫发毕现的宋代翁仲，这里的石像生显得简朴很多，简化的线条和块状的立面，有如"汉八刀"（汉代雕玉技法）一般的古拙，独具一种符号化的凝重之感。石像生的排列具有严格的顺序，一般是望柱、石虎、石羊、石人，由南向北，两两相对，依次排列。

1979～1980年，吉林省文物工作队对墓地进行了调查和发掘。墓地中的墓葬可分为两大类，即有椁墓和无椁墓。有椁墓的营建是先挖一个方形土圹，用砖石砌椁，内置木棺或者石函。无椁墓可分为石室墓和石函墓。石室墓皆为单室，由墓道、天井、墓室组成，墓道呈倒梯形，墓室顶部为庑殿顶。石函墓则较为简陋，只以土圹安置石函，墓主的社会地位不高。这些墓葬中以石函为葬具者为大宗，这些墓的主人采用的是火葬。这可能是来自女真人的丧葬传统和佛教因素的双重影响。相较随葬品丰富的辽墓，希尹家族墓属于薄葬，在墓室营建上也十分寒酸，远不及北宋富户赵大翁（白沙宋墓主人）的仿木结构雕砖壁画墓的精美。可以看出女真贵族在丧葬上较为节俭。我们依次来看这五个墓区都有什么发现。

第一墓区位于开阔的山坡，其中一号墓（M1）是一座砖石混筑的石椁墓，该墓已被盗掘，墓碑散落一边，碑文"吵看郎君之墓"，落款为大定十年（1170）。

第二墓区坐落在台地上，左右两侧为山涧。该墓区规模最大，位于整个墓地中央，"完颜希尹神道碑"即竖立于此。神道碑由龟趺、碑身、碑额组成，碑额为四龙缠绕，中部阴刻篆书"大金故尚书左丞相金源郡贞宪王完颜公神道碑"。石碑在"文革"期间被破坏，考古队发掘了安置石碑的碑亭基址，清理出回廊、台阶、柱础，发现了不少精美的建筑构件，如迦陵频伽、兽头、瓦当、滴水。二号墓（M2）是整个墓地规模最大、营建最精、随葬最丰厚的墓葬，是一座石室墓，墓门由两块石板封死，墓室由石块垒砌，墓顶盖有四阿式顶石，面积约 2 平方米，高约 1.9 米。墓门

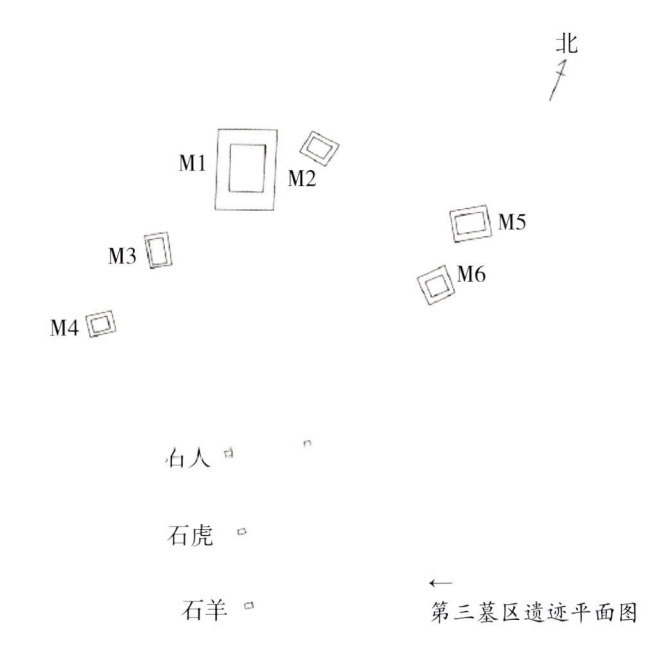

第三墓区遗迹平面图

内侧放着一块巨型鹅卵石，下面有黄纸的痕迹，墓内地表有一块铁质买地券，长约 40 厘米、宽约 30 厘米。此外，随葬品还有精美的兽足莲座烛台、白瓷瓶、白瓷碗，墓内放有五个石函，石函前均摆着一个瓷碗，其中 1 号石函内有木匣，匣内锦袋装有骨灰。学界目前多认为 1 号石函为完颜希尹，其余四个石函则属于与希尹同时遇害的两个妻妾和两个儿子。二区的五号墓（M5）是砖室墓，同样以石函木匣承装骨灰，此墓出土了完整的方形墓志，可知墓主人为希尹之孙完颜守宁。他袭承古里河猛安千户的爵位，善于营造军事器械，被授予昭毅大将军，金正隆年间在讨伐契丹叛乱时死于挞鲁水（今洮儿河）八户村。该墓随葬的鹘攫天鹅玉饰最为精美，展现了海东青捕猎天鹅的场景。

第三墓区距离二墓区约 300 米，在一个狭长的山谷里。其中一号墓为砖室石椁木棺墓，出土石碑残见"太尉……濮国公……公讳守道"字样，可知该墓主人为希尹之孙完颜守道。守道《金史》有传，本名习尼列，为金世宗朝宰相，曾历任翰林、参知政事、平章政事等职。他勤于政事，为世宗倚重。金世宗有"小尧舜"之称，是一个守成的明君，在他统

↑
家族墓墓碑之一——乌古论氏墓碑

↑
家族墓墓碑之二——昭勇大将军墓碑

完颜希尹家族墓地碑亭出土迦陵频佛像　　完颜希尹家族墓地碑亭出土兽面瓦当

鹘攫天鹅玉饰

治期间社会稳定、经济繁荣,史称"大定之治"。完颜守道作为一朝宰相,自然是功不可没。

第四墓区在三墓区西南,两侧是缓坡山梁。其中一号墓(M1)发现有人、小石函,发现墓志"昭男大将军同知雄州节度使墓"。但无法考证墓主人的具体身份。

第五墓区在岭西坡,在此处发现"代国公"字样的残碑,此为希尹之父欢都的谥号,推测此墓区应葬有欢都。

↑
石翁仲

↑
石虎

当我们在山坳中穿行,用手触摸青苔,那些不苟言笑的石翁仲,总是无声无息地任人评价,同情、愤怒、赞美、侮辱,什么都好,它们只会用沉默来回答。但考古学家却总想从它们嘴里套出几句话,终于,他们发现了一些线索。几处墓区中均发现有灰浆封固、木炭防潮的工艺,这一做法很可能来自南方地区的宋墓,而能够带来这种知识的,应该只有洪皓了。

冷山,在物质层面上属于完颜希尹,在精神层面上却属于洪皓。南宋建炎三年(1129),洪皓奉宋高宗旨意出使金国,当时金兵正盛,无心议和,"遇使人礼日薄"。洪皓先在太原羁留,后辗转到云中,完颜宗翰命其在刘豫的伪齐政权下任职,洪皓誓死不从。当时在宗翰手下担任监军的完颜希尹在旁赞叹:"此真忠臣也。"亲自下跪为其求情,保全了洪皓的性命，并将其送到冷山家中，让其教书。根据洪皓后来的回忆录《松漠纪闻》中的记载："冷山是陈王悟室聚落，云中至冷山行六十日，距金所都仅百里，地苦寒，四月草生，八月已雪，穴居百家。"对于生长于兹的女真人来说，冷山是山清水秀的乐园，但对来自江南的洪皓而言，这里却是让人恐惧的苦寒之地。完颜希尹最初有意刁难洪皓，"或二年不给食"，但洪皓凭借意志力坚持了下来，"盛夏衣粗布，尝大雪薪尽，以马矢然火煨面食之"。洪皓的品格得到希尹的赏识，甚至邀请他"随我到济州看春水。尔是直性人，言语朴实，与我言合"。

据说，洪皓在教书时缺少纸张，取桦树皮当纸，凭借记忆默写《论语》《大学》《中庸》《孟子》作为教科书，被称为"桦叶四书"，传为美谈。在他的教育下，希尹长子彦青能够"谏父止戈"，洪皓的诗文被争相抄诵。

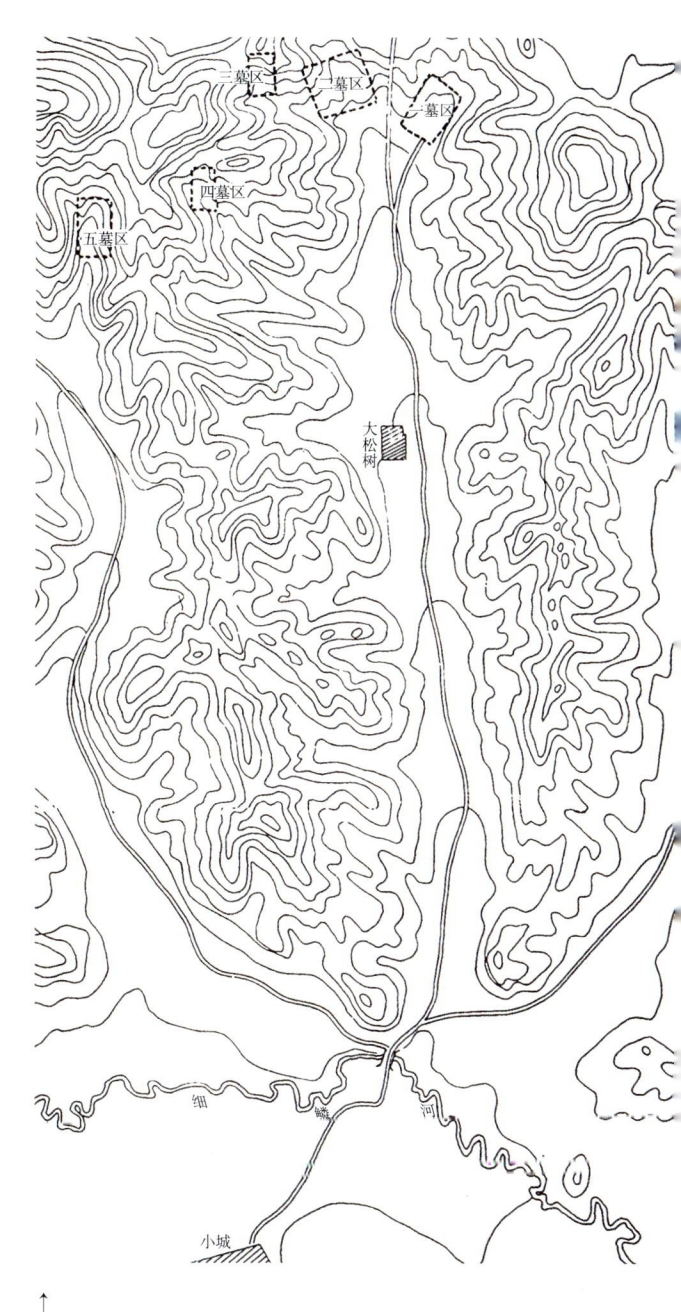

完颜希尹家族墓地地理位置图

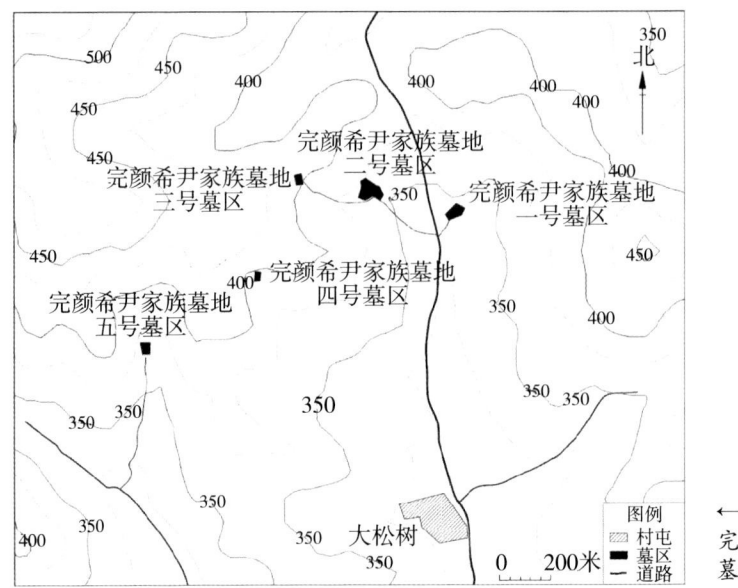

完颜希尹家族墓地墓群分布图

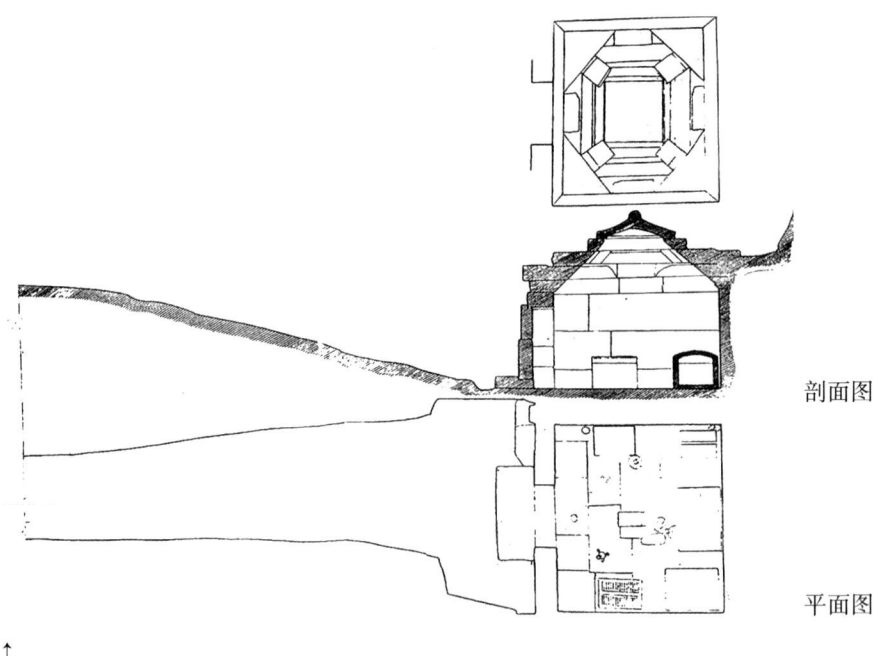

剖面图

平面图

完颜希尹墓平剖面图

当金兵的铁蹄在江南践踏，洪皓却用最温和的方式在金国的心脏种下了一颗文明的种子。当然，洪皓也带走了另一颗种子——西瓜子。南宋绍兴十三年（1143），洪皓获释南归，在随身行李中偷偷藏下西瓜种子带回南宋。在当时，只有塞外契丹地区才有种植西瓜，洪皓之后，南方人也可以在炎炎夏日吃上西瓜解暑。带回西瓜子似乎并不偶然，种种信息显示，洪皓对于农学园艺颇为关注，比如他的《松漠纪闻》里记载了宁江州人对桃李根部进行保温处理，以度过严冬。洪皓在云中之时，还秘托商人给五国城的徽钦二帝送去"桃、梨、粟、面"，暗喻"逃、离、束、冕"之意，告知康王赵构继位，宋室未亡。然而，一心想"迎回二圣"的洪皓在回国之后却备受秦桧打压，不断被贬，郁郁而终。秦桧死后，高宗为洪皓平反，赐谥号"忠宣"。在今天杭州西湖的葛岭下曾有一座洪忠宣公皓祠，祠堂挂着雍正年间李卫的题联："身窜冷山，万死竟回苏武节；魂依葛岭，千秋长傍鄂王坟。"这正是他一生的真实写照。洪皓在金国被羁押15年，其中被流放冷山长达9年，他被后世誉为南宋的苏武，而冷山也成了代表宋朝士人气节的丰碑。

另外，在金朝士人心中则有一个完全不同的冷山。除了作为创立女真文字的圣地而被女真学子尊崇外，在金章宗时期还出现过被称为"冷山十俊"的文官集团，以完颜希尹之孙、时任平章政事的完颜守贞为首，冷岩则是其自号，时人称颂其为"贤宰相"。与其相反的则是谄媚迎合的胥持国一党。偏向守贞的御史周昂因构陷党狱被贬隆州，赋《冷岩行》歌颂守贞之德，诗文如下：

或为盂，或为钟，人心自异山本同。天清云远望不极，小孤宛在江流中。涧之毛，可筐筥；山之木，可斤斧。唯有白雪高崖嵬，风吹不消自太古。岘山何奇？羊子所攀；东山何秀？谢公往还。今尔胡为籍甚乎人间？于嗟乎冷山！

此时距离希尹死去已经过去了半个世纪，洪皓也早已去世。如果他们的魂魄重聚于此，听到周昂的诗会如何附和呢？希望他们在另一个世界，能够成为真正的知己。

06 长白山下的金代神庙

  2016年夏天，在长白山脚下延边朝鲜族自治州安图县二道白河镇宝马村东南的一座丘陵上，吉林大学考古队的师生正在进行着忙碌的发掘。领队是一名年轻的教授，此时，他正表情严肃地站在发掘区外的路旁，一根接一根地吸着香烟，目光紧盯着考古工地门口那块文物保护碑。那是块花岗岩石碑，表面风化严重，上头刻着一行小字"延边朝鲜族自治州文物保护单位"，下面刻着三个大字"宝马城"。团团烟雾升起，缓缓消散在湛蓝的天空里，远处的长白山在午后的阳光下闪烁着白色的光芒。这处遗址已经连续发掘到第四个年头了，此前，学术主流观点一直认为它是唐代渤海国的兴州故城，或者是渤海国时期的驿站。20世纪90年代，考古学家李健才先生将其考证为金代长白山神庙，2013年对遗址的试掘证明其年代确实是金代，但苦于没有文字材料的出土，面对四面八方的质疑，考古队无法对其性质盖棺论定。因此，他需要更为有力的证据支持现有的推断。

  此时，远处的发掘区传来一阵骚动，学生大呼小叫围成一圈，民工也站直了腰身远远打望。领队熄灭了烟，拍了拍身上的灰烬，不紧不慢地向人群走去。从业20余年，他已经记不清发掘过多少遗迹、挖出过多少文物，但他仍然喜欢看到学生"没见过世面"的样子，因为那是传道授业的最好时机。他跳进了考古探方，学生纷纷侧身让开，只见一个女生跪在地上，摘掉了帽子，手舞足蹈地指着黑土里刚露头的两块长方形的白色石头，兴奋地朝着领队喊道："老师快看，上面有字！"

  领队并不急着查看，他满意地点了点头，"做得不错，大家记住，发现重要文物一定要原封不动地先拍照，根据保存情况再做进一步提

宝马城出土"癸丑"玉册残块

取……"他边说着边俯下身，那是块残段的汉白玉条石，只有两指宽，上面清晰地刻着两个俊美的楷书——"癸丑"，他又看向另一块同样材质的石头，上面刻着一个字——"金"。

他抬起头环视了一圈，又低下头紧盯着石头，大脑一片空白。转瞬间，他猛然想起挖参人的传说：当你发现野山参的叶子，得赶快找根红线拴上，不然它就会变成娃娃，飞快跑掉。"快，快给我拿张草纸"他的声音微微颤抖，一边掏出马克笔，一边低下头，开始自言自语地演算："今年是丙申年，最近的癸丑年应该是2033年，往前依次递减六十年，1973，1913，1853，1793……1553，好，到明代了……1373，1313，很好，到元代了，1253……1193，1193，1193……"他不断地复读着1193，仿佛那数字变成了一条红线，跳出草纸，紧紧拴在那两块小白石头上。

1193年，是金朝明昌四年。这一年，金章宗皇帝再次册封长白山，《金史》原义如下："明昌四年十月，备衮冕、玉册、仪物，上御大安殿，用黄麾立仗八百人，行仗五百人，复册为开天弘圣帝。"这两块小小的汉白玉碎块，正是金章宗册封长白山的玉册原件！宝马城遗址，就是考古学家一直在寻找的那座失落的——长白山神庙！

↑
宝马城出土的龙纹鸱吻残件

↑
宝马城出土的兽面瓦当

在汉代以前的中原文献里，长白山被称为"不咸"，女真人的先祖则被称为"肃慎"。《山海经》载："大荒之中有山，名曰不咸，有肃慎氏之国。"武王克商，肃慎贡楛矢石砮，周王朝称其为"北土"。此后，"肃慎来朝"成为中原王朝追求的理想政治景象，被认为是天子德行的象征。魏晋南北朝时期，肃慎改称"挹娄"，后又称"勿吉"，他们带着长白山特产的青石箭头，一代又一代，不停地踏上朝贡之路。直到唐代，再次改称"靺鞨"的肃慎后裔将盛唐的制度、文字、技术搬到了长白山，在这里建立了海东盛国——渤海国。渤海之后，肃慎这个名称被重新拾起，女真人（Juchen）正式踏上了历史舞台。

这个散落在长白山区的弱小部族只用十余年的时间就入主中原，灭亡了辽国和北宋。不同于具有草原政治传统的契丹民族，女真人的组织制度较为原始，因此在较短的时间内便完成了从政治、经济到文化层面上的汉化。到金世宗时期，"燕饮音乐，皆习汉风"，皇族之内"语言文字，或不通晓"。这种局面触发了金世宗的危机感，此时的金国虽然看似强大，实则内忧外患不断，他迫切地希望进行一场"文艺复兴"，传承女真语言文字，恢复女真旧俗，借以提高女真人内部的凝聚力和战斗力。他想到一个绝佳的办法——册封长白山。

女真人信奉萨满教，山神则是主宰一方物产的最重要的神祇。各山皆有山神，而长白山神最为尊贵，它是女真人的圣山，传为白衣观音所居，让契丹人不敢踏入。将长白山神纳入中原制度下的"岳镇海渎"体系中，既遵从了儒家礼数，又提醒女真人不忘旧俗，同时，还能为起兵辽阳的金世宗提供帝位的合法性。因此，金大定十二年（1172），"有司言：'长白山在兴王之地，礼合尊崇，议封爵，建庙宇。'十二月，礼部、太常、学士院奏奉敕旨封兴国灵应王，即其山北地建庙宇"。

长白山在金代属于咸平府（今开原市）的辖区，派去勘察的官员很快给出了方案，"山北地一段各面七十步，可以兴建庙宇"。于是，来自附近州府的优秀工匠，带着斧锛刨凿，一路爬山涉水，在长白山下的一处丘陵扎营落脚。两年之后，也就是金大定十四年六月，神庙终于建成，在长白山下的原始森林里凭空出现了一座金碧辉煌的土木殿阁。庙宇规模宏大，按《大金集礼》中的记载，共有"正殿三间，正门三间，两挟廊各二间，北廊准上，惟不设门，东西两廊各七间，东廊当中三间就作斋厅，神厨三间，并添寝殿三间，贮廊三间"。神庙建好之后，金廷开始准备册封事宜，金大定十五年三月二十三日，确定"封册仪物、册祝文，并合差使副、选定月日、行礼节次、春秋降香等事"。册文如下：

皇帝若曰：自两仪剖判，山岳神秀各钟于其分野。国将兴者，天实作之。对越神休，必以祀事。故肇基王迹，有若岐阳。望秩山川，於稽虞典。厥惟长白，载我金德。仰止其高，实惟我旧邦之镇。混同流光，源所从出。秩秩幽幽，有相之道。列圣蕃衍炽昌，迄于太祖；神武征应，无敌于天下，爰作神主。肆予冲人，绍休圣绪，四海之内，名山大川靡不咸秩。矧王业所因，瞻彼旱麓，可俭其礼。服章爵号，非位于公侯之上，不足以称焉。今遣某官某，持节备物，册命兹山之神为兴国灵应王，仍敕有司岁时奉祀。于戏！庙食之享，亘万亿年。维金之祯，与山无极，岂不伟欤！

"厥惟长白，载我金德。"这里的"金德"指的是金朝的德运。古人曾以"五行相胜"的观点解释王朝兴衰替代，各朝统治者则借此证明其政权的合法性，即所谓"吊民伐罪""奉天承运"。完颜部建国时以"金"为国号："辽以宾铁为号，取其坚也。宾铁虽坚，终亦变坏，惟金不变不坏。金之色白，完颜部色尚白。"金可胜镔铁，"金德说"的提出表明金朝是继承了辽朝的国运。但到了金章宗时期，国力强劲，文物繁盛，金人开始以"中国"自居，认为北宋既亡、宋德已失，因此又改德运为"土德""本朝继宋，宋为火德，火德已绝，火生土，我为土德"。认为自身才是中国正统。

册封长白山的使臣有两员，正使是管辖长白山地面的咸平府少尹完颜娄室，副使是宣徽判官张国基，册封仪仗肃穆庄严"册匣、衮冕等各置以舆，约量差军人援护。所过州县更替。每行，节在舆前，使副在后，逐程置于驿之正厅（无驿厅处即于屋宇岩洁处安置）"。其行程路线大体是从今天的北京经锦州到开原，再经梅河、桦甸奔二道白河，最终在八月二十日左右完成了册封仪式。让我们跟随使臣的脚步，一起看看这座"兴国灵应王庙"是什么样子。

神庙坐落在朝南的低缓山坡上，由一道长方形的城垣围绕。城墙为黄土夯筑，墙基铺鹅卵石，墙外用青砖包砌护坡，城墙底宽2.7米，据此推测，原高至少要有一丈。墙外围绕着宽约1米的城壕，在城墙东南角还设有石砌的排水涵洞。南墙正中开有一门。从此进入，映入眼帘的便是修饰庄严的庙宇。然而此时我们还不可以直接进去，在山门的右手侧，有一个单独的斋厅，金代的长白山祭采用的是道教仪轨，因此，我们需要先在斋厅里沐浴斋戒，以示虔诚。

斋厅是一座长方形的单体建筑，坐东朝

↑
宝马城出土的迦陵频伽

西，长 19 米、宽 12.8 米，有低矮的夯土台基。门开在西侧，进门之后，可以见到宽阔的铺砖大厅以及靠着东墙的"超长"火炕。火炕右侧连接着一个方形灶台，左侧连接烟囱。烟囱通过烟道跨过山墙，耸立在室外，它可以避免火星落到屋顶，防止火灾。长白山的春天和秋天仍然寒气逼人，对于非东北籍的使臣来说不亚于流放之苦。有趣的是，金代东北的火炕一般只铺三条烟道，这里却铺有四条，或许就是为了照顾"南方人"不耐苦寒的体贴之举。斋厅门外西南 20 米处有一口方形的木构水井，采用长白山的红松架构，外观呈"井"字形。这口木井至今仍有清洌而冰凉的井水，在其浸泡下，松木 800 年不腐，堪称神奇。我们可以试着想象，当黑夜降临，林海之中闪烁着一点灯光，使臣围坐在炕上，炕桌上摆满热气腾腾的斋饭，有山间所产的菌菇野菜、野果蜜饯，杂役忙前忙后，从井里打水，在灶台上烧开，备好一桶桶加入香料、草药的热汤以供沐浴。外面不时传来鸟兽啼鸣，仿佛在传达山神的欢迎，风餐露宿的旅人终于能在不

↑
宝马城出土的用于建筑屋脊装饰的陶质兽头

宝藏历史·岁月吉林

↑
宝马城出土陶凤鸟残首

透风的房子里睡个好觉。

当清晨的阳光洒落大地，积满白雪的主峰在消散的云雾里显现，天池的豁口正对着庙宇数重屋脊的中轴线，从南向北鸟瞰庙宇，山门、回廊、碑亭、正殿、寝殿依次呈现。这种以"工"字殿为中心布局的建筑广泛流行于宋元时期的宫殿、衙署、祠庙，是中原汉式建筑在长白山地区应用的重要实例。长白山神庙的布局与中原的中岳庙、岱庙、南岳庙等岳庙均有相似之处，但整体规模偏小，与济渎庙的规模差不多，这与大定时期对长白山神的定位是接近的。首先来到山门，这是一座高大的殿阁式大门，面阔三间，进深两间，阶基高出院外1.8米，中间砌分心墙，南门道砖铺"三瓣蝉翅"慢道，也就是没有台阶的三面缓坡，今天的长春站售票处门口的慢道就是这个样式。

进入大门，正对的是一座宏伟的带有月台的正殿，左右手两侧则是碑亭，以及铺满鹅卵石的庭院。碑亭遗址平面呈方形，边长6.4米，设有低矮台基，台基四角安置十字槽形的础石，碑亭内的石碑现已无存。庭院满铺大块河卵石，间隙中填充黄土与细碎料礓石，边缘则以立砖锁边，看起来十分整洁。

正殿坐北朝南，现存台基、月台、殿墙、柱础。台基为夯筑，高约1米，东西宽22米，殿内残存14个柱础，包括素面覆盆形明础和方形的暗础，殿门已经不存，只留下埋设门砧石和地栿的嵌槽，殿内以方砖铺地。台基南侧连接月台，月台长17米、宽8.65米，月台与回廊通过砖铺露道相连。整个台基外侧环绕一圈散水，正殿两侧的鹅卵石庭院还设有U形的排水明沟。

寝殿在正殿的北侧，现存台基、过廊、殿墙、柱础。台基同样为夯土夯筑，高约 0.8 米，东西长 22 米，南北宽 14.4 米。台基边缘等距分布三处"凹"字形螭子石，转角处则安置"方形曲尺槽"形螭子石，用以安放阑干。殿墙为砖砌，存有残基，厚度为 1.3 米。墙体倒塌堆积中发现带有红彩的白灰墙皮，说明当时寝殿的外墙可能是朱红色的涂装。墙内嵌置柱础 12 个，角柱、前檐柱为素面覆盆形明础，前檐柱础的前侧还开有凹槽，可能与殿门的结构有关。其余柱础多为体量较小的圆形暗础。门址部分同样只留存有嵌槽痕迹，两门砧嵌槽内侧边线间距 2.45 米，大体就是殿门的宽度。殿内以方砖、条砖铺地，倒塌堆积中发现带有蓝色油漆的木料，可能是屋顶梁架间的彩绘装饰。殿门南侧连接铺砖过廊，东西宽约 11.7 米，廊两侧设柱础。过廊的东拐角处设有踏步，可以从此进入后庭院，与前院的鹅卵石铺地不同，这里是以长条形青砖一纵一横铺砌。

上述建筑整体被回廊包裹，构成一个封闭的院落。回廊从山门两侧起，至寝殿后侧合，外侧为 1.3 米厚的砖砌墙体，内侧则以开放的廊柱围

↑
从宝马城遗址远眺长白山主峰

绕。回廊宽约 5 米，高出庭院 0.2 米，墙内埋设方形暗础，内侧为方形明础，内外两侧均设有散水。

神庙历经人为和自然的破坏，那些雕梁画栋、壁画神像、旗鼓仪仗早已痕迹全无，只有大量的陶质建筑构件较为完好地保存下来，包括鸱吻、兽头、套兽、凤鸟、迦陵频伽、武士、兽面瓦当、檐头板瓦等。鸱吻是正脊两侧的鱼龙形装饰，神庙遗址出土了一对较为完整的鸱吻，头部缺失，存有身部，在其两侧各贴塑有坐龙和凤鸟，坐龙脖颈弯曲，巨口大张，鬣毛飞舞，威武庄严，凤鸟形似鹰隼，面朝天空，有灵芝状肉冠。鸱吻（早期称鸱尾）最开始是作为屋顶的封护设施，往后则主要起到装饰作用和压胜作用。《谭宾录》记载："东海有鱼虬，尾似鸱，鼓浪即降雨，遂设象于屋脊。"兽头是安装在戗脊之上，套兽是装饰在角梁之上，其造型均为龙

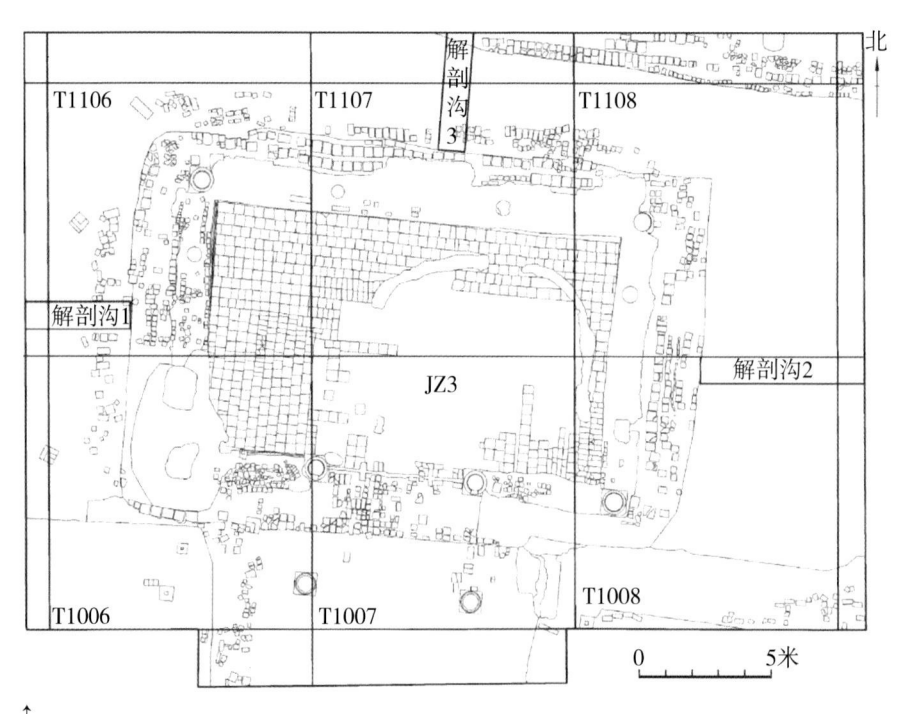

↑
寝殿发掘平面图

金戈铁马

首形状，怒目圆睁，獠牙外露，吻部如象鼻。凤鸟、频伽、武士则是装饰在角脊上的建筑饰件。除了建筑构件之外，遗址还出土了大量各种类型的铁钉，有人说中国古建筑以榫卯闻名，因此是不用一颗铁钉的，实际上在固定檐瓦、博风板等非承重结构时，是大量使用铁钉的。此外，还出土了鎏金铜饰件、少量瓷器残片、陶棋盘、"大定通宝"等铜钱。

站在正殿的月台上，脚下是残碎的方砖，台下是倾颓的山门，再向南望去，长白山如孤岛一般飘浮在松林之中，天豁峰和龙门峰夹着天池瀑布的豁口，松花江从那里发源，奔流千里，养育着东北大地的万物生灵。当年使臣就是站在这里，手捧玉册，朗读了下面的文字：《祭长白山祝文》："发祥灵源，作镇东土，百神所震，群玉之府。势王吾邦，日隆丕绪，祀典肇称，宠章时举，显显真封，巖巖祠宇。神之听之，永膺天祐。"

金世宗之后，章宗皇帝对长白山进行了第二次册封，将山神由"兴国灵应王"升格为"开天宏圣帝"，与五岳同尊。史料记载如下："明昌四年十月，备衮冕、玉册、仪物，上御大安殿，用黄麾立仗八百人，行仗五百人，复册为开天弘圣帝。"此次册文是由金代文豪党怀英撰写，但章宗皇帝对此并不满意，认为写得"殊不工"。可惜册文失传，只有宝马城出土的几片残字可做见证。除了春秋祭祀，金章宗在泰和二年还为皇子忒邻的降生遣使报谢长

↑ 寝殿基址出土的带铁钉筒瓦

白山，此次报谢的使臣中有一位文学家叫作赵秉文，在金朝末期曾担任礼部尚书。他在金兴定元年（1217）于汴京城里写了一首追忆报谢之旅的《长白山行》，借以感慨金朝的兴衰：

> 长白山雄天北极，白衣仙人常出没。
> 玉龙垂爪落苍崖，四江飞下天绅白。
> 匹马渡江龙飞天，云起侯王化千百。
> 至今甲第多属籍，时清毬马争驰突。
> 锦鞯貂帽猎春风，五陵豪气何飘忽。
> 前年胡骑瞰中原，准拟长城如削铁。
> 君家兄弟真连璧，胸中十万森戈戟。
> 向来论事天子前，汉廷诸公动颜色。
> 心知不易一囚命，顾肯贪功事无益。
> 西南方面应时须，帝曰来前无汝易。
> 从来十益不补损，三辅萧条半荆棘。
> 瘦妻曳耙女扶犁，惟恐官军缺粮给。
> 呜呼疮痍尚未复，且愿休兵养民力。
> 老夫谬忝春官伯，白首书生不经国。
> 仁公功成归庙堂，再献中兴二三策。

↑
寝殿基址北侧螭子石

↑
寝殿基址西北角础石

"匹马渡江龙飞天"，写的是完颜阿骨打亲征黄龙府时以赭白马过混同江的故事。女真人凭借在艰苦环境中磨炼出的军事技能，在战场上连连得胜，但在入主中原之后，贵族子弟贪图享乐，生活奢靡，"五陵豪气何飘忽"。随着蒙古的崛起，短暂的盛世轰然瓦解，战乱不断，民生凋敝，苛捐杂税压得百姓无法喘气。诗人忧国忧民，希望通过回忆金源之地长白山的雄伟增强人民的信心，抵抗外敌，以图中兴之愿景。但实际上，此时的长白山早已落入割据政权东夏国之手，长白山神庙也不复为金廷所有。从建筑被焚毁、玉册被打碎的种种迹象来看，神庙应当是被人为大肆破坏、劫掠一空，破坏者或许是东夏政权，或许是蒙元士兵，已经无从考证。

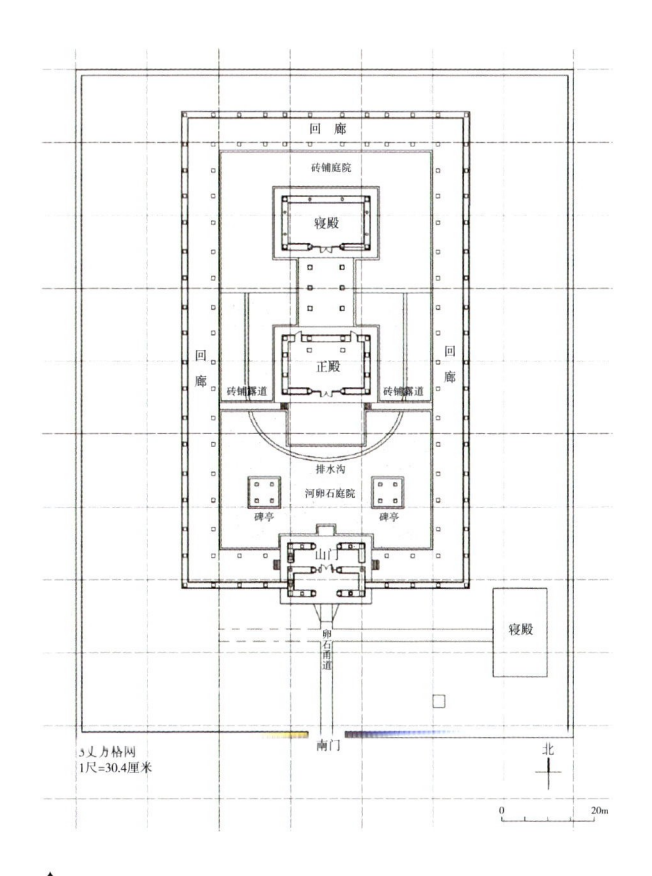

长白山神庙在历史上昙花一现，只留下一堆瓦砾证明曾经的繁华。当我们站在这片废墟上追忆历史，王朝的兴亡如过眼云烟，只有长白山顶的皑皑白雪亘古不变。究竟是山神在佑护着国家，还是国家在佑护着山神？抬头远处长白山巅，天池哨所上飘扬着的国旗便是无声的答案。

↑
长白山神庙复原图（王薇绘制）

整合重聚

——明清时期的吉林

明、清分别是中国历史上由汉族和满族建立的最后的封建王朝,吉林境内遗留下众多明清时期的重要遗迹,成为那段历史的真实写照。

明朝对东北地区的统一是以纳哈出的归降为标志。鉴于东北地区特殊的政治、军事形势及少数民族状况，明朝政府先后设置辽东、奴儿干都司，并以卫所作为基层政权机构，对东北各民族推行羁縻政策。明代在东北建有384个卫所，其中70多个位于吉林省境内。1974年洮南出土一方明永乐七年（1409）九月礼部造的"禾屯吉卫指挥使司印"，进一步证实了明朝在东北建立卫所体制的历史。

明代中叶起，女真分为建州、海西及野人女真三大部。其中，海西女真部分南迁，并在迁徙过程中，逐步吸纳、吞并他部。及至明末，形成了哈达、乌拉、叶赫、辉发四个海西女真人建立的地方政权，史称"扈伦四部"，又称"海西四部"。其中乌拉部王城位于今吉林市龙潭区乌拉部故城，辉发部王城位于今辉南县辉发部城址，叶赫部王城位于今四平市铁东区叶赫满族镇叶赫部城址。这些城池多由数道城垣构成，中有高台，布局严整。在乌拉街故城和辉发部城址曾出土金饰件、明代铜火铳和一批青花、五彩、斗彩、素三彩等明代瓷器。古城的构制和出土文物表明，早在清王朝建立之前，满族就注意吸取中原先进文化，这种努力显然是促进满族迅速发展、日益壮大的重要原因。以扈伦四部为主体的海西女真及以建州三卫构成的建州联盟，各执牛耳，角逐抗衡，成为明末东北政治舞台上的重要角色。

清朝，吉林地区被清政府视为祖先的发祥地——"满族"的龙兴之地，对吉林实行了全面"封禁"政策。为了实施封禁政策，清政府于康熙九年（1670）从今辽宁省开原威远堡开始向北修筑一道边墙，上植柳条，称为

"柳条边",至康熙二十年(1681)告竣,全长343.1公里,沿线设卡驻兵,防止流民进入。

在以柳条边为标志的封禁之域,清初曾在现吉林市龙潭区乌拉街满族镇设立打牲乌拉总管衙门,专司为清室提供贡品,掌管采人参、捕鲟鱼、捞东珠、猎取珍禽异兽等业。打牲乌拉总管衙门的特殊地位,使吉林市龙潭区乌拉街一带一度相当繁荣,官衙王府林立,寺庙民居毗连,这些建筑物现尚部分保存。此外,今舒兰市等地还保留着寄养鲟鱼的"鲟鱼圈",在四平市铁东区、伊通、东辽、东丰等地还有当年盛京围场和吉林围场的封堆、老营房等遗迹,并留下诸多如"贡山""贡河""贡品家族"等称呼,成为吉林文化的一大特色。

"封禁"政策一方面保护了吉林地区的自然生态环境,另一方面却直接导致了吉林社会经济文化发展的迟滞与落后,是造成晚清时期吉林边防空虚的重要原因,为列强乘虚侵略东北埋下隐患。直至清末,为了强边御敌,清政府最终放弃了封禁政策。

01 风云时代东北的造船基地——吉林船厂

明永乐十八年(1420),是明朝一个最普通的年份,但是,吉林城江南阿什哈达一带,忽然开进来大批军人、工匠。这是一支数千人的队伍,他们的任务是伐木造船。督修建造船舰者是辽东都指挥使、骠骑将军刘清。军士搭起营帐,工匠垒起草房。江边十几里的地方顿时热闹起来,山中伐木,江中放排,岸上造船。这是明代永乐年间,辽东都司指挥使刘清第一次领兵在吉林大规模造船。

明代的船厂最先让吉林城有了一个可以传世的别名——船厂，但是明代的船厂和清代的船厂有很多不同之处。为了经略东北边疆，明朝政府在朱元璋在位期间的1375年就在辽东成立了都指挥使司。到了明永乐七年（1409），明朝政府正式在吉林松花江岸设立造船基地。1411年，明成祖朱棣派遣内官太监亦失哈率领千人的船队到黑龙江下游东岸的特林，建立最高地方行政机构——奴儿干都指挥使司，以经略松花江、黑龙江、乌苏里江流域的大片土地。可是由于黑龙江下游气候寒冷，不产粮食，土著居民主要以渔猎为生，而奴儿干都司驻军所需要的粮食、物资一概需要中原和辽东内地供给。所以明成祖钦委刘清领兵到吉林松花江岸选址造船，用以运送官兵、粮食、赏赐品和贡品，保障奴儿干都司的一切军需供应。吉林船厂成为连接辽东和黑龙江下游的水路交通枢纽，更成为连接辽东与京师的战略桥梁。

朱元璋定鼎南京之后，又亲征漠北，扫平了元朝残余势力。为加强对东北的统辖，先后建立了辽东、大宁、奴儿干三个都指挥使司，因地而异，因俗而治；悉更郡县，以为军卫。辽东、大宁、奴儿干三个地方，以奴儿干都司领有的地域最为广大，向北直至黑龙江外到库页岛地方。而卫所未建时，派出使者，深入荒远，宣之以德，示之以恩，施之以惠，委官设治，则必有畅达的通道。松花江的黄金水道，就在那一时刻肩负起了这一使命。

当年，刘清在北方松花江畔造船的时候，郑和的浩大船队已经在南中国的海上云帆高扬，开始了七下西洋的航程。明成祖即位之后，便打破先朝"片帆寸板不许入海"的禁令，大规模组织船队远航。在刚刚奠基的北京京城之南，有山东卫河、江苏清江、南京龙江三大官船厂；京城之北，东北的吉林则是最大的船厂。明永乐七年（1409），明成祖下令恢复元代东北驿站，并开拓北上奴儿干都司的满径（今俄罗斯特林）驿站。驿路全长2500公里，沿途有10城45站。

明永乐九年（1411）的春天，从长白山下来的桃花水溢满了清澈的松花江。在吉林船厂的江畔上，停泊着25艘新造的巨船。每条船的甲板上都挤满了整装待发的明朝官兵，船舱里装着来自中原内地的布帛、丝绸、粮食、器具等物资。他们将在永乐帝派遣的钦差大臣亦失哈率领下，前往数千里之外的奴儿干都司。

亦失哈，海西女真人。亦失哈的名字翻译成汉语是"小鱼儿"。这条"小鱼儿"从松花江游进黑龙江、鞑靼海峡和日本海，掀起一个延续到清代中叶、近500年的滔天大浪。亦失哈的身份和郑和一样，都是明廷的内官、钦差大臣。但论起官职，郑和只不过是个三宝太监，亦失哈累官至辽东镇守太监，曾显赫永乐、洪熙、宣德、正统、景泰五朝。其地位大大高于郑和。但是，《明史》没有他的列传，明清史籍里很难找到他的痕迹。这是为什么呢？原因十分简单，清朝的统治阶层很讨厌这个民族叛徒。为了不让清朝的主体民族满族历史难堪，《四库全书》的主编处心积虑地把他彻底地摒弃于《明史》之外。直到清末永宁寺碑的发现，被清人彻底遗忘的亦失哈才重见天日。但为时已晚，这位活生生的历史人物再也无法清晰了。

据学者考证，明代吉林船厂所造的船每船可载约40人，虽然不是很大，但如此大规模的船队航行松花江上，却是开天辟地第一回。舰旗高扬，顺水而下，御风而行。这支船队由阿什哈达出发，沿松花江北行至肇州，然后东行入黑龙江口到奴儿干都司，开辟了一条黄金水道，形成一条横贯东北亚的漫长水上交通线，史家谓之东北亚的"丝绸之路"。

大明时代，钦差大臣亦失哈率领的船队沿着以吉林为起点的松花江航线九巡奴儿干，在黑龙江和乌苏里江流域设官置制，教民垦荒，整军经武，极大促进了这一地区与中原内地的交往、交流、交融。在中国历史上，这是一个罕见的开放时代，虽然短暂，却也辉煌。明帝国的松花江船队张扬着自己的梦想，在海涛与江涛中留下了永远的帆影。

明代吉林船厂实质上是大明王朝东北边陲的重要物资供应基地。到了清代初期，这种和平造船的背景已经成为历史，摆在清政府面前的一个严峻形势就是沙俄势力在东北边境的崛起。面对沙皇咄咄逼人的侵略势力，清政府于顺治十三年（1656）命令宁古塔将军沙尔虎达在吉林乌拉设厂造船，并组织操练八旗水师，巡视江防。顺治十五年（1658），沙尔虎达率部乘坐45只战船在松花江口大败沙俄侵略者，击毙了斯捷潘诺夫，获得胜利。据《吉林外纪》记载，"顺治十五年，为抗击沙俄犯境，在吉林修造战船，出现故名船厂"。此后居住在松辽黑地区的各民族都称这里为"船厂"。这便是吉林"船厂"的由来。

清康熙十年（1671），因船厂战略地位重要，清廷增设了吉林副督统，宁古塔副都统安珠瑚奉旨率八旗军队3000人，在船厂附近建乌拉城。康熙十三年（1674），设吉林水师营。康熙十五年（1676），移宁古塔将军于吉林，宁古塔将军巴海奉旨移驻新城，依江而居，督修造船，日习水战，以备抗俄。每年开江或封江时，吉林水师营都要进行大规模的操练，由将军和副都统前往检阅部队。此后，船厂逐渐改称为"吉林乌拉"。

康熙二十一年（1682）农历五月，临江门头道码头又一次热闹起来，街道两侧锣鼓喧天，江上楼船彩旗飘舞，当地官员前呼后拥，正在等待康熙帝的到来。康熙帝在王公贵族、元老重臣的陪同下登上战船，检阅吉林水师营。康熙帝此次东巡吉林，只有29岁，除了遥拜长白山神，祭天敬祖，再一个目的就是观兵。所谓观兵，不是走马观花而是脚踏实地地督促备战。此时的康熙刚刚结束平定三藩之战，已经注意到沙皇俄国在北部边疆的蠢蠢欲动，于是将船厂的兵备提到了重要的议事日程。在康熙帝的运筹帷幄之下，吉林船厂和水师迅速壮大，成为抵御外敌入侵的一支重要力量。

康熙二十二年（1683），吉林水师营战船30只调往黑龙江，设立黑龙江水师营。黑龙江"战舰五年大修，十年拆造，就材吉林"。同时由黑龙江派遣"驻扎吉林造船领催八名、水手三百名"。为自伊屯河，经松花江，向黑龙江水运军粮，吉林船厂造载重60石运粮船100只、载重200石运粮船50只。此外，吉林船厂还负责为本地区制造采捕、巡逻、渡口所需之桨船、渡船、威呼等各种船只，以及常年维修等项工作。

清道光年间，吉林共有粮船30只、桨船20只、渡船19只，其中除三姓、伯都讷、拉林12只渡船由各该城"兵丁砍伐，由吉林水手营遣匠营造"外，其余均由将军衙门工司负责派遣吉林船厂水手伐木营造。此外，为捕东珠，每年所用大船7只由吉林水师营拨给，所用小威呼399只，由打牲乌拉衙门与打牲乌拉协领衙门自行"派役往赴上江浑法、土山、冷风口等处砍造"。

吉林船厂的造船，除"移官兵、率健卒，以治厥事"外，还征调流人参加。据清初宁古塔流人张缙彦著《宁古塔山水记》记载：乌拉（吉林）去宁古塔600里，其江中"造战船、练水兵，尽选宁古塔健儿充之，每一人帮丁一名，多至七八百名"，又载："踵至者以六百户计。"大批宁古塔流人举户调迁吉林。这些被征调赴吉应役的流人，据张缙彦《域外集》中记载："凡强有力者，佥为水手"，"其孱弱而具聪明者，选而教之匠役焉。其不中选者，又佥以为帮丁"，"其免役者，出粟饷之"。从上述记载看来，吉林船厂造船是采取军役的组织形式进行的，类明朝刘清之督军造船。为防止流人逃亡，除令其携眷来乌拉外，复设骑兵以督临之。张缙彦于清康熙十一年（1672）卒于流寓之所，其所记当为康熙十一年前（吉林建城前）的造船情形。据《扈从东巡日录》所记，吉林建城，徙直隶流人数千户居此。吉林城成为东北流人的大本营。当时不仅发内省囚徒以营边城，且一并赴造船之役。康熙二十二年（1683），吉林船厂年以百艘计的大规模造船，就是以这些增发的流人为役。船厂内百工云集，号子声起，炉火映天。自顺治后期至康熙中叶，承造舰船400余艘，是为船厂造船盛期。所造战舰，"双帆楼橹与京口相类"，运粮大船，长7.3丈，前宽6尺，中宽9.8尺，后宽6.1尺，前高2.9尺，中高2.8尺，后离3.8尺。这在当时的全国范围内也是一座大型船厂。

造船的需费，木料就地砍伐，由北京、盛京关领的物料，属于国拨，造册实报。钜线、灰炭的需费，由吉林将军衙门户司关领。造船官兵，原有俸饷。流人属赴役罪徒，无偿劳动。打造钉、锯手工钱文，由官炉章京在十旗法克什官铁匠饷银下支给。不仅有八旗官铁匠炉参加造船，且有领取钱的"自由人"身份的工匠。康熙二十八年（1689），《尼布楚条约》签订后，边疆安定下来，船厂转为常规造船、修船。各类船只例定了修、拆的年限，改变了军役流人的组织形式，额定物料、人员。清嘉庆、道光年间，木料改由水手、壮丁砍伐，匠役修造。正丁250名，匠役45人，是为常规规模。物料关领，由实报实销改为以银计价，是商品生产的发展在船厂营业上的反映，但官有官营的性质并未改变。

吉林船厂，主要任务是制造战舰，抵抗沙俄侵略。清顺治十五年（1658）即造战舰44艘，组成了松花江和黑龙江舰队，航赴抗俄前线。舰队的组成，使抗击沙俄军侵略与寇掠的形势很快改观。松黑舰队建立后，在反击沙俄侵略中发挥了重大作用。初则歼流窜之敌于黑龙江上，继则与侵据雅克萨之敌在江上对垒，而后又参加中俄雅克萨之战，并护送中国官员去尼布楚与沙俄代表进行划界谈判与签约，可谓是一支英雄舰队。《尼布楚条约》签订后，前沿防区重在黑龙江将军，吉林水师营所属多为渡船、巡船、护航船、运粮船，分驻于吉林城、伯都讷、阿勒楚克、三姓等沿江城市。驻吉林水师营还为打牲乌拉备用采珠大船，或参加运输事宜。

清代吉林船厂的设立与发展，不仅是明代船厂激流勇进精神的发扬光大，而且还让临江门一带有了"船营"这样一个流传至今的名字。随着历史的发展，吉林船厂逐渐退出历史舞台。纵观明清时期吉林船厂的发展史，它促进了东北水运交通网发展及东北与内地的交往、交流与交融，更起到了抗击沙俄侵略、维护我国东北边疆稳定和领土完整的历史性作用，是清代东北造船业的骄傲。

02 船厂见证
——阿什哈达摩崖石刻

在吉林市丰满区江南乡阿什村的松花江北岸，是著名的朱雀山，其山

宝藏历史·岁月吉林

↑
阿什哈达摩崖保护碑正面

脚下临江悬崖上有两处摩崖石刻,这就是著名的阿什哈达摩崖石刻。阿什哈达为满语,系"石山忽分为二"之意。阿什哈达摩崖石刻后依连绵的山岭,主峰巨石峻嶒,前临江流,松花江水经过丰满发电站由东南滚滚而来,至此水势渐大,江面阔近一平方华里。

阿什哈达摩崖石刻共有两处,为了更好地保护其不被破坏,1983年,文物部门分别修建了这两座碑亭,并命名为"摩崖阁""阿什亭"。

第一处"摩崖阁"内的石刻在断崖中部一块突出的长方形青灰色花岗岩石之上,高出江底10米。此石刻虽经数百年风雨剥蚀,但字迹尚清晰可辨。上有文字3行,为阴刻、正书、竖写。中间字体较大,每字径约12厘米,左右字体较小,每字径约6厘米。碑文为:

甲辰　丁卯　癸丑　□□
骠骑将军辽东都指挥使刘
大明永乐拾玖年岁次辛丑正月吉□□

244

第二处"阿什亭"内的石刻在距第一处石刻约 40 米的西侧山脚斜坡处一块突出的黄褐色风化花岗岩石之上。石刻上有一上圆下方的碑形刻线，刻线中间高 122 厘米，两侧略低。碑宽 61～62 厘米。与第一处石刻相比，字数更多了些，但久经风雨剥蚀，加之花岗岩面风化较重，字迹多模糊不清，有的只剩下半部，有的仅剩偏旁。在刻线内有 7 行字，阴刻、正书、竖写。字体大小不一，每字径 4～5 厘米。碑文为：

钦委造船总兵官骠骑将军辽东都司都指挥使刘清

永乐十八年领军至此

洪熙元年领军至此

宣德七年领军至此

本处设立龙王庙宇永乐十八年创立

宣德七年重建

宣德七年二月卅日□□

第一摩崖刻于明永乐十九年（1421）正月，即刘清第一次领军至此的第二年。第二摩崖刻于明宣德七年（1432），即刘清第三次领军至此的当年。

第一摩崖右行刻"甲辰、丁卯、癸丑"六字。甲辰为明永乐二十二年（1424），丁卯为明正统十二年（1447），癸丑为明宣德八年（1433）。从年代排列顺序看，丁卯不应列在癸丑之前。况且明宣德十年（1435）再罢造船运粮之役，同年"刘清等有罪下狱"，明正统七年（1442）刘清卒，丁卯年是刘清卒后的第五年，因此，如为丁卯，则不可理解。故推定丁卯当为丁未（宣德二年）之误。

第一摩崖刻于明永乐十九年（1421），而甲辰、丁未、癸丑的年代又皆在其后，故推定此六字为永乐十九年以后所刻。第二摩崖刻记刘清三次领军至此的年代，此行文字可能是刘清最后领军归还的癸丑年，即明宣德八年（1433）镌刻的。

↑1号摩崖　　　　　　　　　　　↑2号摩崖

　　第二摩崖刻有"本处设立龙王庙宇，永乐十八年创立，宣德七年重建"。龙王庙遗址今已不见，唯有当时镌刻的两个摩崖石刻，还依然屹立在松花江畔。

　　第一摩崖刻有"骠骑将军辽东都指挥使刘"，从第二摩崖可知"刘"即刘清。其事迹见于《明实录》和《明史》卷174《巫凯传》。刘清因征战立"功"，屡次迁升，后转任辽东都司指挥使。摩崖刻纪的官职和文献记载完全符合。第二摩崖刻刘清在宣德七年被"钦委造船总兵官"的职务，和《明实录》以及《明史·巫凯传》的记载也相符。①

　　关于阿什哈达摩崖石刻，明清历史都有记载。民国时期地方史志《永吉县志》也有条目详解：阿什哈达为满语，石山忽分为二之意。山距城二十五里，在松花江南岸，高六丈许，峰峦弯曲。唯麓有七里甚平坦，在此七里之中间，忽然中断有如门户，口宽约四十余丈。两旁之山，石壁峭立，口南不过百步，有大山巍然耸立，势若照壁。

　　考略刘清的生平，这位将军也是个悲剧英雄。刘清是永乐皇帝的心腹。他祖籍安徽，在"靖难之役"中屡立战功，帮助本在北京做燕王的朱棣灭了在南京做皇帝的朱允炆，遂升任宣府中护卫指挥佥事。后在征讨安南的

---

① 李健才：《从阿什哈达摩崖谈到永宁寺碑》，《文物》，1973年第8期。

战斗中功勋卓著，得升陕西都指挥使，算是一个军政大员。明永乐十四年（1416）获罪谪戍辽东。永乐十八年（1420）因戍边有功，复职后留在辽东，任都指挥使。也就在这一年，刘清领军来阿什哈达下游一带造船。此后，刘清的命运和阿什哈达船厂扭结在一起，再也无法分开。

永乐十八年（1420）秋冬之际，刘清受命率数千军士匠卒在今吉林市东南15公里处的阿什哈达建起船厂，并盖了一座龙王庙，然后祭神造船，于次年正月在临江的绝壁上镌刻了第一块摩崖石刻。工程结束后，刘清回到辽东都司。

明洪熙元年（1425），刘清再次奉命领兵到松花江造船运粮，这是他第二次来船厂。

刘清第三次来船厂是在明宣德六年（1431）十月出发的，到达船厂时已是第二年的春天。这时，刘清原来建的龙王庙已经被毁，于是重新修建，并在距第一块摩崖石刻40米处的绝壁上镌刻了第二块摩崖石刻。

刘清三次领兵到女真人居住的松花江造船运粮，建立了船厂，其船厂所造之船，"流至海西，装载赏

↑
1号摩崖拓片

赍，浮江而下，直抵（奴儿干都司）其地"。

经过刘清多年的悉心经营，船厂所造之舟不仅数量众多，而且规模宏大，经得起江海联运的万里风浪。而吉林明代船厂最为鼎盛的时期，正是"阿什亭"中第二处，摩崖石刻所记的那一年——宣德七年（1432）。

阿什哈达摩崖石刻是迄今为止吉林省内发现的唯一明代摩崖石刻，是吉林省现存不可多得的珍贵的明代碑刻遗址文物。500多年前的吉林市是东北水陆交通的重要枢纽。明永乐七年（1409）4月，明朝政府在吉林设置造船基地，把吉林当作加强辽东都司与奴尔干都司之间联系的纽带，专司建造运载官兵、粮草、赏赐品和贡品的船只，同时也把这里作为官兵、粮草的转运站。在当时，这一举措直接推动了黑龙江、松花江流域的经济开发，促进了与中原内地的交往、交流与交融。此外，吉林明清船厂所造大量的战舰、运粮艚船在清代保卫东北边疆领土的抗俄战争中，也发挥了极其重要的军事战略作用。

1961年，阿什哈达摩崖石刻被吉林省人民政府公布为第一批省级文物保护单位。2006年5月25日，被国务院公布为第六批全国重点文物保护单位。

03 乌拉部故城寻踪

沿着松花江顺流而下，在距离吉林市城区西北方向35公里处，在美丽富饶的松花江江畔，坐落着一个闻名遐迩的乡镇——吉林市龙潭区乌拉街满族镇，也称"乌拉古镇"或"乌拉古城"。明代海西女真扈伦四部之一的乌拉部故城就坐落在乌拉街镇北。

乌拉部故城，当地人称之为大城子。故城周围地势平坦，为开阔的松花江冲积平原。乌拉部故城不仅两面近山、一面临水，而且正当吉林盆地

↑
保护标志碑

北口和松花江要道。在相距古城约 20 公里的东北方，有海拔 354 米的凤凰山；在相距古城约 20 公里的西北方，有海拔 373 米的九泉山。在距古城东南十几公里的地方，有圆山和牛山连绵伏卧，犹如扼守古城的天然屏障。

乌拉部故城有内、中、外三重城垣，将故城分成了内城、中城和外城三部分，其中，内城城墙保存情况最好，中城城墙保存较好，外城城墙破坏严重，仅见东墙、北墙的部分残断墙体。

内城略呈梯形，保存较好，方向南偏东 35°。东墙长 201 米、西墙长 250 米、南墙长 171.5 米、北墙长 163.5 米，周长 786 米，四角有角楼。现存南门为后期修建，城墙外周可见护城河残迹。内城中部有一处高台，台上矗立一座革命烈士纪念碑。高台俗称"百花点将台"，呈圆角方形，东西长约 50 米、南北宽约 25 米。高台中心略隆起，四边稍稍倾斜，四壁较陡直。

中城呈不规则四边形，东墙长 879.4 米、南墙长 1409 米、北墙长

648.2 米，西墙残缺，周长约 3521.3 米，西墙濒临松花江，已被严重破坏，东墙、北墙保存情况较好，城墙有马面，四角有角楼。

外城仅存北墙东段和东墙北段的一部分，残存部分未见门址。外城东南城角和东北城角均呈圆弧状，西墙利用了中城的西墙，向南北延伸，而后与外城南墙、北墙相接。城墙残高 4～5 米，顶宽 1 米。东南角有疑似角楼设置。

乌拉部故城，是海西女真四部之中唯一完全建于平原地区的平地城，四周开阔平坦，无险可依，在防守上不占优势。为强化城址的防御性能，一方面将其临江一面作为城址天然的护城河，在加筑外城时将城墙连至河岸，直接省去了西面外墙的修筑工程。而城址另三面直对宽广平原，无所依凭，则增设中、外城两道护城河，层层设防，加强城址西向防守能力，以此弥补平原地带防守的短板。另一方面，在内城中央略偏北处堆筑高台以作瞭望勘察之用，同时内、中两套城墙四周均筑角楼，扩大城址的防御视野。

乌拉部，为海西女真扈伦四部之一，与哈达同源，是速黑忒兄库堆朱颜率领的塔山卫的一支。在向东迁徙过程中，为躲避西部蒙古的袭扰，来到乌拉河岸居住，因此以乌拉命名。据历史文献记载，乌拉始祖纳齐布禄，姓纳喇氏，即金之纳兰氏。元明之际，纳喇氏建扈伦国于辽东，乌拉为扈伦国之一部。后被乌拉百姓迎奉为部主。纳齐布禄传其四世孙都尔机。都尔机次子古对珠颜于明嘉靖年间（1522～1566）继主乌拉部，古对珠颜传到其孙布颜时，收服附近诸卫，筑城于乌拉河东岸洪尼地，其国号叫乌拉，自称国王。乌拉部的势力范围，大致领有今吉林市区、永吉、双阳、榆树、舒兰、蛟河等地，直到今延边朝鲜族自治州一带。

在布颜以今乌拉街为中心称王的同时，努尔哈赤时任建州左卫都指挥使，以今新宾县为基地，先后统一了建州女真各部，占据广大领地，构成了对海西女真的严重威胁。乌拉、哈达、叶赫、辉发四部曾一度结成联盟，然而在努尔哈赤远交近攻、各个击破的战略之下，终于一个个被征服。

明万历四十一年（1613）正月，努尔哈赤亲率重兵征伐乌拉部。布颜第四世孙乌拉国王布占泰亲领 3 万步兵据伏尔哈城迎战，布占泰损兵折将三分之二，在面临将要全军覆没的危机时刻，欲还乌拉古城。但乌拉城头已树起了八旗军旗（这时努尔哈赤大将费扬古已攻陷乌拉城），乌拉城被攻陷，布占泰不得不只身逃往叶赫。至此，赫赫有名的乌拉部王城便成了努尔哈赤肘下的战利品，乌拉部灭亡。

乌拉部故城被攻破后，后金在故城的废墟上编立牛录，为第五佐领，令布占泰第六子茂墨尔根管理。茂墨尔根故，由布占泰第七子嘎图浑继任。故城开始得到恢复，乌拉遗民又重新组合。后来因人丁滋生较多，又分出一个第六佐领，由茂墨尔根孙子爱仲管理。清初乌拉地方的两个佐领，由茂墨尔根、嘎图浑子孙世袭，直到清军入关。

清朝入主中原后，以吉林、乌拉为龙兴之地，"乌拉系发祥之胜地，理宜将所遗满、汉旗仆，原属一脉相关，就在乌拉设置、安官，即为一枝"。于是，后金天聪三年（1629）在乌拉古城设嘎善达进行管理；清顺治十四年（1657）设打牲乌拉总管衙门；清乾隆五年（1740），又新置一个"乌拉协领衙门"。清康熙四十五年（1706），乌拉新城建成后，乌拉部故城毁弃。

1961 年乌拉部故城被吉林省人民政府公布为省级文物保护单位。2013 年 3 月 5 日，被国务院公布为第七批全国重点文物保护单位。

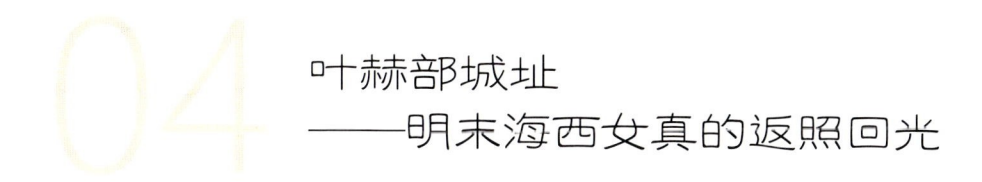

04 叶赫部城址
——明末海西女真的返照回光

叶赫部，明代海西女真扈伦四部之一，因毗邻叶赫河畔而得名。其王城位于四平市铁东区叶赫满族镇西南。自明宣德二年（1427）从呼兰河流域南迁至此，到明万历四十七年（1619）灭亡，经历8代11位酋长，共存192年。现王城遗址包括东城、西城和商间府城三座，东、西二城隔叶赫河相望，商间府城位于东城南侧。三城相距里许，互为犄角，共同扼守女真诸部通往开原马市的交通要道。2006年5月25日，被国务院公布为第六批全国重点文物保护单位。

商间府城为叶赫部最早王城，又称珊延沃赫城。满语"珊延"意为白色，"沃赫"意为石，即白石山城，因靠近白石山，故名。此城为叶赫部酋长褚孔革第三子尼雅尼雅喀（亦称捏尼哈或捏哈）所建，尼雅尼雅喀及其子孙延柱、南太、速巴亥等人相继在此居住。城址平面呈长方形，有内城、外城之别，内城周长620米，外城周长1600米。城墙土石混筑，墙基宽8～10米，内城两重城墙，各有西门一座，门宽7米。由于年代久远，加之人为破坏严重，角楼及护城壕已面目全非，无迹可寻。

随着叶赫部势力的发展壮大，又在商间府城附近，依叶赫河选择险要之地修筑了两座城池，即东、西二城。叶赫部西城位于商间府城正北约1000米处，隔叶赫河与商间府城相望。原称"夜黑寨"，也称"老城"。系祝孔革及其子孙清佳砮、布寨、布扬古等人所居。城址依自然山势修筑而成，筑有内、外两道城垣。外城三面依山、一面临水。东半部高踞山岭，西半部横卧谷地，平面近似长方形。城垣以土石堆筑，周长约3240米。张家窝堡河经外城山涧谷地由北向南汇入叶赫河。内城建在外城东南角落一座突起的山丘之上，依山势自然走向筑城，城垣亦为土石堆筑，周长约930米。内城设瓮门三座、角楼四座、马面四个。西城外城依山傍水，内城高居山巅，南控去开原、北扼至蒙古的两条通道，居高临下，易守难攻。

叶赫部东城位于叶赫河左岸台地之上，原称"台柱城"，也称"新城"。也筑有内、外两道城垣，为叶赫部酋长褚孔革长子台柱（又称台杵或太楚）、次子台坦柱及其子孙杨吉砮、纳林布禄、金台石等人所居。东城外城三面环水、一面靠山，平面呈圆角方形，周长 3050 米。内城建在外城正中一座突起的台地之上，台地高出周围地面十余米，巍然耸立，雄伟壮观，平面呈不规则的椭圆形。城垣沿山崖边缘修筑，墙基为石块垒砌，墙体为土石混筑，墙面包砖，周长 1040 米。古城城垣结构严谨，城内建筑布局井然，八角明楼与瓦子堂遥遥相望，排水设施与交通网络泾渭分明。

三座城址体现了明代海西女真城寨修筑的主要特点，即：城寨规模上普遍较小，内城周长仅几百米，外城或"栅木为城"，或"杂筑土石，用木植横筑之"。明方孔炤《全边略记》对叶赫部东城城墙也有明确记录："叶赫部东城其外大城以石……其中间则一山特起，凿山坂周迴使峻绝，而垒石其上，城址内又为木城……"修筑位置上，多选建在山区，依山而建，临水而居，易守难攻；城寨功能上，体现了较突出的军事防御色彩，城址修筑的马面、瓮门、角楼、护城壕兼具自保与进攻功能。

叶赫部城址出土遗物种类相对集中，以陶、瓷器，布纹瓦、瓦当、滴水等建筑构件为大宗。酱釉梅瓶为明末百姓用器，釉不到底，制作粗糙；圈足内刻"大明年制""（大）明成化年制""大明嘉靖年制""大明万历年制"字样，"福"字款、"寿"字款白釉青花瓷器碗，

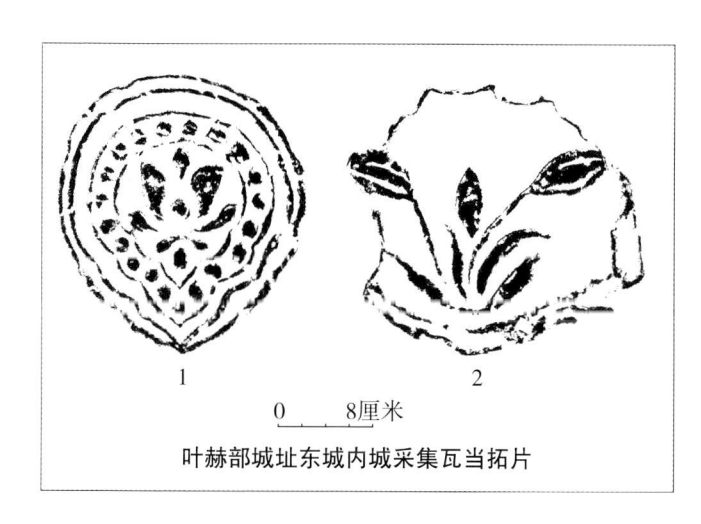

叶赫部城址东城内城采集瓦当拓片

← 瓦当拓片

应为官窑所制,叶赫酋长所藏;当地花岗岩制成的众多石臼和石杵配套使用,则是当年加工舂米的用具,居家生活常备。台基之上散布的青色雕纹砖、灰色布纹瓦、模印仰莲纹瓦当、莲花纹滴水……种类繁多的建筑构件与纹样丰富的陶、瓷器残片再现了昔日叶赫部的煊赫与辉煌。

《清史稿·杨吉砮传》载叶赫城"中构八角楼,置妻孥、财货",史料确凿的八角明楼形制如何,一直成谜。东城采集的2件八角形石雕刻建筑构件,或许能破解这一谜团。建筑构件呈内向弧曲的等边八角形,俯视如屋顶。一件中心各有一为凿穿的圆孔,斜面之上刻有棱槽。另一件相对较大,形状相近,仅上下无孔,底部边缘刻有棱槽,内部刻"斗拱"状纹,两两"斗拱"间另刻其他纹饰图案。

在叶赫部东城外城还出土了一种用于娱乐的动物骨,满语称"gacuha",汉译"背式骨",民间俗称"嘎拉哈""嘎什哈",即用羊、獐、麋小腿骨下部突出的长圆形骨制成的玩具。玩嘎拉哈,是清代东北满族人流行的游戏,有多种玩法。叶赫部城址出土嘎拉哈,则是这一古老民俗在女真社会流行的实证。自清代以迄当代,在满族、蒙古族、达斡尔族等东北民族中,嘎拉哈仍是民间习见的一种娱乐形式。

叶赫部城址虽仅存残砖碎瓦、断壁残垣,但在400多年前,叶赫部曾雄强一时。所居东邻辉发、南接哈达、北连乌拉、西界蒙古、西南临开原城,为女真、蒙古诸部入贡明廷必经之地。叶赫部依天险之势,严防死守,城垣高筑;近地利之便,往来于海西女真与开原马市之间,坐收渔翁之利。叶赫部势力疯长,最强盛时,有"15部落,12大姓,28座城寨"。城内依稀可辨的瓮城、角楼、马面、殿堂、苑囿、窑址、水系等遗迹,可见其曾是塞外重镇,富甲一方。

然而,煊赫一时的叶赫部王城也历尽沧桑。明万历十一年(1583),称雄海西,号令女真诸部的叶赫部欲摆脱明朝约束,取代哈达部。明宁远伯辽东总兵李成梁巧设"市圈计",诱杀清佳砮、杨吉砮二兄弟,追至

整合重聚

西城城址全景

叶赫东城址：居高临下眺望晨雾中的叶赫古城址，散发着神秘传奇文化，让人流连忘返。摄影：金广山

叶赫王城城下，围城数日。五年后，李成梁夜袭叶赫落罗寨（今辽宁省开原县莲花街），明军趁势急进，兵临叶赫城郊，叶赫王城内死伤惨重。

虽然在明军的数次干涉中叶赫部暂时受损，但其兴盛之势无法阻挡，成为扈伦四部之首。与此同时，建州女真努尔哈赤实力渐兴，明朝辽东兵力空虚，三方力量势均力敌。明万历二十一年（1593），以叶赫部酋长纳林布禄、布寨为首联合九部联军征讨努尔哈赤部。在古勒山，努尔哈赤采

宝藏历史·岁月吉林

叶赫东城北门东侧冲沟出土缸胎陶罐

取各个击破的方式，斩杀纳林布寨，击溃纳林布禄，使科尔沁贝勒明安失陷阵中，改变了建州、海西女真的力量对比。古勒山之役虽令叶赫部实力大减，但作为明廷的最后"藩篱"，仍是牵制建州女真的最后一股力量。

实行"由近及远"统一女真战略的努尔哈赤在逐渐完成统一建州女真、征服东海诸部、灭亡扈伦三部后，终将剑锋转向叶赫。自明万历三十三年（1605）至万历四十七年（1619），努尔哈赤先后四次攻打叶赫。万历三十二年（1604），努尔哈赤以妻子孟古格格临终前叶赫不令母子相会为由，出兵叶赫。此役，虽仅收叶赫部张、阿奇兰等二城七寨，人畜2000余，即班师，但虎狼之心已现。万历四十一年（1613），努尔哈赤在富尔哈城外击败乌拉部布占泰，趁势占领乌拉，布占泰突围身投叶赫。该年九月努尔哈赤以"匿婿"为由，领兵4万征叶赫，其璋城、吉当阿城、乌苏城等大小19处尽遭焚毁，收乌苏降民300户而回。万历四十七年（1619）正月，努尔哈赤第三次出兵叶赫，深入其界，自克伊特城、尼雅罕寨，距叶赫城东10里，克大小屯寨20余，后因明军驰援而班师。同年农历八月，努尔哈赤率四大贝勒决战叶赫，强攻叶赫东、西王城，战况惨烈。东城主金台石自焚殉国，西城主布扬古被迫缢死，明游击将军马时楠带领的1000名保护叶赫城的兵卒也全部被灭。从此，明廷失去北关。风烛残年的叶赫部至此灭亡。

叶赫部被灭后，不论长幼兵民全部被努尔哈赤带往建州，编入八旗之中，成为后金的臣民。史载明万历三十一年（1603），努尔哈赤的妻子孟古病重，她已预感到叶赫部必亡于努尔哈赤之手，临死前嘱努尔哈赤善待叶赫那拉后人。努尔哈赤此举也是遵循孟古遗愿吧。

其兴也速，其亡也速，曾经称雄扈伦四部的叶赫部是明末海西女真再次复兴的返照回光。然而，叶赫部虽败，属于叶赫那拉的故事并未停歇。叶赫东城走出的孝慈高皇后——孟古格格，叶赫部的长孙、满族第一词人——纳兰性德，垂帘听政、统治清廷于股掌之间的风云人物——慈禧……岁月悠悠，叶赫部落的后人一次又一次续写了历史与传奇。

05 马蹄与杀声远去：
辉发城址

辉发城址是明代海西女真扈伦四部之一——辉发部的王城。位于吉林省辉南县朝阳镇东北辉发河的东岸。走近辉发城址，吹吹500年前辉发部落古城墙往事的风，在漫长的历史岁月中，古城墙厚重沧桑、苍茫雄峻，坚守着最初的承诺，静静地俯瞰着脚下这片风貌古朴的土地。

辉发城的平面整体形状为不甚规整的长方形，城址依辉发山而建，地理位置险要。辉发城三面环水，一面临河谷平原。辉发河由西南方向流来，至辉发山下，折而向北半绕古城的西墙、北墙，然后向东北流去。城的南面，有南来的黄泥河，经过辉发城的南墙，最后注入辉发河。

辉发山，明代称此山为扈尔奇山。为东南至西北走向，全山有两个突

宝藏历史·岁月吉林

↑
辉发城址出土瓷人头像（明代）　　↑辉发城址出土铜带饰（明代）　　↑辉发城址出土铜印（明代）

起的山峰，在两峰之间，地势稍凹，形似"马鞍"。辉发山全长340米，最高峰海拔256米，高出辉发河水面40余米。辉发山地势十分险要，山的西侧、南侧均为断崖、北侧为陡坡、东部略缓。

辉发城址以自然地势为天然屏障，无险可守地段则以土石分层堆筑城墙。城址三面环水，形成天然的护城河。城址位置可谓得天独厚，易守难攻。由内、中、外三道城墙构成，三道城墙将整个城址分为内城、中城、外城三部分。

内城位于辉发山山顶，呈不规整的菱形。东南部是凭借自然山崖绝壁作为城垣，西北部则利用山势走向修筑城墙。内城周长706米，围绕辉发山巅的绝大部分。城墙内壁高出地表约1米，顶宽约1.5米，外壁直垂山下十分陡峻，难以攀登。城内地势中间稍隆起，两端倾斜。内城门共发现两处：一处位于城的西北端，可由此门通往中城。另一处是沿着倾斜的山势，在距西城角37米的内城北墙上，是内城通往外城的唯一门址。在辉发山的中部，临近辉发河的山崖处，有人工凿成的盘山小道，可以直接

↑ 辉发城址出土鎏金铁帽顶（明代）　　↑ 辉发城址出土鎏银铁饰件

从山顶通往河面。

在内城的东南侧，有一经人工修筑的平台，当地称其为"烽火台"。平台按着辉发山的自然山势修筑成椭圆形，周长336米，高出内城4.8米。在平台的中部，距西南壁山崖13米处，有人工用土石堆起的一座高台，高台呈方锥形是全城的最高点，其作用应为瞭望台。站在瞭望台上不仅可俯瞰全城，而且对辉发山两侧的河流、平川、道路一览无余。

中城，是内城的外围城，大部分建筑在平地上，只有西北和东南端的一部分是沿着山势走向建筑，周长1313米。中城墙由西北端山顶向下，沿着山势高低起伏，一直向平地伸延，再折向西南环绕山顶，并与内城的西南端城墙相连，合为一墙，范围包括了内城和辉发城的全部。中城内现已耕种，在道路两侧可见密集的方形小台地，可能为当时的建筑遗址。

外城，平面呈椭圆形，东西长约1000米，南北宽约550米，周长2467米。东南面包括了中城和内城的全部。亦利用中城和内城以自然山险构筑的城墙为壁，向西北的城垣犹如袋状筑于平地之上。外城的西北端充分利用了辉发河的有利地势，再向西北延伸。外城墙呈梯形，外城门有东、西两座，其中西门位于辉发山下的辉发河边，出西门应为当时的辉发河渡口。

辉发城山上林木繁茂，河谷平原土地肥沃，既有渔猎农耕之利，又有山城河池之险。考古调查证明，自辽金以迄明末，这里始终有少数民族的先民居住。这与辉发城优越的地理位置有关，控扼水陆交通的咽喉：走南北水路，沿辉发河下行入松花江，与乌拉部相接；走东西陆路，东达长白山，接朝鲜境。史书上记载辉发城寨较多见。《东夷考略》载："当是时，台所辖，东尽灰扒、兀剌等江，南尽清河、建州，北尽二奴，延袤几千

↑
扈伦四部王城分布图

里，内屋堡寨甚盛。"

自20世纪五六十年代开始，吉林省文物部门先后对辉发城址进行了多次调查和两次主动性考古发掘，获得了大批明代遗存，采集、征集和发掘出土了陶器、瓷器、铜器、铁器、石器、骨角器、琉璃器等一系列珍贵文物。

城址内发现的陶器、瓷器基本为辽金时期和明代，说明辉发城在明代以前早有先民居住。器形有罐、碗、盘、瓶等。其中辽金的器物有绿釉瓶、三彩瓶和黑釉瓶等，明代的瓷器以明万历年间为主，种类较多，有青花瓷、五彩瓷、斗彩瓷、珐华器、翠蓝釉瓷、素三彩瓷、黑釉瓷等品种，以青花数量最多，年代上限可达成化，下限至万历，款识有"成化年造""大明万历年制""大明年造""富贵佳器""万福攸同"等。纹饰题材亦十分丰富，有动物、花鸟、瓜果、鱼藻、树石栏杆、松竹梅、"福"字、"寿"字等。这些瓷器大部分质量较为一般，应为普通平民使用，亦有少许五彩瓷、斗彩瓷、素三彩等精美瓷器，应为辉发城内上层贵族使用。

用于生产生活的铁器种类繁多，如三股叉、鱼钩、镰、锹、锯、铲、剪、斧、铡刀、犁镜、菜刀、铁链、铁带扣、铁马镫等，涉及渔业、农业、手工业的多种门类和日常生活。明中叶以后，女真通过与明廷朝贡贸易和辽东边贸，输入铁器，为农业生产率提高、农业技术改造提供了必要的物质手段。大量铁器的出土，充分反映了铁器在女真社会的广泛使用。

武器类的铁制兵器有长柄刀、腰刀、刀鞘箍、刀护手、矛、帽盔、甲片、三棱形骨镞和铁箭族。当时，辉发部出现了铁器加工业。女真人虽不懂炼铁，但已能对输入铁器进行加工。所制铁器，已知有箭镞、铠甲。在建州、海西地区，都出现了工匠。工匠不仅有汉人、朝鲜人，也有女真人。辉发城出土的骨箭镞、铁箭镞以及各色铁制兵器，充分印证了明后期女真社会军事技术的进步。

辉发城出土的装饰品有铜质鎏金耳环、金头饰、银饰片、铜饰片、各式料器等，其形态各异，做工精细，采用锤、刻、锻、锉、嵌、拉丝、切割等多种工艺，反映了工匠高超的技艺和创作水准。这些精美艺术品，多数应从中原内地输入。同时不能排除某些饰品出自女工匠之手。在这些饰品中，最珍贵的当数金帽顶。帽顶呈锥状，高6.3厘米，底径4.2厘米，顶径1厘米。铜质镏金，底如倒置的碗，周饰梅花九朵，并有对称四针孔，便于缝缀。帽顶内空心，金色鲜艳，制作精美。史书记载，明朝统治者为笼络北部少数民族酋长，向有赏赐金大帽之例。辉发城出土金帽顶，为了解明廷封赏制度提供了珍贵物证。

辉发城还出土了与萨满教相关的大量器物，有三孔骨器以及铁腰带、铁环、铁铃、铁腰铃等。萨满教是满族先民古老信仰，萨满教认为跳神兼有祝祷神灵和医疗病体的双重功效。同时出土的还有陶塑和瓷塑人头像，也可能与女真人的宗教信仰或艺术生活有关。

辉发部，据《清史稿》的记载，其祖先昂古力、星古里，姓益克得里氏，原居黑龙江之尼马察部。在明朝，隶属弗提卫，后由该卫分出，投奔当时属于扈伦国的纳喇部姓所属之张城。张城者，今之伊通满族自治县碱场，与该地纳喇部姓首领噶扬噶、图墨土二人"宰七牛祭天，改姓纳喇"。史载：昂古力、星古里生子二：留臣、备臣。备臣生子二：纳领噶、耐宽。纳领噶生子拉哈，为部卫都督。拉哈都督子噶哈禅，也是都督。噶哈禅都督子齐纳根达尔汉，无职衔，子王机褚。王机褚收服辉发诸部，渡辉发河，选择滨河险要之地扈尔奇山（即今辉发山），修筑一座十分坚固的城池，建国号称辉发，自号贝勒，是为辉发建国之始。辉发王城的修筑是辉发国形成的一个重要标志，从此辉发部兴起。

辉发部定居于辉发山后30余年，即王机褚统治时期，为辉发部落的中兴时期。这一时期，辉发部充分利用自己有利的地理位置，周旋于女真人各部之间，左右逢源，势力不断壮大。辉发河流域方圆数百里，均属辉发部所辖，筑成多壁城等卫城，形成了以王机褚为主体，包容本地辉发部族的共同体。此时，辉发北邻乌拉，东抵长白山，东南接建州，西界叶赫，西南通哈达，不仅拥有水陆交通之便，且距明辽东边墙较远，因此少有与明军冲突的记载。

辉发部的衰落是从拜音达里开始的。万历初，辉发贝勒王机褚死。其孙拜音达里串通死党，发动夺取权力的血腥屠杀。他杀死了7个叔父及其家眷，并对宗族不满者进行清洗。就这样，他踏着家族的尸骨登上贝勒的宝座，因此，引起人们不满和不服，宗族、部民多逃奔邻近各部，光叶赫就收容大批王机褚家族和辉发部人民。这使辉发国很快开始走下坡路，并在女真群体中陷入空间的孤立。

拜音达里与建州努尔哈赤结怨，始于明万历二十一年（1593）。是年六月，叶赫部酋长布寨、纳林布禄纠合哈达、乌拉、辉发三部发兵，偷袭努尔哈赤所属瑚布察寨，为努尔哈赤兵所败。九月，布寨、纳林布禄复纠集海西四部，以及蒙古科尔沁等九部联军分三路进犯建州，再次大败。此后的辉发部，外患不断，内忧更甚，岌岌可危。

拜音达里为政酷虐，部众离心。万历三十五年（1607）九月初九，努尔哈赤借口拜音达里两次"兵助叶赫"和"背约不娶"，亲自统兵穿越朝鲜北境直取辉发城。辉发城虽固若金汤，也在14日后陷落。努尔哈赤生俘拜音达里父子，一并杀死，屠其兵，招服其民。辉发国从此灭亡。

关于辉发部灭亡，史籍中有两种说法。清官修史书持武力攻取说，而《朝鲜宣祖实录》卷二一七则称系内外夹击而亡："当初老酋（指努尔哈赤）欲图回波（辉发），暗使精兵数十骑扮作商人，身持货物，送于回波，留连做商。又送数十人依此行事。数十数十，以至于百余人。详探彼中事机，以为内应。后猝发大兵，奄至回波。内应者作乱开门，迎兵驱入。城中人乱，以至于失守。然回波兵以死迎敌，极力大战，竟虽败没，老（酋）军亦多折损，将胡之战死者，多至六人。"当年的辉发城山环水绕，险峻无比，清朝官书所持武力攻取说不免令人生疑。相形之下，朝鲜实录中里应外合说，对足智多谋的努尔哈赤来说更为可取。即便如此，在激烈城战中建州兵还是伤亡惨重。难怪建州兵将拜音达里父子擒而后杀，以及屠戮其兵的残酷报复行为，或可作为战况酷烈的旁证。

辉发部从王机褚建立到拜音达里，两代而亡，仅37年。

辉发部虽灭，但关于辉发山和辉发城的故事依然继续。

当努尔哈赤斩杀拜音达里父子，带走辉发部族部众，留下3名将领镇守辉发城。被建州女真占领之后的辉发城，迎来的第一件大事当是皇太极在此迎娶科尔沁蒙古贝勒莽古斯之女。明万历四十二年（1614）六月初十，后金为了与蒙古科尔沁部结成联盟，共同对付明朝和叶赫部，努尔哈赤亲命皇太极带领了十分有气派的仪仗队与欢迎队伍，远行到辉发部的扈尔奇山迎娶科尔沁蒙古贝勒莽古斯的女儿博尔济吉特氏哲哲。在辉发扈尔奇山城（辉发城）大宴亲朋，举行了盛大的婚礼。《满文老档》记载："（1614）六月初十日，科尔沁莽古斯贝勒送女与大英明汗之子四贝勒为妻，四贝勒前往迎亲，会于辉发国呼尔奇山地方，遂大宴成婚。"《清史稿·孝端文皇后传》："太宗孝端文皇后，博尔济吉特氏，科尔沁贝勒莽古思女。岁甲寅四月，来归，太祖命太宗亲迎，至辉发扈尔奇山城，大宴成礼。"清朝皇室与科尔沁之间的联姻，始于明万历四十年（1612）努尔哈赤迎娶科尔沁明安贝勒之女为妃，第二例就是皇太极迎娶科尔沁莽古斯贝勒之女，亦即后来的孝端文皇后。皇后生养了三个女儿，分别嫁给察哈尔亲王额哲、科尔沁郡王奇塔特和土谢图亲王巴达礼的儿子巴雅思祜朗。顺治帝即位，她被尊为皇太后，51岁去世，谥号为孝端文皇后。

清政府能够入主中原，并且统治中国长达200多年，最大的政治基础就是满蒙联盟，满蒙联盟主要的联盟方式就是联姻。皇太极和哲哲在辉发城大婚成礼，这是建州女真与蒙古部族"和亲"政策的产物，筑就了无形的"万里长城"纽带。将中原与边疆统一，让满族与蒙古族兄弟般和睦相处，清王朝与北方民族和谐共存，创造了自先秦至清朝2000多年以来唯一的300多年的和平局面。

此后，虽然一段时间内，辉发部属地成为努尔哈赤长子褚英的领地，后来又成为皇太极的领地，也曾发生过一些故事，但终归风华不再。清王朝建立后，把辉发山一带辟为围场，围场属盛京将军管辖，故称盛京围场。实行封禁以后，辉发城旋即废弃。

1961年4月13日，辉发城址被吉林省人民政府公布为第一批省级重点文物保护单位，2006年5月25日，又被国务院公布为第六批全国重点文物保护单位。

06 朝贡基地
——打牲乌拉总管衙门

清代吉林城北70里处，有一个美丽而富饶的乌拉街，原是明代乌拉部故城。它地处南北交通要道，山峦叠起，江河交纵，物产丰饶。这里不仅出产参、茸、珠、貂等名贵土特产品，而且还盛产鲟鳇鱼、松子、松塔、红白蜂蜜等贡品。清王朝入主中原后，将这资源丰富、盛产贡品的宝地划为"禁区"，在这里设置了一个直接隶属北京内务府的特殊机构，即打牲乌拉总管衙门，负责皇室贡品采捕、储藏、运送、呈进等事宜。昔日雄踞吉林大地的乌拉故地成为清王朝著名的贡品基地。

打牲乌拉，满语为布特哈乌拉，汉译"江河渔猎之地"。打牲乌拉总管衙门设于清顺治十年（1653），首任总管迈图，原来不过是管理乌拉地面的"噶善达"，汉语中的村长或乡长之意，后随清军入关，其后又奉旨回到乌拉担任佐领。打牲乌拉衙门成立，由他负责"经理贡品"，成为该衙门的最高长官。初设时总管级别不高，仅仅是六品官阶。随着清廷对东北土特产品需求的不断增加，打牲乌拉总管的级别也越来越高，顺治十八年（1661）升为四品总管，清康熙三十七年（1698），改为三品总管，其直接受命于皇帝，并由皇帝任命，采取世袭制。在短短46年的时间里，总管地位一再升格，反映了清廷对这一机构的重视。据史料记载，该衙署的总管，从顺治十年（1653）始，至清宣统三年（1911），共有36任，由31人担任。

从顺治十五年（1658）以后，在打牲乌拉总管衙门内，清廷陆续设置了三品掌印总管、翼校、仓官、笔帖式等员，共同构成了打牲乌拉总管衙门从上至下的内部组织机构，并按规定各司其职、承担对皇室的采贡任务。清王朝还规定，打牲乌拉总管衙门"补贡兵丁由京都内务府分司节，不与驻防衙门干涉"。衙门经营的范围和管理的区域相当广泛，以今乌拉街镇为中心，东到欢喜乡全境，西到两家子满族乡全境，南到金珠乡全境，北到九台胡家回族乡、莽卡满族乡、其塔木镇，东南到江密峰镇北境，西南到土城子满族朝鲜族乡南境，西北到今九台市南境，东北到舒兰溪河、白旗、法特全境，周界560里、人口4万余。疆域最大时南边到通化、白山、延边地区，北到黑龙江依兰、瑷珲，东到黑龙江宁安（宁古塔）、珲春、牡丹江流域，拥有22处采贡山场，64处采珠河口，动用的船只有400艘左右。可采集的贡品有200余种。松花江、黑龙江、乌苏里江及其大小支流至滨海都是他们采捕的地域。

打牲乌拉总管衙门的最初设立可追溯到后金皇太极时期，"溯查本署旗仆，系我朝太宗文皇帝御基由来之处，以围猎貂皮、刨挖人参，进宝纳贡。随奉特旨：'乌拉系发祥之胜地，理宜将所遗满、汉旗仆原属，一脉相关，就在乌拉设署、安官，即为一支。贡兵捕丁，由都京总管内务府分司节制，不与驻防衙门干预'等因"。此时乌拉地方已设有"噶善"，噶善即满话，汉译为"乡"。为了加强乌拉旧地的统治，后金天聪三年（1629）皇太极派迈图任乌拉地方噶善达，即"乡长"。后乌拉旧地人口增加，事务繁忙，迈图升任内务府包衣按班、三旗佐领，管理乌拉上三旗户口档册、田宅、兵务等诸多事宜。

整合重聚

↑ 后府保护标志碑

↑ 乌拉街清代建筑群之后府

清代打牲乌拉总管衙门原设在大乌喇城的"乌拉国古城",即今乌拉部故城所在地。清康熙四十三年(1704),因松花江洪水泛滥,交通阻塞,打牲停滞,社会秩序混乱。时任总管穆克登急奏朝廷,选定今乌拉街西南二华里的弓通村高地的位置和今乌拉街镇内的"老十字"街处,康熙首次东巡曾视察此处,并批示"打牲乡村,乃系我太宗仁宗皇帝指定,居住多年。如移,亦得拣其东阳钟秀之地,方可居住,断不准迁渡江西"。故康熙四十五年(1706)在今"老十字"街处修建新城。

"新城"筑土为墙,基底高八尺,宽三尺,周长八里,在东、西、南、北各设一城门。城内设有八大胡同,街道笔直、坐落有序,中心街的十字交口处有牌楼两座,城中有商业中心,聚集满、汉、回等民族。打牲乌拉总管衙门设在乌拉街城里的十字街东面路北,大堂五间,川堂三间,大门三座,仪门一座。在今天的乌拉街镇,尚遗存"后府""魁府""前府"等著名建筑。

打牲总管衙门之设,使乌拉地方顿成皇家的禁脔。帝国的千衙百府里,负责采贡事务的总管衙门,虽不至尊,却可直达帝阁;虽然遥处北地,却直通京师内府。这是特有的"皇差",采捕的是特有的皇贡。

打牲乌拉总管衙门,设有总管一人,统领衙门的各项事务。每年年终打牲乌拉总管衙门都要向内务府报告情况,内务府也要派人核实。首任总管迈图朴厚忠诚,是皇太极与顺治大为信赖之人。总管衙门最初的规条,多为迈图所创,各类贡品皆如额采捕,一切顺风顺水。但迈图在任仅4年多便去世了。虽然如此,迈图却以勤谨和忠诚缔造了这个家族总管世家的荣耀,之后,后裔与族人里有多位担任打牲乌拉衙门总管,绵延相续百年之久。

第一,打牲乌拉总管衙门的采捕管理与禁地管理。据《永吉县乡土资料》的记载:"设总管衙门,采捕松花江之水产、珍珠、鳇鱼、细鳞鱼等类,并采捕山产之松子、蜂蜜等物,专办贡品,历年照定例依期运送北京贡献。"可见,打牲乌拉总管衙门设立的最主要职能是组织打牲丁采摘人参、松子等植物果实，以及捕获虎、貂、獭、猞猁等动物皮毛，采东珠等。

清顺治一朝，打牲乌拉以采参、捕貂为重心。清康熙五年（1666），增加了捕打鲟鳇鱼的任务。之后，相继增加蜂蜜、松子的采集。到清乾隆朝以后，采捕项目逐渐定下来，以东珠、鲟鳇鱼、蜂蜜、松子四大宗为主。除了以上四大宗外，打牲乌拉衙门还要每年额交煤鱼十瓶，山韭菜三瓶，稗子米、铃铛麦、生熟鱼条、自蘑、桂蘑、燕窝、百合、山药、鱼第等无定额，俱据各该处咨送验收。

采捕生产的劳动者为牲丁，他们以珠轩为基本生产劳动单位进行生产。上三旗编为65个珠轩，下五旗编为45个珠轩。所有珠轩按照采捕任务的不同，分为采珠和捕鱼两大类。采珠珠轩负责采捕东珠、蜂蜜、松子等项捕务，捕鱼珠轩则专门负责捕鱼。各珠轩牲丁在官员的带领下，分赴吉林、黑龙江各江河、山林，进行采捕生产。

为了确保打牲乌拉总管衙门采捕所需，清代中央政府专门圈定出贡山、贡江和贡河的范围，让打牲乌拉总管衙门负责巡查和看护。《打牲乌拉地方乡土志》记："乌拉地居，在京师东北二千二百七十里，至吉林省城东北七十里。"南至松花江上游、长白山以北（今吉林省通化、白山）。北至三姓（今黑龙江省依兰县）、瑷珲（黑龙江省黑河市），东至宁古塔（今黑龙江省宁安市）、珲春及牡丹江流域，上下数千里，数百支河流域内都是打牲的地区。

第二，打牲乌拉总管衙门的人口管理。人口管理的核心是户籍管理。清雍正四年（1726）前，打牲乌拉衙门壮丁的编屯，由衙门自行完成。雍正四年后，牲丁的编屯，由户部派笔帖式前往办理。到清乾隆四十三年（1778）以后，停止由户部派员前往，改为就近由吉林将军办理。打牲乌拉壮丁，每三年比丁一次。凡幼丁及成丁者皆入册，病故者开除。按照旗分编造户口清册二本，一本送户部存档，一本留在本旗。

另外，打牲乌拉衙门还要负责对发遣到打牲乌拉地人犯的管理。人犯

宝藏历史·岁月吉林

如有逃跑，要追究责任。打牲乌拉总管每个月要对发遣到打牲乌拉的人犯的人数进行统计，呈报刑部。每年年终，打牲乌拉衙门要将所属界内所有发遣人犯的情况汇报给刑部，由刑部对人犯的情况进行核对。

第三，打牲乌拉总管衙门的粮庄管理。为解决打牲乌拉衙门的粮食问题，清康熙四十五年（1706）在总管穆克登的奏请下，内务府在乌拉城附近设立五处粮庄。分别为尤家屯、张家庄子屯、前其塔木、后其塔木、蜂蜜营屯。打牲乌拉也要负责安排这些粮庄的生产、收获、进贡等事宜。

第四，打牲乌拉总管衙门负责召集牲丁参加军事战争与火药制造的管理。打牲乌拉是清代重要的士兵输出地，清代统一以及清代平定内乱

↑
乌拉街清代建筑群之萨府

←
萨府旧影

与抵抗外敌的支柱力量。打牲丁不但精于采集渔猎生产，而且善于骑射，作战勇猛，战斗力强。清政府最初以临时选派的方式向打牲乌拉总管衙门征兵，到清乾隆五年（1740）专门设立乌拉协领衙门，独立于打牲乌拉总管衙门，主要职能是操练骑兵，披甲出征，在平定三藩、平定大小金川以及雅克萨之战等维护国家民族统一的重要战争中，都有乌拉兵丁的贡献。

此外，乌拉街有句谚语："乌拉街，有样虫，土打墙，墙不倒。"特指乌拉街地区是重要的火药原料硝产地。《打牲乌拉乡土志》中，明确记载打牲乌拉总管衙门最早对硝的管理并有详尽规范，清咸丰三年（1853）九月奏请设立硝店，并设立卖硝执照，随后对硝的采实进行严格管理。

清光绪三十三年（1907），裁撤打牲乌拉总管衙门总管，以四品翼领领督。

清宣统三年（1911），打牲乌拉总管署被裁撤，旗务归吉林全省旗务处管辖，打牲乌拉总管衙门结束了它的历程。随着大清王朝的寿终正寝，它最终退出了历史舞台。它在完成向皇室进贡使命的同时，亦创造了独具东北特色的贡品文化，留待今天的人品味和研究。

07 御猎之地
——吉林围场

吉林地处清代围场，封禁3个世纪。当年发生在这块土地上的古代行围的宏大场景，獐狍鹿群的惊疾奔突，熊虎豹猪与人的生死角斗，对于今天的人来说，都已经成为遥远过去的神秘传说。即使生活在古围场的吉林人，也难以体验和领略古代围场那惊心动魄的神秘。

围场之设，是清朝的一大特色。围与猎对于满族来说可谓是源远流长。围猎几乎是与满族先民同时存在、同时发展的。有史以来，围场与行围打猎就是满族先民赖以生存的条件，即使女真南迁与明朝比邻而居，并事农业耕种以后，仍将围猎作为生活的重要部分。女真人打猎通常集体出行，一般以10人为一组，称为牛录；牛录中一人为长，称为箭主或牛录额真。这种打猎组织比一般方式有更高的战斗力，所以后来成为八旗制度的基础。

清朝是以马上立国，可以说，清朝政权的取得是从打猎开始的。因而从努尔哈赤及其以后各代皇帝，都非常注重把围猎当作重要的军伍训练。在没有直接对敌作战的情况下，他们把围猎作为征战和训练的预演，把野兽作为战术演习和实战拼杀的活靶，用以训练和提高八旗兵作战能力，这就是清朝所以设置诸多围场的原因。至清朝初年，先后设置了盛京围场、吉林围场、木兰围场、北京南苑围场等诸多大围场。

吉林围场之设，据太宗皇太极首次在伊通河以西行围情况推论，一部分当设在后金天聪六年（1632）之前，当时可能属于盛京围场的一部分。清顺治十年（1653）分设盛京、宁古塔两昂邦章京后，逐渐从盛京围场分离出来。在清康熙七年（1668）东北封禁后，又圈占了一部分荒原，而后随将军称谓而命称吉林围场。吉林围场分别由"吉林西围场""伯都讷围场""蜚克图围场"三部分合成，各场规模都比较小，多为河流冲积平原。西围场（又称南荒围场）为吉林最主要的围场，南北18里、东西80余里，划分为21围地，大致在今吉林省伊通、盘石、桦甸等县境内。伯都讷围场占地约20余万垧，大致在今吉林省扶余、榆树两县境内。蜚克图围场全称"阿勒楚喀所属蜚克图站迤东围场"，南北200余里、东西300余里，大致在今黑龙江省宾县、延寿、尚志、方正、阿城等县境内。吉林围场设置缘由是"奉天之南始为麋鹿山兽滋生之所。山兽出觅水草北来最多，故于该处设立围场"。康熙二十年（1681）设置自开原至吉林城北诸边门，以防流民从蒙古地界闯入吉林围场。次年农历四月，康熙帝自乌拉回銮，一路经噶哈达尔汉、威远堡、三塔堡等地均举行军事行围。且对宁古塔将军巴海、副都统萨布素等讲述行围重要性，制定行围时间，说："围猎以讲武事，必不可废，亦不可无时。冬月行大围，腊底行年围。春夏则视马之肥瘠，酌量行围。"因此，吉林围场在清史上占有重要的一页。

吉林围场划定后，同盛京围场一样，实施了严厉的封禁政策。它置于吉林将军监督之下，在将军衙门内设有"荒营"，驻荒营总理一员，主持围场事务。下设行走章京，掌管围务档案。领催外员郎5名、向导兵10名。行走官员按月率兵入山巡视卡伦，以缉查偷树打牲口私垦的"奸民"。为了有效地实行封闭，吉林西围场有常设卡伦11处，分布在围场东、西、南三面，因北面为柳边，有边门、边台监视，不设卡伦。在饮马河设有伊勒门卡伦，在双阳设有苏瓦延卡伦，在伊通境内设有伊通、伊巴丹卡伦。伊通卡伦设在营城子，与盛京围场那丹伯卡伦隔河相对。这些卡伦常年不撤，每卡伦驻兵5名，每两日更换一次。对私入围场偷打猎物、盗伐树木、垦荒种地者，都按清廷制定的惩罚措施，严惩不贷。就是对渎职的官兵，也要惩处。所以围场被人们称为"禁中之禁"之地。

吉林围场按清廷规定，由吉林将军主持地方八旗行围打猎，岁岁操演。"四季常出猎打围，有朝出暮归者，有三两日而归者，谓之打小围。秋间打野鸡围。仲冬打大围。"每10月行围，将军陈启举冬围。事先，荒营总理派员弁进山修围道，验营厂标记。届时，将军率将军衙门的章京、副都统衙门章京、前锋章京、管围章京、领围章京以及由兵户刑工4司、虎枪营、官庄等处抽调官员共49人，兵千名，各以职从，按八旗排阵而行。成围时，无令不得擅射，20余日乃归。所得者有虎、豹、熊、獐、狐、鹿、兔、野鸡等猎物，选出"贡鲜"猎物后，余者由将军处置。

清太祖努尔哈赤创建吉林围场等御猎围场，其旨意是供"帝王狩猎，择地讲武"。使八旗子弟不忘骑射武备，随时准备驰骋疆场，以建功立业。皇太极临朝，不忘祖训，多次到吉林围场演武狩猎。"嗣是而后，搜苗狝狩之礼，不时举行。"并多次告诫八旗将士，切不可"忘旧制，废骑射"。

要发扬满族先人的尚武精神，以保持能征善战的传统。

康熙年间，东北边界战事频繁，沙俄侵略者多次入境烧杀抢掠，进行武装挑衅。康熙帝为了"以示不忘武备，雄镇边卫"，多次举兵亲临吉林围场狩猎，并反复强调："我朝行围不在于猎兽"，而是"讲武，使其习熟弓马，谙练队伍"。康熙帝骑射技艺颇为高超，而且勤于狩猎习武，到了晚年，他自述在木兰围场及东北各围场围猎收获说："朕自幼至今（康熙五十八年，即1719年），凡用鸟枪获虎35、熊20、豹25、猞猁10、麋鹿14、狼96、野猪132、哨获之鹿凡数百，其余围场随便获诸兽，不胜记矣。朕曾一日内射兔318。"

乾隆皇帝，尤为重视习武围猎。乾隆六年（1741）特制定"岁举秋狝大典"的家法。即"木兰行围为秋狝大典"。木兰，意为哨鹿；秋狝，意为秋季打猎。乾隆帝明令，只准在秋季方可行围，其他季节概不行围，以保持围场内牲兽的增殖，维护生态平衡。同时，清廷兵部还制定了《行围》《围为规制》《行围燕赏》《行围禁令》等行围的典章制度。行围官兵"行走不齐，前后杂乱，呼应不灵"，不整肃者，或驭兽觅箭迁延落后者，越众骑射扰乱围场者，隔山岗射箭者，在违约地方畋猎者等，都要受到鞭笞、罚俸、罚银等项的惩治。嘉庆帝在吉林围场驰骋狩猎时，曾勉励吉林将军秀林抒忠尽职，训练英锐，行围"旧章慎勿更（改）"。

清廷规定，凡是帝到围场御猎，先由兵部行文给吉林将军，奉旨后先由荒营总理派员弁进山，修围道验营厂标记，届时"将军亲在戎行"，经行蒙古诸部，由理藩院通知各蒙旗，"各率所属官兵以从"。皇帝行围前要"列圣行围典礼，皆以跸路附近布围举行"，且"其仪与木兰行围相同"。围猎"以射鹿始"，在"每岁仲秋之候，鹿始出声而鸣，效其声以致之曰哨鹿"。具体做法是"上（皇帝）搜猎木兰（哨鹿）时，于黎明亲御名骏，命侍卫等导引入深山叠峙中，寻觅鹿群。命一侍御举假鹿头，作哟哟声，引牝鹿至，发急箭喈毙"。如康熙帝在行猎时，先派八旗将士密布四周，掌旗色分八部，各以章京主持分左右两翼，用蓝旗指示队伍分合，名曰"围场"。行围时以镶黄大纛居中为首，皇帝在大纛之前，按辔徐行，两翼门纛相遇立而不动，等待后队逼近，名曰"合围"。"合围"时缇骑环山，施旇耀野，狐兔麋鹿散于围中，开一面释之，或皇帝亲射或皇太子射，亲近大臣、近侍非得旨，不得在围中发矢。"围猎不整肃者，照例惩治。"待皇帝猎毕进入"看城"，将士方扬弓搭箭，跃马挥刀，在围场内追杀野兽，一直到夕阳西下，暮色苍茫时即告结束。围猎后，将士各自将所获的猎物呈献皇帝，皇帝则根据他们捕获猎物的多寡，分别给予赏赐，并注册备案。

清嘉庆、道光朝之后，国势衰微，八旗武备松弛，皇帝光顾围场的次数渐稀，原为"满洲官兵操演技艺"的吉林围场也逐渐以进贡猎物为主了，尤以猎鹿为进贡的主要方物。据《吉林通志》记载："乌拉（吉林）册报，按之道光年间姚元之《竹叶亭杂记》记载，每岁贡鲜皆先开单呈览，其奉朱笔圈出者，批令依此呈进。""头次鲜"有鹿尾10盘、胸叉肉10块、肋条肉10块、臀尖肉10块；"二次鲜"有鹿尾20盘。每年除了向朝廷"贡鲜"而外，"吉林属每岁进贡方物：十月进鹿尾四十盘、鹿尾骨肉五十块、鹿肋条肉五十块、鹿胸叉肉五十块、晒干鹿脊条肉一百束"。并且"十月内由（吉林）围场先进鲜味鹿尾七十盘；十一月进鹿尾三百盘"。还有每当皇帝万寿大典时，吉林围场要贡鹿及鹿产品和其他野物。如"万寿进贡物产：貂、梅花鹿、角鹿、鹿羔、狍、狍羔、獐、虎、熊、鹿羔皮、晒干鹿尾、晒干鹿舌、鹿后腿肉"。另外，"吉林将军每年额交鹿肉干等，由该处奏进按数目验收"。贡物由"围场骁骑校率领打牲丁六百五十，协领署派兵一百五十"捕打。

吉林围场的野兽越捕越少，清道光六年（1826）行围时，竟"猎打数围未获一鹿"，可是却有许多流民潜入围场"支搭寮栅"，开垦荒地，捕打牲兽。清廷意识到，吉林围场的存在已失去了狩猎演武的作用，废除围场可以解决当地八旗及"京旗闲散"因人口剧增而生计艰窘的问题。吉林将军奉旨先后举办"双城堡屯田"和"伯都讷屯田"，而后，围场裁撤卡伦,"停止贡鲜",流民越聚越多,清廷遂设治、委官,对围场实行大规模开发。

如今的古围场或许不再荒凉,但其神秘的过去足以成为永远的神秘。

08 东北绿色长城
——柳条新边遗迹

柳条边是清朝入关后在东北地区修建的与战略防御、军事部署紧密联系在一起的一道边墙,也是一种适合东北地区的类似长城的防御体系工程,后期成为防止满族汉化,保持族语骑射之风的绿色禁界线。由于其规模宏伟、线路绵长,沿线绿柳成荫,如一条巨龙盘踞在东北大地,故人们往往把柳条边称为绿色千里长城。

为加强东北地区的战略防御设施,维护"祖宗肇迹兴亡之所",隔离满汉、满蒙民族间居民私自往来,清前期动用大量人力物力,修筑了全长1300公里的绿色篱笆——柳条边。柳条边始筑于皇太极崇德三年(1638),完工于清康熙二十年(1681),历经皇太极、顺治、康熙三朝,用时43年,整个工程才全部建设完成。柳条边的主体建筑是用土堆成高、宽各3尺的土堤,堤上每隔5尺插柳条3株,柳条粗4寸、高6尺,埋入土内2尺、外余4尺。各柳条之间用绳连结,称为"插柳结绳"。在土堤外侧挖有深8尺、上宽8尺、底宽5尺的深壕,其横断面为倒梯形的深壕,其中壕内注满水与土堤并行,禁止行人私自入边。

柳条边并非同一时期修建的统一工程,而是分为两条"老边"和一条"新边"分段建设,三条边墙呈"人"字形布设,其交会处在威远堡门(位于辽宁省开原市威远堡镇)。一条老边从威远堡向东南经新宾、凤城抵达丹东大东沟海边；另一条老边从威远堡向西南经彰武、清河门直达山海关。新边是从威远堡向东北经四平、梨树、伊通、长春、九台，直到舒兰市法特门（位于吉林省舒兰市法特镇）。老边即"盛京边墙"，全长950公里。自清太宗崇德三年（1638）开始修筑，到顺治十八年（1661）筑成。康熙九年（1670）至二十年（1681），又修筑了"新边"，即"吉林边墙"，全长343公里。由于威远堡位置在吉辽两省交界处附近，所以新边的绝大部分基本上都在吉林省境内。

两条老边和一条新边，将昔日的东北大地大体隔成了三大部分：两条老边以内的区域被称作"边里"，老边以外的区域统称为"边外"；新边由于是西南—东北走向，所以又将边外的区域分成了"东边外"和"西边外"。这些地理概念在史地研究中很有用，后人著书写文章乃至口语会话时，也经常使用这几个概念，如把吉林省东部鸭绿江流域、图们江流域、长白山区统称为"东边道"；将西部松辽平原上居住的蒙古族居民统称为"西边外蒙古"等。当时老边的主要功能是防卫盛京，阻隔汉族人私自出边北上；修筑新边的主要目的则主要是为了防卫吉林，保护盛京至吉林驿路，防止蒙古人东进。在修筑新边的当时，康熙皇帝就有"插柳为边，以界蒙古"的说法。

这条新边从自然地理上看，基本是沿着吉林省中部大黑山脉的北缘布设的，是中西部松辽平原区与中东部山区、半山区的交界线，这也是当时蒙古族、满族居民传统居住区的天然分界线。新边的具体走向是：从威远门起始后进入吉林省境内，经四平市铁东区山门镇、梨树县南部、公主岭市南部、伊通满族自治县北部，横穿长春市区和九台区全境，进入舒兰市境内，过松花江截止于法特镇东的亮子山。新边沿途共设有4个"边门"，是出入柳条新边的必经关口。当时柳条边的管制特别严厉，各边门部设有防御衙门，配有防御（武将）、笔帖式（文官）各一员，俗称"文武二章京"，驻兵丁20～40人不等，掌管边门开关、稽查出入人等。

吉林省境内的这4座边门是：布尔图库边门、赫尔苏边门、伊通边门、法特哈边门。布尔图库边门位于四平市铁东区山门镇内，全称布尔图库苏巴尔汗门，民间俗称半拉山门。苏巴尔汗是满语"塔"的意思，因边门东南有座塔山而得名，乾隆时省略苏巴尔汗简称布尔图库。布尔图库边门衙门旧址今尚存，为吉林省第四批省级文物保护单位。赫尔苏边门在梨树县孟家岭镇赫尔苏满族村西北。赫尔苏又称黑尔苏、克尔素、克勒苏等，为当年进入盛京围场和吉林围场的必经之路。伊通边门位于今长春市南20公里乐山镇同永春镇交界处以东新立城水库水下。这里历史上曾为伊通满族自治县辖区。伊通满族自治县得名于伊通河，伊通又称伊敦、一秃、伊屯，均系满语"沙半鸡"之意，因源头盛产沙半鸡而得名。法特哈边门满语称"巴颜额佛罗边门"。位于舒兰市法特镇法特亮子山下，地处舒兰、榆树、九台、德惠四市交界处。法特哈又称发忒哈，是满语鸟爪兽迹的意思。赫尔苏、伊通、法特哈三座边门的遗址，今地面上均已无存。

在343公里漫长的柳条新边上，为了加强管理，在4座边门之间，另设有28个边台。每个边台设千总3~4员，台丁15~30名，负责巡查和修补边墙边壕。新边从北数的头一个边台是在舒兰市法特镇东6公里处的边头（今头台村），法特哈门是第二个边台，过松花江后在长春市九台区境内有三台（上河湾镇三台村）、四台（上河湾镇四台村）、五台（上河湾镇五台村）、六台（城子街街道六台村）、七台（城子街街道七台村）、八台（苇子沟街道八台村）、九台（今九台市区）、饮马河台（东湖街道荆家村饮马河台屯）。九台市政府驻地就因位于新边北数第九边台而得名。

长春市城区的边台因城市建设扩张，所有遗址遗迹大多无存。长春市城区柳条边起自饮马河边台，经长春龙嘉国际机场，到二台边台（长春市二道区东湖镇五一村二台屯）、后台（二道区英俊镇香水村后台屯）、小河台（南关区净月街道小河台村）、新立城镇靠边孙、东边王两屯到邢家台，再向南就进入了今新立城水库西南方的伊通边门。伊通县境内柳条边遗址主要分布在景台镇、黄岭子镇一线，其中保家村、杨家村高家屯北、和平村梨树沟子三段地表遗存保存较好。边台有孙家台、景台、五台子、十三家子边台，公主岭市境内二十家子边台。梨树县境内的柳条边，起自孟家岭镇的赫尔苏边门，经四台子边台、上三台边台，再经四平市铁东区的下三台边台，抵达山门镇的布尔图库边门后，继续向西南延伸，最后到达上二台边台后进入辽宁省昌图县境内。沿途边墙边壕遗迹时隐时现，连绵不断。

以上路线中的邢家台、景台、四台子、五台子、下三台等，显然都是边台遗址。靠边吴、靠边孙、东边王等村屯名称，显然也因靠近柳条边建村而得名。吉林将军辖境内的28个边台，共有台丁600人。台丁与驿站的站丁一样，属于一种特殊的军人，由汉人入旗籍者充之。台丁可偕家属居住在边台，享受种地不纳粮缴税的待遇。清代京师或内地省份犯了重罪的官员，朝廷多判决连同家属一起"发往边远台站效力"，也就是全家发配到边远的边台、驿站充当台丁、站丁。那时吉林省境内的台站地处苦寒边塞，生活极为艰苦，往往被流放于此者视为危途。

清廷对柳条边的建设和管理极为重视，圣祖康熙和高宗乾隆在"巡行塞北，经理军务"时，都曾亲自到吉林省境内的柳条新边来巡察，并均曾驻跸于伊通边门。清康熙二十一年（1682）第二次东巡，康熙皇帝曾驻跸伊通县伊巴丹（今伊丹镇），当时柳条新边刚刚修筑完成。康熙途经柳条边时，诗兴大发，曾写下一首《柳条边望月》诗："雨过高天霁晚虹，关山迢递月明中。春风寂寂吹杨柳，摇曳寒光度远空。"康熙三十七年（1698）第三次东巡，又驻跸伊屯昂阿（昂阿，语门口、山口之意，伊屯昂阿即伊通边门）。

清乾隆十九年（1754），乾隆皇帝巡幸东北，过柳条边诗兴大发，作《柳条边》诗一首："西接长城东属海，柳条结边画内外。不关阨塞守藩篱，更匪春筑劳民惫。取之不尽山木多，植援因以限人过，盛京吉林各分界，蒙古执役严谁何。譬之文囿七十里，围场岂止逾倍蓰，周防节制存古风，结绳示禁斯足矣。我来策马循边东，高可逾越疏可通，麋鹿来往外时获，其设还与不设同。意存制具细何有，前人之法后人守，金汤巩固万年清，讵系区区此树柳。"乾隆帝另有《入伊屯边门》一首，赞颂这里的山水景色和丰收景象："部落行将遍，吉林望不遥。迎人山色近，碍路涨痕消。村墅经枫叶，边墙进柳条。初来原故土，所遇匪新招。瞻就心何切，勤劳意岂骄。省方逢大吉，宝稿报丰饶。"

时至今日，柳条边虽早已失去了昔日的功能，边门、边台多已坍塌，荡然无存；边墙、边壕也多已平毁，残垣断沟依稀尚存。但柳条边作为一个时代的产物，其隔绝民族交往的负面作用不容回避，保护东北生态环境的积极意义也不容抹杀。

09 传邮万里 ——清代吉林驿路

清康熙二十四年（1685）六月二十六日，在雅克萨战役决胜的那一刻，清军前线都统彭春就派驿站站丁席纳尔图快马加鞭向北京飞去。从雅克萨到北京的驿路，凡67站，5000余里。席纳尔图疾行快驶，昼夜不停，只用11天就赶到京师，平均日行400多里。在出巡热河行宫途中的康熙帝看到报捷的信使，一时也惊呆了，连连称赞席纳尔图神勇不凡。随即，在行宫举行了隆重的祝捷大会。

清代吉林驿站设立于顺治年间，是传递公文、接送过往官员食宿、换乘车马的处所，此外护送贡品、领取俸饷、解送犯人等也常常使用驿站。吉林地区各驿路干线，早期以宁古塔为中心，将军移治吉林乌拉城后，改以吉林乌拉为中心向四方辐射，与盛京将军、黑龙江将军有干道连接，与所属的各副都统驻地声讯相通驿站星布及于边陲。据统计，吉林地区先后开辟了7条线路，共设正、分驿站52站，站丁1480名，马、牛各相当于额丁之数目。康熙三年（1664）添设驿站监督关防处，设驿站监督六品官1员，康熙二十五年（1686）又增添1员。总站设在吉林城郊东十里的尼什哈站（即乌拉站），分设西路、北路两个监督关防处。全省形成了以尼什哈站为中心，经奉天、山海关通京城的西路驿道，通宁古塔的东路驿道，经伯都讷通黑龙江的北路驿道；由北路的登伊勒哲库站，通拉林城、阿勒楚喀城五常厅的东北路驿道，形成了纵横交错、四通八达的驿邮网络。

第一条是吉林城—盛京（今辽宁省沈阳市）的驿路，从康熙初年开始修建，大约完成于康熙二十年，全程610里，共有8个大驿站。这一条代表松嫩平原接辽河平原，西进开原、盛京、山海关、京师和转行中原内地的主干交通，又是吉林将军和盛京将军的联系纽带。吉林、盛京两将军以柳条边划界，从威远堡边门进入盛京将军辖境。

这条驿路从尼什哈站启程，向西南过蒇登（今永吉县蒇登站镇）、伊勒门（今永吉县金家乡伊勒门屯）两个驿站，出吉林市境后，继续向西南经今长春市双阳区、伊通县、四平市、梨树县，以及辽宁的昌图、开源、铁岭，而至奉天，并可直通北京。这是当时东北最重要的一条驿道，康熙帝和乾隆帝东巡到吉林都曾走过这条驿路。

第二条是吉林城—宁古塔（今黑龙江省宁安市）的驿路，它完成于康熙时期，全程635里，设有一个大站，9个小站。系康熙十六年（1677），即宁古塔将军移治船厂的第二年，宁古塔梅勒章京（副都统）萨布素受命辟建。

这条驿路从尼什哈站出发，向东过额赫茂站（今蛟河市天岗镇）、额音楚站（即拉法站，今蛟河市拉法镇）、图依屯站（也叫退抟站或安巴多观站，今蛟河市前进乡）后，便出了吉林地界。再继续向东，经敦化，而后转向东北，最终到达宁古塔。

第三条是吉林城—伯都讷（今吉林省松原市伯都乡）的驿路，这条驿路从康熙二十二年开工，经三年完成，全程525里，共有10个大站。

它从尼什哈站出发，向北经金（锦）州鄂佛罗（也叫哲松站，今龙潭

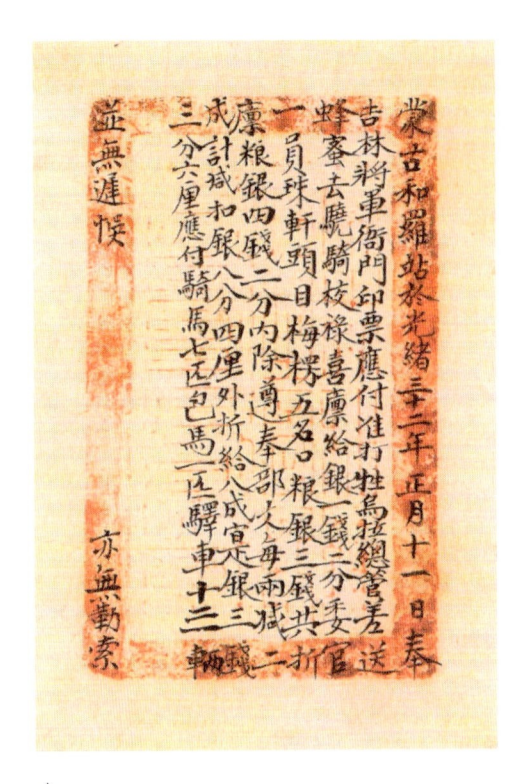

↑ 叶赫站印花

↑ 赫尔苏驿站留存的铁钟

区金珠乡附近）、舒兰河（今舒兰市的舒兰站）、法特哈（也叫忒哈边站，今舒兰市法特镇）3个驿站，出吉林地区后，向西北，经榆树市、扶余县，最终到达伯都讷。

第四条是吉林城—三姓（今黑龙江省依兰县）的驿路，这条驿路修建时间较长，从清初就开始筹划，到乾隆二十七年（1762）才竣工，全程722里，共有10个小站。

这条驿路在吉林地区内所经过的驿站与吉林通往伯都讷的驿路相同，到腾额尔哲库站（今榆树市秀水镇）后，折向东北，进入内蒙古，经卡伦站，进入今黑龙江省，再经8个驿站，最后行至三姓。

随着社会发展，国家军政事务越来越频繁，行政区域也逐渐增多，为了加强各地的联系，驿路也做了一些改变。

一是有的驿路被延长，原来吉林往东只能到阿克敦城（今吉林省敦化县），光绪时，随着延吉、珲春等县的设立，驿路也延伸到这里，从此，由省城到珲春不必绕路宁古塔，可直接到达。

二是修建新驿路，吉林城与农安县、磐石县原没有驿路，光绪年间，在通往奉天的伊巴丹站，向南、向北分别开通驿路，设立驿站，使这两个县与省城的联系更加紧密了。

三是有的驿站之间距离太远，为了减少站丁的工作量，在站与站之间又开设了一些新站。例如，乾隆年间，吉林将军萨拉善"酌量各站差役轻重、程途远近"，请求清政府在吉林至三姓的驿路上又增加了萨库哩等8个驿站。

光绪年间，在吉林到宁古塔的驿路上增加了五常、双城两站。到清末，当时吉林省所管辖的驿站已由康熙年间的38个增加到52个。

四是驿站的站丁、马、牛等都有所增加，以尼什哈站为例，最初"额设壮丁五十名，马五十匹，牛五十头"，后来增加到"站丁六十名，马六十匹，牛六十头"。

据《吉林外纪》记载，当时吉林省境内的驿站被划分为西、北"两路监督统辖，城内各设关防公所一处，关防笔帖式一员，关防领催一名。每站设笔帖式、领催各一名。大站设壮丁五十名至二十五名，小站壮丁二十五名至十名，共壮丁八百五十名。大小站额设牛马，一如壮丁之数……"

《吉林分巡道造送会典所清册》中又说，到清光绪十八年（1892年），今吉林地区共有9个驿站、315名站丁、马315匹、牛315头。

驿站的头叫笔帖式（驿丞），没有品级，只能算作吏，驿站事务他负总责。笔帖式下的领催是驿站副职，辅佐笔帖式处埋驿站事务。站丁是具体任务的执行者，或传递消息，或护送往来官吏，或押送货物，每日忙碌。由于驿站工作既辛苦又受气，所以清政府明令，满族人不从事这项工作。

早期的站丁多为被发配者充任，《辽左见闻录》中说："逆藩（指吴三桂等三藩）家口，充发关东者，络绎而来，数年殆尽，皆发各庄头及驿站

叶赫站给驿站监督、总站官的呈

当差。"

清后期,据《吉林乡土志》记载,站丁"系由关内各省招来"。每个驿站都有一定数量的耕地,供驿卒家属耕种,不纳租赋。驿站的马、牛由国家拨发银两,"每马一年应领草豆银各十八两,每牛一年应领草豆银各十二两……买补倒毙缺额马、牛,每马价银各九两,每牛价银各七两"。

驿站所设之地,大多比较偏远,没有人烟,随着驿路的开通,驿站的设立,有了固定住户,人员往来日益增多,驿站周围便渐渐地发展成为村镇。如叶赫站发展成为叶赫满族镇,伊勒门站发展成为伊勒门屯,伊巴丹站发展成为伊丹镇,拉法站发展成为拉法镇,等等。

清末,由于政治腐败也导致了驿路的衰落。站丁变卖官田,贪污钱款。土匪横行,抢掠驿站财物,焚烧站房,殴打站丁,使驿站工作无法开展。由于清政府财政困难,"原定养赡太薄,以致观望畏惧",从而导致站丁名额不足，各项工作无法开展。

更为严重的是，清光绪二十六年（1900），沙俄出动10万大军侵略中国东北，八月占领吉林城，"该洋兵到各屯及站、街按家搜寻枪械，抢掠财物、衣服、首饰、马匹等物，焚烧房间，抢去额马十一匹"。

日俄战争期间，两国军队破坏驿路，剪拆公文。为了躲避战乱，站丁纷纷逃难，使驿路陷入瘫痪。后来，随着铁路的修建，以及电报、电话事业的发展，驿路的作用逐渐丧失。

清宣统三年（1911），经东三省总督徐世昌奏请清廷，驿站最终被废除，许多驿站被改为文报分局、分所。

驿路虽然已经退出了历史舞台，但它毕竟是一段记忆，不能遗忘。一个个驿站名字在今天已不仅是一个地名，它也是我们历史文化的一个符号，让我们久久不能忘怀。

10 康熙两巡吉林

清朝皇帝的东巡，就是出巡盛京（沈阳）、吉林等地。这里是清朝的发祥地，也是其祖宗陵寝所在。在清朝问鼎中原以前，在山海关外的盛京地区修建了三座帝王及后妃的陵墓。清朝皇帝继承祖先基业，十分重视这一地区。在入关以后，曾有四个皇帝先后十次赴东北谒陵，康熙三次，乾隆四次，嘉庆两次，道光一次。清朝皇帝的东巡具有重要的军事和政治意义。

清帝东巡始自康熙。康熙帝即位亲政以后，决心根除沙俄侵略，划定中俄两国疆界，并为此采取了行之有效的措施。康熙十二年（1673）在吉林建城。康熙十五年（1676）春，宁古塔将军移驻吉林，吉林逐渐建成抗击沙俄入侵的强大战略后勤基地。

康熙皇帝在位61年，曾两次出关东巡吉林。据《吉林通志》和《吉林外记》记载：康熙二十一年（1682）春和三十七年（1698）秋，康熙两次东巡吉林，长途跋涉巡视，妥善解决了关系到清朝安危的突出矛盾。首先，解决保守与革新的矛盾。康熙八年（1669）六月，16岁的康熙下决心将垄断朝政的辅政大臣鳌拜逮捕审判定罪，下令严禁圈地，奖励垦荒，轻徭薄赋，对朝廷内外官员，实行惩贪奖廉的措施，发展生产，安定社会秩序，扭转了倒退趋势，使皇权得到巩固和加强。其次，平定了"三藩"之乱。康熙十二年（1673）下令撤藩，在平叛中采取了派兵围剿与政治招抚相结合的战略，不断取得胜利，为清王朝的安定、强盛奠定了基础，开始转向"盛世"的局面。国内战争造成了东北边陲的防务空虚，致使沙俄势力乘虚而入，频频在北部边境制造事端，对于边境摩擦的不断升级，清政府只能以地方武力加以牵制，无力进行有效的还击。三藩之乱结束，解决东北边疆问题立即被提到康熙的理政日程。康熙东巡吉林，表面上以平定云南"三藩之乱"、祭拜先祖为名，实为"观兵"。

康熙二十一年（1682）农历二月十五（3月23日），北京城已经春意融融，一支庞大的队伍浩浩荡荡地开出皇宫城门，奔向苍茫的关东大地，拉开了康熙第一次东巡吉林乌拉的大幕。随同的有太子、后妃、亲王、重臣、朝廷贵戚、侍从兵丁，据《鞑靼旅行记》记载，共约7万人，除后妃等宫女随从乘轿外，其余多骑马，按官阶依次随行。这支庞大的队伍，沿途任何城镇都无法安顿食宿，只能自带旅途中的用品、帐篷、寝具、食物等，由车运送，派专人驱赶准备屠杀的猪、牛、羊群。有专职官员按每日规定的行程，先行选地，按八旗旗帜方位，安排营地食宿。

康熙东巡的大队人马二月二十三日出山海关。三月四日抵达盛京，拜谒了福陵、昭陵。三月九日由盛京至兴京祭永陵，三月十二日由永陵沿着西北的山路北行吉林。三月二十一日（4月28日），吉林将军巴海率八旗精锐两百，至中途阿尔滩诺门地方迎驾。三月二十五日到达吉林乌拉地方，康熙由迎恩门（临江门）进驻吉林木城吉林将军署衙。当日，康熙率太子及诸王大臣等在巴海等官员的扈从下，由吉林将军府衙门前三道码头渡口处乘龙舟到温德河岸搭棚设坛，举行望祭长白山祖先的仪式，"行三跪九叩头礼，以系祖宗龙兴之地也"，康熙帝开创"望祭"长白山之典，并赋《望祀长白山》诗一首，诗云：

> 名山钟灵秀，二水发真源。
> 翠霭笼天窟，红云拥地根。
> 千秋佳兆启，一代典仪尊。
> 翘首瞻青昊，岧峣逼帝阍。

此时的吉林乌拉，已经发展成为清朝边外政治、军事、经济重镇。"中土流入千余家，西关百货凑集，旗亭戏馆，无一不有，亦边外一都会也"，是盛京和黑龙江之间的要冲。三月二十七日（5月4日），康熙率部分扈从分乘200余艘战船，由吉林顺江而下，前往打牲乌拉衙门所在地大乌拉虞村（今龙潭区乌拉街镇）。康熙航行江上时，检阅了吉林水师战舰的阵容，观看了水战演习，巡视了沿江两岸的地势。扈从的翰林院侍讲高士奇记载当时的情景：船队"顺流而下，风急浪涌，江流有声，断岸颓崖，悉生怪树，江阔不过二十丈，狭可百余步，风涛迅发，往往惊人，晚际云开，落霞远映，山明水敛，凤舸中流"，景色与军威互为衬托，浑然一体，格外壮观。开阔翻滚的松花江水，旌旗如火的水师声威，激荡着年轻天子的心潮，充满了抗俄必胜的信心。康熙帝举目四望，激情涌来，挥笔写下了著名的《松花江放船歌》。

> 松花江，江水清，夜来雨过春涛生，浪花叠锦绣縠明。
> 彩帆画鹢随风轻、箫韶小奏中流鸣，苍岩翠壁两岸横。
> 浮云曜日何晶晶，乘流直下蛟龙惊，连樯接舰屯江城。
> 貔貅健甲皆锐精，旌旄映水翻朱缨，我来问俗非观兵。
> 松花江、江水清，浩浩瀚瀚冲波行，云霞万里开澄泓。

康熙在这里对吉林松花江两岸的风光发出了由衷的赞美，尤其是对吉林水师"貔貅健甲皆锐精，施舻映水翻朱缨"的威武气势给予了高度评价。因诗中有"连樯接舰屯江城"，使吉林市有了另一个名字：江城。诗中，康熙虽然表示此次东巡"我来问俗非观兵"，但也正是此次巡视后不久，康熙"调乌拉、宁古塔兵，并置造船舰于黑龙江、呼马儿等处驻守"，又造运粮船于松花江上，建吉林乌拉至瑷珲的驿站……积极准备反击沙俄的军事侵略。

三月三十日，康熙帝在乌拉虞村一带松花江上捕鱼。四月二日，康熙帝回銮吉林，四日设宴与吉林地方官兵喜别，赐各官员"鞍辔、袍缎等物"，赐兵丁银两等物。

四月七日，康熙一行踏上返京归程。这一天，江雨初晴，碧空如洗，远山则白雾喷薄，湿翠欲滴，一山缥缈一山青，烟岚水影如画屏，仿佛江山有意，在向康熙送行。

回京后，康熙帝下令关内人犯不再发配到宁古塔、吉林等地，改发辽阳诸处安置，缓和了国内矛盾；革除吉林地方弊政，减轻兵丁徭役；决定在黑龙江建城与沙俄侵略者对垒；决定在伊屯门（即伊通边门，遗址淹没在今长春市新立城水库中）、伊屯口（伊通河注入松花江之处）建仓储粮，在吉林造大船运送军粮支援黑龙江前线；又决定自吉林至黑龙江设置十驿站，"遇有警急，乘蒙古马疾驰，"快速传边军情。这些战略决策对于取得康熙二十四年（1685）雅克萨之战的胜利具有重要意义。

康熙第二次东巡吉林是康熙三十七年（1698），也是康熙最后一次东巡。东巡的目的，是因圣祖三度亲征准噶尔，平定了西北地区的噶尔丹叛乱，想将喜讯奉告盛京祖陵。这次行程是由东部蒙古，经吉林赴盛京。是年七月二十九日，康熙帝率诸皇子、诸王、大臣侍卫等由北京启驾，经密云县至古北口，过长城进入东部蒙古。在东部蒙古巡视40余日，九月十日进入吉林境内。其所经路线大体上是从伊勒们河站取道正北方向经过其塔木（台市其塔木），渡松花江到达法特哈站。于此命随从大学士伊桑阿

整合重聚

祭松花江之神。九月二十六日到达吉林，驻跸于松花江畔的将军衙门。九月秋深，天高气爽，面对滚滚东流的松花江，康熙帝想起十七年前"壬戌春夏巡行至此地"，检阅吉林水师的壮丽场面，感怀赋诗一首：

    曾问慈宁草奏笺，夜张银烛大江边。
    重来往事俄追忆，转眼光阴十七年。

康熙帝在吉林停留五天，这期间接见前来拜谒的将军沙那海及诸大臣，望祭长白山，视察了吉林城防，视察松花江水师战舰，并溯江而上，考察沿岸军备情况。慰问和奖励了参加反击沙俄战斗的将士及治理军政有功官员，大赦吉林地方罪犯，极大地鼓舞了吉林官兵士气，对加强吉林城防、保卫边疆、巩固清王朝统治，起到了积极作用。之后启驾南下盛京地方巡视，十一月中旬返京师。此次东巡历时三个半月，跨越今河北、辽

群雕像——康熙视察水师营

宁、吉林、黑龙江、内蒙古等地，足迹遍及东北地区，往返路程数千里，是康熙东巡中历时最久、路途最远的一次。

康熙东巡吉林的历史已经远去，但慷慨激昂的《松花江放船歌》永远地留在了松花江上。江水江涛不歇，咏唱的是历史的一段豪情……

11 小白山望祭殿的前世今生

"兴来不觉倦，高小白山头。古道无人迹，前朝有鹿游。祠荒谁造荐，木落自为秋。王气今何在？长江日夜流。"一曲古歌，唱尽小白山望祭殿的往事沧桑。

望祭殿遗址位于吉林市丰满区白山乡小白山上。其面向东南方的长白山。单脊、灰瓦、明柱、出廊，蔚为壮观。祭器楼（又称祭器库）建于山麓，是储藏祭器的处所，在祭祀时也是主祭官休息的地方。牌楼两座分别建在通向望祭殿的山腰间。据记载，望祭殿自清雍正十一年（1733）建成以来，每年的春分和秋分，由吉林将军任主祭官，带领文武官员在这里遥祭传说中的始祖（爱新觉罗·布库里雍顺）的诞生地，或者说祖宗的发祥地——长白山。祭祀时，以鹿1头、牛20头、猪20头、羊20只作为祭牲，摆在殿前。祭祀者要向殿内神案上用黄底黑字满汉文书写的"兴国应灵王之位"（即"长白山神之位"）木牌，行三拜九叩大礼，并宣读祭文。

为什么说长白山是清始祖的诞生地或祖宗的发祥地？又为什么要在小白山修望祭殿遥祭长白山或长白山神？这要从神话传说、长白山的地理状况和历史事件谈起。

早在金大定十二年（1172），完颜雍就册封了长白山为"兴国应灵王"神。并在长白山天池东40米的钓鳌台上，建造两个用玄武岩石块垒砌的椭圆形祭台，奏册仪典，立庙祭拜，至今遗址尚存。在《皇朝通志》中对于满洲族的来源记述了一个神话故事，说是在长白山东有个布哩山，山上有池叫布勒瑚里（有人认为即指现今长白山天池附近的"小天池"），有三位神女（即恩古伦、正古伦、佛库伦）来这里沐浴。忽然有一只神鹊衔红果一枚丢在佛库伦脱在岸边的衣服上，神女浴罢无意中将红果吞下，顿时怀孕，不能回天，后来生一男孩，体态雄伟，生而能言，并迅速长大。母亲佛库伦对他说：你姓爱新觉罗，是天之骄子，名叫布库里雍顺。上天授命你去平定天下，你乘舟顺流而下便可到达那个地方。说罢，神女赐给他一叶小船，便飞回天堂。布库里雍顺按母亲的指示，来到一个地方，见这里三姓族人互相仇杀，相争雄长，便端坐在岸边观看。众人往视，见此人体格魁伟，相貌非凡，甚感惊异。这时布库里雍顺便对他们说："我是天女生之天子，奉命前来平定你们的骚乱。"众人敬畏，遂奉之而归。三姓族人将女儿嫁给布库里雍顺，遂居于长白山东鄂多哩城（即俄朵里城），国号满洲。即以族名国。

清康熙十六年（1677）四月，圣祖爱新觉罗·玄烨命大臣觉罗武木纳一行4人前往拜谒长白山，"详视明白，以便行祀礼"。

然而，亲临长白山祭祀当时并非易事。据《长白山记》记载：康熙十六年四月十五日，大臣觉罗武木纳一行受命前去拜谒长白山。从五月四日启行，十四日至盛京，二十三日至乌喇（今吉林）。然后在镇守将军的帮助下选定熟悉地理环境的二名猎户（噶喇大、额黑）充当向导，各持三月粮食，又顾虑食尽马乏不能归返，并令将军巴海载米一舟在讷殷等候。六月三日，觉罗武木纳一行在乌喇官兵的护送下，经过文德赫恩河、阿虎山、库纳讷林雅尔萨河、浑沱河、法布尔趾河、那丹鄂佛罗地方、辉发河、拉法河、水敦林巴克塔河、纳尔浑河、敦敦山、卓龙窝河等数十处山川，于六月十日抵达集合地讷殷与向导会合。十一日又从讷殷出发，一望林莽，迷不得路。由萨布素率旗甲200人，伐木开道。十二日人家才正式前行。十四日向导会见萨布素，言树木茂密，砍伐困难，建议揣摩开路。十六日黎明，云雾弥漫，只闻鹤鸣，不复见山。乃从鹤鸣处觅得鹿踪，循循以进，来到一白桦丛生、黄花烂漫之处移驻。忽见云披雾卷，山势历历可睹，遂攀跻而上，眼前胜地平敞如台，遥望山形长阔，近视颇圆，所见白光皆冰雪也。五峰环绕，凭水而立，顶有池约三四十里，无草木，碧水澄清，波纹荡漾，绕池诸峰，望之摇摇若坠，观者惊骇。此乃长白山也。遂登临拜谒。十八日南回。二十一日至讷殷河合流处。二十五日至恰库河。二十九日由恰库河历色克腾图、白黑噶尔汉、噶大浑、萨满、萨克锡、法克锡、松阿里多、浑大江等险绝处。七月一日返回乌喇，八月二十一日还京。此次踏查前后共四个多月，历尽艰辛，在没有现代化交通工具，没有道路的情况下，要在长白山天池附近"诸山择地设帐幄，立牌致祭"，并且要"每年春秋二祭"，实在难以办到。

那么为什么择吉林乌喇小白山之地遥祭长白山呢？这与康熙帝首次巡幸吉林乌拉并在江边举行第一次祭祀典礼有直接关系。康熙二十一年

← 保护标志碑

整合重聚

↑
小白山望祭殿遗址全景

（1682）农历三月二十五日，康熙帝东巡"将至乌喇鸡陵（即今吉林市），皇上乘銮舆，率皇太子及诸大臣、从官至江干，望长白山行三跪九叩礼毕，鼓吹入城，驻跸将军署内"。此祭为清帝第一次遥祭祖宗的发祥之地——长白山或长白山神的盛典。在祖先发祥之地望祭神山，令康熙兴奋不已。十七年后，康熙又一次东巡吉林，也是在城外露坛望祭。而望祭长白之礼，从大清建国时起，便已成定例。"紫气东来常郁郁，白云中起镇英英。祥徵朱果符长发，秩配黄祇佑永清。"可是，虽然巨典隆重，总是雨雪风云，常违人和，有时就不免使得依时循例的望祭典礼误时违期……

现在望祭殿之设，可使望祭之礼免去露坛祭祀常遇的雨雪之欺，四时如常地依例举行。

清雍正十一年（1733），驻宁古塔等处将军常德上奏，请在吉林乌拉城西南的温德亨山（即小白山）建望祭殿，每年春分、秋分由地方将军、副都统率文武官员，代替皇帝行望祭大礼，此外还要在每月的朔（初一）、望（十五）拈香致祭。常德的奏请当即获准，并于同年修建了有关建筑。

雍正十一年（1733）以后的100多年里，小白山一直被称为温德赫恩山。此为满语，意为"供奉祖宗板之山"。从城里去往望祭殿的一条河，也由此被叫作温德赫恩河。

雍正御笔亲批修造望祭殿，却未能东巡来此望祭先祖。清帝之中，到望祭殿望祭长白山的只有乾隆。清乾隆十九年（1754）时东巡。这年的八月五日到达吉林城。第二天，乾隆在吉林将军墨海、前都统额尔登额引导下，前往望祭殿祭祀长白山神，并在祭典仪式上宣读了祭文："维神极天比峻，镇地无疆。象著巍峨，表神奇于瑞应。势雄寥廓，秉清淑于扶舆。钟王气之郁葱，休征毕集。莫坤维而巩固，辱德弥贞。缅帝业兴肇基，荷山灵之笃庆。朕缵承丕绪，临抚寰区。念凝命之无穷，溯发祥之有自。肇称殿礼，时已越乎十年，载考彝章，礼更行于兹岁。恭展谒陵之钜典，兼修望秩之隆仗。躬荐明禋，用申祗敬。惟冀根蟠灵壤，冠五岳而毕集庥嘉。彩焕鸿图，亘万年而永安磐石。神其默鉴，来格来歆。"这是在小白山望祭殿望祭满族发祥地的第一位皇帝。当夜，乾隆又在寝宫内赋诗《望祭长白山作》，诗曰"诘旦什柴温德亨，高山望祭展精诚。椒馨次第申三献，乐具铿锵叶六英。五岳真形空紫府，万年天作佑皇清。风来西北东南去，吹送膻香达玉京。"

之后，嘉庆、咸丰、同治、光绪等清代皇帝，例行派人到此拜祭，除吉林将军，副都统照例来此望祭外，每年还有盛京，黑龙江将军和文武官员前来望祭。

↑ 基础条石

遇有重大事情，清廷还派官员前来御祭。月月香烟缭绕，年年颂声不断，直到清王朝覆灭。

东北沦陷时期，伪康德元年（1934）伪满洲国皇帝溥仪追寻先人的足迹，效仿清代皇帝，曾从伪满洲国都新京（即长春）专程来此祭祀长白山神。

为了永保祭祀建筑的风貌，清乾隆三十二年（1767），吉林将军署对望祭殿进行了全面的修葺。令人遗憾的是，该殿及其附属建筑——祭器库、牌楼和鹿囿，经多年战乱和"文化大革命"多次破坏，地面建筑已荡然无存。现在的小白山望祭殿只剩遗迹，它昔日风采不再，只有一块写着"小白山望祭殿遗址"的石碑见证着它的前世今生，述说着它的今昔荣辱。

12 东北文脉之源
——吉林文庙

关于文庙，人们常是赞叹孔子老家——曲阜文庙之宏大，也称道六朝古都——南京夫子庙之雄伟。可是却很少有人知道，在北国江城美丽的松花江畔也坐落着一座文庙，论规模它仅次于曲阜，论格局则不亚于南京夫子庙。最奇的是它的殿顶，一般文庙都是绿色琉璃瓦的，而这座文庙，却是只有皇家建筑才能用的金黄色琉璃瓦顶，在全国也属罕见。这就是被誉为"东北文脉之源"的吉林文庙。

吉林文庙的初建阶段

历史上，清朝的统治者向来视吉林（指原吉林将军所辖区域）为满族的重要发祥地。为保持固有的尚武习俗，防止沾染修文业儒之习，初期不准仿效盛京（今辽宁）和内地建文庙、设学校，以教习满（蒙）文和习练骑射为

↑ 保护标志碑正面

主。随着内地汉人向东北地区的大量流入，文风东渐。再加之统治者自我标榜的"乾嘉盛世"，吉林的尚武习俗开始发生变化。1736年，乾隆皇帝即位，有感于汉族文化的博大精深，钦命修建永吉州文庙。在永吉州两任知州魏士敏主持下，经过七年的时间，也就是乾隆七年（1742），吉林文庙在城东南隅（今吉林市第一实验小学院内）修建完成。乾隆三十年（1765）吉林厅第四任署理同知图善又在文庙院内东南角建造了一座魁星楼，楼中上奉魁宿，下祀文昌，同时又建棂星门3楹。这3间门面、1间小楼，便是吉林城最早建成的文庙了。可见距今近300年前的原始文庙是何等的简陋，《永吉县志》记载："殿堂卑狭"，可见规模不大。清乾隆五十五年（1790），吉林城内发生了一场大火，而文庙仅有的殿堂也在烈焰中化为灰烬，只剩下一座魁星楼在落日和晚风中茕茕孑立，形影相吊。

后来，由吉林将军林宁奏请用官银重新修葺，殿庑门堂焕然一新。其正殿悬有康熙皇帝御书"万世师表"和嘉庆皇帝御书"圣集大成"匾额，文庙遂得以重现。可是清嘉庆十一年（1806），庙内斋房又被焚毁，三年之后，奉天学政茹棻奏请清廷颁发内板经籍各书。吉林同知富元、学政孙鈫白等人率所属官员绅士捐资，在原斋房故址修建起尊经阁。至清道光初年，永吉州文庙的建筑有圣殿3间、东西庑各3间、启圣祠3间，在圣殿后有大成门3间，在庑前有泮水池，泮水池北有东、西两角门，东曰圣域，西曰贤关，泮水池南为棂星门。门墙外有左、右下马坊各一，其南为照壁。庙之西为明伦堂3间，堂西为尊经阁3间，堂后为学正廨所。

此后，在咸丰和同治年间对文庙又进行了修缮、改建。这时的文庙虽然较前有了一定的规模，但毕竟气势未宏，是不足与曲阜、南京等处的文庙相提并论的。

吉林文庙的鼎盛时代

清光绪三十二年（1906）十一月，慈禧太后曾给光绪皇帝下了一道懿旨，诏令天下"因孔子德配天地，万世师表，允宜升为大祀"。第二年，吉林巡抚朱家宝、提学使吴鲁等按清廷旨意，以原文庙"殿堂卑狭，不足展敬"为由，认为吉林文庙殿堂简陋，与"大成至圣文宣王"的名分极不相称，不足以用来崇尚礼仪和表示对圣人的敬意，遂聘请当时江苏训导管尚莹去江宁考察文庙（即南京夫子庙建筑），取回图样。在朱家宝的主持下，于东莱门外择定新址，即现今文庙所在地，拓地兴修。其建置规模，从宫墙庭庑、楹栋阶陛，到祭器、乐器、采胾之类，都以南京文庙为程范，照式修建。到清宣统元年（1909），文庙的主要建筑——大成殿、崇圣殿、大成门、东西配庑和围墙等全部建成。

民国九年（1920）至十一年（1922）经吉林省督军兼省长鲍贵卿主持重修，历时三年竣工。此次重修的庙内建筑有照壁、"文武官员到此下马"石坊、棂星门、东西辕门。至此，吉林文庙建筑布局完善。

这一雄伟壮观的宫殿式建筑群，四周红墙高达3米，南北长221米，东西宽74米，占地16354平方米。主体建筑按正南北中轴线排列。院内共有殿堂、配房 64 间，此外还有照壁、辕门、泮池、状元桥、棂星门、大成门等附属建筑。并由清代吉林提学使曹广祯写了"德配天地，道冠古今"于东、西两座牌坊上。殿内正中供奉"大成至圣先师孔子之神位"，两侧为"四配"和"十二贤哲"塑像。塑像上方悬有从康熙到道光五位皇帝御书的匾额，陈列祭器 425 件，增添了大殿庄严肃穆的气氛。

文庙主体建筑坐北朝南，构成三进院落。院外照壁前面有石狮子一对，两侧道旁有"下马碑"各一。照壁北面两侧有东、西辕门，照壁后面正中有泮池、状元桥、棂星门。棂星门的后面是大成门，穿过大成门是大成殿。在大成门和大成殿的两侧为东、西配房。

文庙南边大墙叫照壁，也称影壁。长 40 米、高 5 米，《论语》里称为"万仞宫墙"，形容孔子的学问之深，浅薄的人只能身列门墙之外不得其门而入。依照惯例，地方上倘有人中得状元，就要在文庙的照壁中间开个大门，但在这座文庙落成前的清光绪三十一年（1905）国家就废除了科举，所以照壁正中一直没有开辟大门。照壁北面为泮池和状元桥。泮池为青砖砌成，形如勾月，故又称月牙池。状元桥为花岗岩构筑的单孔拱桥。在桥的北面，有一座由四根顶端立着"神兽"的花岗岩石柱组成的牌坊，名叫棂星门。泮池和棂星门均是文庙所独有的建筑形式。棂星门北为大成门，这是一座五开间的单檐庑殿顶建筑，上覆金黄色琉璃瓦、明柱、无墙，前后相通。大成门东、西两侧的一进院落与二进院落之间的隔墙上各有一小门，东曰金声，西曰玉振。

穿过大成门即第二进院落。正中为文庙主体建筑大成殿。殿面阔 9 间，东西长 36 米，南北宽 25 米，高 19.64 米。殿顶用金黄色琉璃瓦覆盖，重檐、庑殿顶。在正面重檐之间，高悬吴鲁所书的"大成殿"匾额，殿前有汉白玉雕栏环绕的"月台"，"月台"前面有汉白玉浮雕的云龙阶石。阳光下金色殿顶映着神兽斗拱、画栋雕梁，灿烂夺目，石阶也映日生辉，更烘托出大殿的庄严肃穆。

整合重聚

↑
吉林文庙大成殿

↑
吉林文庙崇圣殿

↑
吉林文庙下马碑

↑
吉林文庙孔子行教像

文庙后院为孔子的祖庙"崇圣殿",面阔7间,也是黄琉璃瓦覆盖,是单檐、歇山顶式的建筑,这里供奉着孔子上五代宗祖的牌位。

在大成门、大成殿两侧则有东、西配庑,皆为青砖、明柱、瓦房。最南边的两栋为"名宦祠"和"乡贤祠",即已死的地方官宦和儒教学士的祠堂。与大成门平行的两栋叫"省牲厅"和"祭器库",是存放祭孔时所用"三牲"(牛、羊、猪)和祭器、乐器的地方。

这是吉林文庙的鼎盛时代,它凝聚着当时劳动人民的智慧和汗水,标志着清代的建筑艺术水平,也是前人留给我们的一笔丰富的文化遗产。

吉林文庙的保护传承

吉林文庙是清朝在吉林修建的第一个文庙,是大清王朝从尚武轻文向崇尚儒家文化过渡的标志。吉林文庙落成后,就成为历代地方统治者祭孔朝圣的地方,每年春、秋和孔子诞辰(农历八月二十七),地方统治者都要在这里举行祭祀活动。祭祀时,要摆上仿商周时代青铜器制作的祭器,供上三牲和布帛菽粟、干鲜果品、香、蜡、纸、烛等。主祭人要穿上特制的古装服,宣读祭文,向孔子及四配、十二哲行三跪九拜礼。乐奏"韶乐",歌以赞颂孔子的唱词,舞"八佾"和"羽龠之舞"。自清末至东北沦陷时期,吉林省的地方长官都曾在吉林文庙的祭孔活动中扮派过主祭人的角色。

吉林文庙这座由殿堂、配庑、墙垣围成三进院落的建筑群,曾有过极盛的华年。那时它四周红墙高耸,院内古木参天,殿堂、桥、池布局规格严谨,主体建筑大成殿殿角飞檐高起,瓦顶金色灿然,四周雕梁画栋色彩鲜明,构图精美。殿前仅汉白玉浮雕阶石上游龙飞舞、祥云缭绕,在地处关东的吉林城内能有如此雄伟庄严的文庙,实在令人赞叹不已。有一联诗赞美它是"文章齐岳魁星落,儒道承天北斗悬"。正因为此,吉林文庙与南京夫子庙、曲阜孔庙、北京孔庙一起并称为中国四大文庙。1989年9月28日,这里建成吉林市文庙博物馆。

2006年5月25日,国务院公布其为第六批全国重点文物保护单位。

13 探寻神秘的东北文化
——吉林北山寺庙群

古语有云：山不在高，有仙则名。吉林北山，位于吉林市的西北方向，为长白山余脉。古名九华山，清康熙年间更名为北山。北山有东、西两峰，东峰海拔 255.8 米，西峰海拔 269.8 米。吉林北山不是一座巍峨壮阔的高山，可是从清代吉林城建成后，关帝庙、药王庙、玉皇阁、坎离宫、广济寺、智光寺等寺庙便从清康熙年间开始，陆续登顶北山东峰、西峰之巅，让一众神祇礼受香火于塞外边城，并逐渐形成了在东北规模最大的吉林北山庙会。上述古寺庙因集聚在一起，成为北山最大的建筑群落。1987 年 10 月 20 日，吉林北山寺庙群被吉林省人民政府公布为第四批省级文物保护单位。

北山第一寺：关帝庙

关帝庙是北山建造最早的庙宇。它坐落在东南山峰顶临崖处，始建于清康熙三十七年（1698），据说是由迁居吉林城的山东籍人士集资修建。初建正殿 3 间，主祀关羽塑像。后经清朝各代及民国十三年（1925）、民国十八年（1930）等多次大规模维修、扩建，始成今日之雄浑规模。

关帝庙正殿之内，正中主祀是关帝坐像，左右配祀是火神、龙王。两厢立侍者，分别是火将关平、王甫；水将周仓、赵磊。两侧墙上绘有《三国演义》中关羽平生忠孝节义、高风亮节的壁画。

正殿门楣之上高悬清嘉庆年间的"至大至罡"匾额。意思是关帝威严至高至大，没有任何力量可以使他屈服。此匾书写刚劲有力，具有重要的历史和艺术价值，已收入《中国名匾》一书。

昔日关帝庙正殿，匾额充梁盈栋，康熙年建庙以来的各代匾额皆有，可惜大多毁于"文革"之中。最令人惋惜的是，清乾隆十九年（1754）清高宗弘历皇帝第一次东巡吉林时，拜谒关帝后书题的御匾"灵著豳岐"也同时被毁。当年正殿门楣两侧曾悬挂有木楹联，甚是有名：

兄玄德弟翼德德兄德弟
师卧龙友子龙龙师龙友

满族人称关帝为"关玛法"，玛法，满语为"老爷"之意，所以关东的关帝庙又有"老爷庙"之称。在满族聚居地和满汉八旗军人较多的地区，都有一座或几座老爷庙。史籍载，吉林地区昔日有近60座关帝庙。

满族崇拜关帝，主要是崇拜他能征善战、恪守信义、交友真挚，这些都符合满族人淳朴的道德规范。明代，女真部落之间，女真人与蒙古、汉人之间的盟誓，都要请出关帝像（或牌位），然后摆设香案，准备三牲，洒酒祭天，歃血盟誓。满族人中盛行的拜把子，应该说是受《三国演义》中刘、关、张桃园三结义的深刻影响。

北山关帝庙建于高台之上，卷棚抱厦，飞檐斗拱，砖雕精美，栩栩如生，是庙宇建筑的精品。在关帝庙的青砖古建筑群中，集有大量的砖雕艺术品。有镶嵌在殿、阁正面檐墙上的"柱头"（又称"枕头花"），有镶嵌在山墙中部的"腰花"，有镶嵌在山墙顶部的"山坠"（又称"悬鱼"）。砖雕的图案，基本上以福、禄、寿和有象征意义的花、鸟、动物为内容。有象征圣洁的荷花和象征富贵的牡丹；有象征吉祥的麒麟、羊（祥），象征福寿的蝙蝠、仙鹤；有象征夫妇合睦的凤凰芙蓉，象征福寿绵长的松鹤延年等。这些砖雕有的是浮雕，有的是圆雕，图案古朴，造型逼真，寓意深刻，具有强烈的立体感和艺术感染力，充分展示了清代满汉各族匠人的聪明才智和精巧手艺。

当年寺庙院内石碑林立，记载着关帝庙往日的辉煌，而今只余两通石碑，尚残缺不全。一通碑为清道光九年（1829）的《北山关帝庙碑记》。

碑载：道光六年（1826），南疆四城受英国指使叛乱，副都统倭楞泰奉旨率吉林八旗劲旅征讨，"屡蒙关圣大帝显赫神威，壮扬军势，回众倒戈相轧"，活捉叛首张格尔，全胜而归。另一通碑为清同治八年（1869）的《重修北山关帝庙碑记》。碑载：咸丰、同治年间，关内农民起义风起云涌，清廷急调吉林八旗劲旅入关平剿。"狂贼强梁，数逾十万，其所以一鼓荡平者，虽将士血战之功，实英灵默然助之力也。"两通石碑，都载有关帝显圣助阵，使吉林八旗劲旅攻无不克，屡展军威，由此可知满洲民族信奉武圣关帝之虔诚。

北山关帝庙正殿对面，是一卷棚抱厦建造精美的古戏台。戏台南面为壁，东、西、北三面敞开，上悬清雍正年间古匾"华夏正声"。戏台前面有红漆明柱，柱上悬有妙趣横生的木楹联：

顾曲小聪明当年可怜公瑾
挝鼓大豪杰至今犹骂曹瞒

此楹联昔日传为名句，耐人寻味，三国名将周公瑾雄姿英发，内有"小乔初嫁了"，外任东吴大都督重兵在握，气吞长江。可怜公瑾顾曲聪明，英雄气短，以至兵败巴丘三气而亡。祢衡则正气凛然气贯长虹，击鼓骂曹，死而无畏，乃古今豪杰之士。

关帝庙戏台的卷棚抱厦和两侧的钟鼓二楼，在"文革"中均被拆毁。如今，钟鼓二楼已恢复如初，卷棚抱厦没有恢复。残存的戏台，已被关帝庙的僧人改作天王殿，昔日锣鼓乐声之中的盖世英雄关老爷，让位给了佛家的四大天王和弥勒佛。

庙会主角：药王庙

北山药王庙，是东北地区建造最早、规模最大、影响范围最广的药王庙。药王庙，原名为三皇庙，建于吉林古城迎恩门外的柴草市附近。清乾隆初年，三皇庙被大火焚毁。乾隆三年（1738），吉林将军吉党阿主政吉林时，将三皇庙移至北山关圣祠（今关帝庙）北侧重建，更名为药王庙。

宝藏历史·岁月吉林

↑
关帝庙全景

↑
坎离宫

乾隆四十九年（1784）毁于大火。次年重建，历时三年，于乾隆五十二年（1787）竣工。清光绪十三年（1887）重修，民国十三年（1924）再次重修。

药王庙与关帝庙一墙之隔，建有南、北两个山门，有正殿三楹，东、西配庑各三楹，西为眼药池，再西为春江阁，旁边有灵仙堂。

从南门而入，门楣之上悬有"天保九如"匾额，出自《诗经·小雅》的《天保》篇，有祝福寿绵延不绝之意。步入大殿，正中主祀的是天皇伏羲氏、地皇神农氏、人皇轩辕氏，在三皇上方高悬"古圣尊三"匾额。三皇右侧配祀的是药王孙思邈，其上方高悬"生民永赖"匾额。三皇左侧配祀的是药圣李时珍，其上方高悬"术济圣凡"匾额。

在大殿两厢配祀者为上起黄帝轩辕氏时期、下至隋末唐初时期，在中医中药领域有高深造诣、影响深远的 10 位名医：雷公、岐伯、淳于意（仓公）、扁鹊、葛洪、张仲景、陶弘景、华佗、皇甫谧、王叔和。

北山药王庙当年配祀的是 16 位名医。清乾隆五十二年（1787）的《重修药王庙碑》曾有记载："崇祀药王，配以十六名医，而以三皇位于其上，令庶民皆得瞻礼，无乃亵乎？"

药王庙原祀 16 位名医，何时改祀 10 位名医，又为何改祀，由于史书无详细记载，故难知其详。推测可能是在清光绪十三年（1887）或民国十三年（1924），两次大规模修缮时改祀成今日之格局。

吉林北山寺庙群中，药王庙迷信色彩最为淡薄，它主要的民俗祭祀活动，是祭奠中华先祖列宗三皇和为中华民族的医疗健康事业做出过杰出贡献的药王、药圣、十大名医。

天下第一江山：玉皇阁

玉皇阁，又名大雄阁，位于北山东峰之巅，借山势高低错落而建，是吉林北山寺庙群中最雄伟壮观的庙宇。清乾隆四十年（1775）由僧人宽真大师化缘建造。中国古代正统建筑大都是中心对称式的，玉皇阁就是这类建筑。玉皇阁拔地而起，须登十余级石阶才可至山门。在门廊两侧，是

宝藏历史·岁月吉林

↑
药王庙记事碑

两座小巧的侧门，侧门两边东是钟楼、西是鼓楼。使玉皇阁正面形成了一庙三门、晨钟暮鼓、巍峨雄浑的气势，给人以古朴庄重、威严肃穆之感。

走进玉皇阁，一座中心对称、高低错落、两进院式的古刹跃然呈现在人们面前。正中是主干道，直通庙内最高大的建筑朵云殿。主干道东侧是祖师殿，祖师殿之东是关帝殿。道路西侧是老郎殿，老郎殿之西就是灵仙堂。

顺主干道上行，越过据说是曾任吉林将军的松筠所书"天下第一江山"的牌坊进入后院。正中是飞檐斗拱的朵云殿。朵云殿东是弥勒殿，西是大雄阁。两侧厢房，东为地藏殿，西为禅堂。朵云殿后面原本无建筑，今建有僧人寮房、膳堂。

民国十五年（1926），吉林省督军兼省长张作相到玉皇阁祭祀求雨成功，为还愿又重修玉皇阁。全面维修的玉皇阁，金碧耀彩，焕然一新。还增建了西客厅，名为万绿轩，取天降甘霖、万卉昭苏之意。万绿轩建成之后，便成了文人墨客、官吏名士品茶赋诗聚会的场所。"吉林三杰"的成多禄、宋小濂、徐鼐霖，及顾晋昌、郭宗熙、孙介眉、黄兆枚等均在此留踪留墨。

北山除了寺庙群所辖庙宇，还有坎离宫、智光寺、广济寺等。它们建设于山峦之间，绿树掩映，清净自然，是北山寺庙群重要的组成部分。北山寺庙群，历经清朝、民国、中华人民共和国，汇聚了数百年间各时期建设的建筑。它们不只是宗教建筑的代表，建筑上的砖雕也是精美之作，是吉林地区砖雕的代表。

色彩纷呈的民俗活动——北山庙会

走进北山古寺庙，且不论玉皇阁佛、道、儒、俗诸神佛同殿享受人间香火，也不谈关圣帝君一身在三教兼职，仅北山诸庙宇供祀的神佛多且杂。这里供有佛家的如来、十八罗汉，道教的玉皇大帝、三霄娘娘，儒家先师孔子、"诗圣"杜甫以及俗家百姓所信奉的药王、老郎神等，另外还供祀着狐仙、鹰、雕、虎、蟒、蛇等萨满教崇信的动物神祇。各庙宇佛、道、儒、俗、萨满教等神祇共居一山，满足了不同信仰、不同民族的满汉等多民族的信仰和需求，因此吉林北山庙会众多，体现了色彩纷呈的独特的地域性民俗文化特征。如农历四月初八佛诞节庙会、四月十八娘娘庙会、四月二十八药王庙会……一年里有大小庙会十几个，信众多，影响大。庙会里进行的民俗活动多种多样，说书、弹唱、捏泥人、坐花轿，应有尽有，还有"烧替身""跳墙"，反映了祈求平安、趋利避害的大众心理。在清代中叶就有"千山寺庙甲东北，北山庙会胜千山"的说法。

值得一说的是，药王庙正殿卷棚抱厦角落里供祀的"十不全"。传说十不全生下来就四肢残疾、嘴歪眼斜，但聪颖过人又刚正不阿，传说一次皇上召见他，叫他以自己为题吟一首诗，他张嘴诵道："秃头赛明月，麻面似星辰。罗锅朝见主，腆胸满经纶。只眼辨邪正，口歪问事真。一手写篆字，单腿跳龙门。"皇上听了大加称赞，赏了个知县的官给他。十不全当官时勤政爱民，为老百姓做了很多好事，死后变成了神仙，仍然关注民间疾苦，把民间的病痛都揽在了自己身上，所以他总是手拄拐棍，脖子挂着咸菜疙瘩，额头上贴着膏药……

吉林北山庙会是东北三省形成时间最早、庙会会期最多、规模最大、参与人数最多、影响最广泛的关东民俗庙会。2011年，"北山庙会"列入国家非物质文化遗产保护名录。

14 国之利器
——吉林机器局

清朝晚期,国事凋敝,江山残破,西方列强入侵中国,中国开始沦为西方列强的原料产地和商品倾销地。甲午中日战争后,列强开始在中国投资设厂,西方列强的入侵对中国传统工业造成了极大的破坏。面对帝国主义的种种经济侵略,一些有识之士开始探索救亡图存之路,兴起了以"自强""求富"为口号的"洋务运动"。

伴随着洋务运动的展开,东北地区也开始了采矿业和机械制造业。19世纪80年代初期,日、俄帝国主义入侵吉林,清政府为加强吉林边防,委派吴大澂到吉林帮办边务。清光绪七年(1881),吴大澂奏请清政府设立吉林机器局,打造军火兵器进而武装吉林边防军,并获得批准。随后在吉林城东南松花江北岸开始建立吉林机器局。清政府出资白银共24万两,历经一年半,光绪九年(1883)10月2日建成投入使用。

吉林机器局主要生产枪支、炮弹、炸药等武器,它是当时东北地区仅有的一座近代军火工厂。工匠没有雇佣洋工,大部分来自关内的招聘,它的技术人员都是自己培养的。据记载吉林机器局开办之初,共有工匠、徒工和各种杂役等354人,每人月平均工资银为4.17两。机器局在生产枪弹炮药的同时还修理各种新式枪械,并制造过小型兵船。吉林地处清朝东北边陲,在边陲兴建一座近代化的军火工厂非常不易,因此吴大澂将其归结为"五难":建厂难、调员难、选匠难、购器难和转运难。但是,为捍卫清朝东北边陲安宁,抗御沙俄入侵,他不畏艰难,多方相求,想方设法,排除万难,终在松花江畔建起了一座军火工厂。

整合重聚

↑ 吉林机器局旧址省级文物保护标志碑

↑ 吉林机器局

宝藏历史·岁月吉林

    作为东北地区的第一座近代工厂，吉林机器局引领吉林市走上近代化道路。机器局建有大小房舍共228间。其中包括东边20间木铁工房，西边20间是翻砂、熔铜工房，汽炉房、烘铜炉房、烘壳房10间，锼水房、储料库、火药库等102间。同时，还设有公事厅和委员、司事、工匠住房、马号、厨房等，此后又建有表正书院。这些房舍构成了一个长方形的大院落，吉林机器局显得格外雄伟和宏大。场内立有高8丈8尺的烟囱，烟云缭绕，工厂拥有车床88种（车床、钻床、刨床和铸铁炉）。到1884年，机器局已成为拥有匠目、工匠、小徒等共354人的中型军火工厂。这时的机器局已具备一定的生产能力，包括哈乞开斯、毛瑟等三种枪支，子母各千余颗，每日火药达500斤，同时还能修造几种枪炮，包括两磅、四磅、六磅、十磅的开花炮弹，1885年，机器局制造出250吨的汽船，运往黑龙江使用。到1886年，在江南岸又建成两座火药厂，到此整个机器局由三部分组成，分别为造炮、造弹、造枪。在三个部分中，造弹为重点。吉林机器局生产的枪支、弹药主要提供给吉、黑两省边防军使用。为支持机器局发展，黑龙江每年从饷银中拨3万两白银，作为其生产枪弹的费用。为了给黑龙江提供更多的边防武器，机器局扩建30间厂房，增加生产。根据1889年靖边军发给他们6个营的军火清单看，此时机器局的生产能力提高了很多，这时的机器局生产的枪炮、弹药，品种已达14种，对武器的供应数量也随之增加，可以达到一次供应火药15500斤、铜帽665000个、铅丸485000粒。

    在洋务运动中，早于吉林机器局创立的上海江南制造局（1865）、金陵制造局（1865）、福州船政局（1866）、天津机器局（1867），经济、科技和交通条件都优于吉林，且都用"洋员""洋匠"。但吉林机器局完全依靠自己的力量。清光绪十二年（1886）一名英国牧师参观机器局后写道：吉林机器局"全部都由中国人装配管理，没有任何外国人的协助，这会使得那些自以为只有西洋各国才具有技术和管理

才能的欧洲人感到惊奇"。光绪十三年（1887），吉林将军希元在给海军衙门的呈文中说：总办宋春鳌"守洁才明，思虑周密、办事勤恳、熟悉洋务"，"督饬局员、司事及工匠等，夙夜讲究，勤劳七载"，使吉、黑两省边练各军俱能练火器以臻精强。要求破格以道员补用，以资鼓励，表彰其办厂的功绩。

光绪十六年（1900），在八国联军强占北京、天津的同时，沙俄悍然调动十万军队入侵东北，于同年9月23日侵占吉林省城，第二天便将机器局"局员、司书、工匠、护兵悉行驱出"，"枪炮子母悉行毁弃，初二（25日）将武库所存枪械子母尽弃江中，晚间又将江火两库轰毁"。此后，又"将局中各物，莫不据为己有"，使机器局遭到严重破坏。机器局从此更名为"制造局"，专门从事银圆的铸造和生产了。铸造钱币，是吉林机器局历史上的第二大功绩，其所铸造的"厂平"系列银圆在中国近代经济史上占有重要的一页。

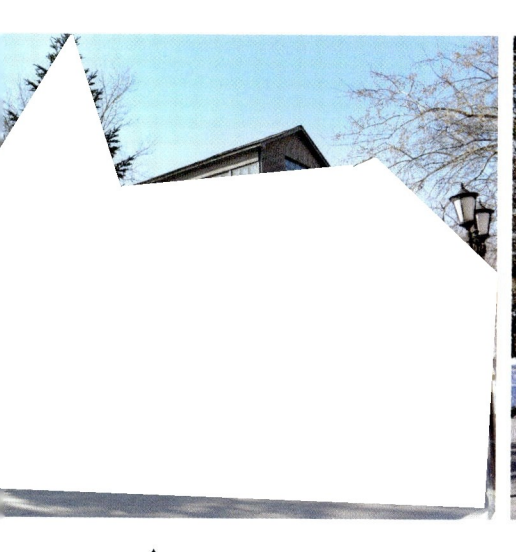

↑
吉林机器局一号厂房

↑
吉林机器局二号厂房

↑ 吉林机器局公务房

民国十七年（1928），时任吉林省政府主席的张作相组织人员进行重新修建，在土墙外修建4米高的青砖墙，四角增建炮楼。"九一八"事变后，吉林沦陷。日寇将吉林军械厂的库存洋药全部掠夺，所有机械设备以战利品的名义抢走，设立了伪省地方警察学校，厂房作为关东军的军品仓库和军械修理厂，后改称"满铁修理厂""特钢冶炼所"。"八一五"光复后，国民党当局将吉林机器局改为"吉林保安司令部修械所"。吉林市解放后，吉林机器局最初为军工部第七办事处吉林三厂，后改为国营江北机械厂第五车间，1995年成为军工塑料分厂。2001年被吉林市人民政府公布为吉林市文物保护单位。

吉林机器局是吉林省的第一个近代工厂，也是东北地区的第一个近代工厂，其规模、设备及经营管理手段，在当时的东北乃至全国都处于领先水平。它的出现使得吉林市有了先进生产力的代表，产生了第一代产业工人，促使吉林城开启了近代化道路。

2019年10月7日，吉林机器局旧址被国务院公布为第八批全国重点文物保护单位。

15 吴大澂与龙虎石刻

在吉林省延边朝鲜族自治州珲春市，有一处著名的文物古迹——龙虎石刻，它原址在现图们市凉水镇东约7华里的图珲公路边，南临图们江，背依陡峭的高山。1986年5月，"龙虎石刻"搬迁到珲春镇河南桥东北侧县文管所院内，现坐落于珲春市龙源公园内。

石刻为橙黄色的花岗岩，略呈正方形，其高1.40米，宽1.38米，厚1米。正面用双勾法镌刻"龙虎"二字，左下端刻楷书"吴大澂书"四字。"龙虎"二字系钟鼎文（金文），"龙"字临自邵钟；"虎"字临自师西簋，近象形字。"龙虎"二字浑厚有力、气势磅礴，为"龙盘虎踞"的缩写，寓意誓死保卫边疆，是维护祖国尊严和领土完整的丰碑。

清光绪六年（1880）至清光绪十二年（1886），吴大澂以清政府钦差大臣身份整顿边务，奔走于吉林、珲春、宁古塔之间，在整顿边境事务、发展当地经济、安定人民生活方面多有建树。清光绪七年（1881），吴大澂查边至凉水，帮助边民整修房屋，举办"劝农所"，组织边民抗击沙俄。经过一段时间的努力，使凉水之地日益兴盛。当地人民以报德之心和卫国之志，求书于吴氏，留此石以

↑ 吉林边务督办吴大澂

互相砥砺，立此石以壮国威。

清光绪十二年（1886），吴大澂奉使再赴珲春，会同俄官查勘边界。"龙虎"二字书写时间，是在清光绪十二年（1886）5月6~8日，书写地点为吴大澂当时居住的珲春南门之内钦差行台。

龙虎石刻为吉林省重点文物保护单位。1980年8月，吉林省人民政府决定修建具有清代风格的"龙虎石刻"保护亭，以保护这块具有历史意义的石刻，使其流芳万世，激励子孙后代。为纪念吴大澂卫国有功，珲春市人民政府于2004年建造了一尊高12米、宽6米、厚4米的石雕像，现立于防川国家级风景名胜区内。

吴大澂（1835~1902），字清卿，号愙斋，又号恒轩，江苏吴县人。1868年考中进士，供职编修，历任陕甘学政、河北道台、太仆寺卿、左副都御史和广东、湖南巡抚等职，是清朝末年著名的金石学家。他在图们江的历史上占有不寻常的一页。

1880年，多灾多难的中国，面临被帝国主义瓜分的厄运。沙皇俄国公开叫嚷要"三路进兵"东三省。值此边疆危急时刻，清政府派当时是三品卿的官员吴大澂，随吉林将军铭安，到吉林督办三姓、宁古塔、珲春等地的屯垦、边务事宜。

当时，由于清朝长期实行对东北的封禁政策，致使吉林省的"珲春、宁古塔边界地方，大半旷土，绝无人烟，有系山重水复之区，界址出入本不易辨，即隐被俄人侵占，中国地方官亦茫然不知"。因此吴大澂主张实施"招民开垦，以实边隅"的政策。

1881年，吴大澂委派珲春知府李金镛就地"设局招垦"，成立珲春招垦总局和南冈（今延吉市）、五道沟（今珲春市）招垦分局，并立即从"山东登、莱、青（府）各属招募屯兵二百名"，相继在图们江左岸的珲春、南冈、五道沟等地安排许多山东饥民和来自朝鲜半岛的流民。吴大澂采取传统的"寓兵于农"的措施，将垦民组织起来，"且耕且守"，规定"每名每月给口粮银二两，并发农具耕牛，每棚十人，给车三辆"，每"三棚驻扎一处为一屯"，形成一股强大的边防武装力量。

1882年3月，吴大澂命清末地理学家胡传踏查十三道嘎牙河，为广建驿道提供了蓝图。珲春周围出现不少新修的驿道，各村镇之间道路畅通，据说是珲春在历史上"始为第一次开通道路"。由宁古塔至珲春计"设驿站十一个"，据载"南起珲春，北至密山，开驿道八百里"。既加强了国防，又有利于边疆的经济建设。

吴大澂驻军屯垦从试办到推广，均依《珲春宁古塔招垦章程》实施，规定驻防军就近招垦，或兼种菜蔬，所收粮菜暂不归官，免其扣饷，凡本年领地之户，已奏请免缴押荒，应收大小租每六百六十文，须俟五年后再令纳租，其余一概官钱均不摊派。又由官方派人从朝鲜购牛一千头，拨予新招垦户，"收其半价，令三年内全数缴清，将未缴之半数，匀作两次分缴"。

吴大澂垦荒实边的举措既安排了图们河下游的一部分逃荒者，又安顿了一批被沙俄排挤的沦陷区华人。李金镛一次就曾安排乌苏里江以东地区愿迁移内地的100户于珲春境内。苏城、海参崴、双城子的中国百姓也相继迁至图们江流域定居。为安抚朝鲜流民，又设越垦局，"将越垦之地编甲升科，领照纳租，归地方官管辖"。1891年，吉林将军以抚垦局取代招垦总局和越垦局，总管屯垦汉人、旗民和越垦朝鲜人的垦荒事务。

吴大澂的垦荒实边措施，在图们江流域收到了实效。图们江流域共开垦出熟地40000多垧。土地开发，经济繁荣，图们江流域出现了"朝出耦耕荷锄便""鸡犬家家相毗连"的景象。

吴大澂推行建设边疆与保卫边疆并重的策略，对沙俄入侵始终保持高度警惕。1881年计划修筑珲春炮台，至1886年筑成炮台两座：东炮台建在"城东十二里之阿勒坎"；西炮台建在"城西南之外郎屯"。史载"两台之设，一阻敌军由岩杵河入珲之路，一阻敌军由黑顶子入珲之路"。1900年沙俄入侵时，珲春两炮台曾发挥了威力。

吴大澂对中俄边界非常关心。1880年，沙俄又侵占了中国的乌尔浑山（又名黑顶子）。1883年1月17日吴大澂奏云："臣因亲至……黑顶子，确切查明该处地方实系俄人侵占珲春之地……若不及早清理，珲春与朝鲜毗连之地，大半为俄人窃据，其隐然觊觎朝鲜之意，已可概见。"他在给吉林将军铭安的信中强调，若"稍一松劲，彼必多方狡展，一时未必退还。盖俄人占据黑顶子，则图们江一百余里不复为珲春所有……此黑顶子关系甚大，不能不及早清理也"。随后，吴大澂奉旨要求俄方限期交还黑顶子，几经交涉，才于1886年"交接明白"，立即"于山前玉泉洞地方添修卡伦，轮派官兵常川驻收"，专调靖边军一个营前往驻防，由李金镛负责"试办屯垦"。

重竖"土"字碑、重提"乌"字碑问题，为今日中国领土的合理疆界提供了历史依据。据《清季外交史料》卷57所载吴大澂的意见："尤可异者，土字界碑一带地方，其西北正当珲春河流入图们江之处，其正西与朝鲜之庆源府陆路相接，乌字界碑系图们江出海之口。该二处尤关紧要，乃中俄互换之定界文内所列八界碑止于'土'字置沙草峰以南之地于不论，而图内于图们江口仅写'界碑乌'三字，红线则仍划江心。当时若据理力争，校订划一，何至贻误若此！"第一个条约的乌字碑位于土字碑之后，即图们江入海处。吴大澂依约重竖土字碑保存到现在。乌字碑当立于图们江口附近水域，其具体位置，可按俄国文献《1860年中俄设立乌苏里河至图们江口国界碑博记》表第七栏"土"字后尾记："图们江出海口之位置，于1855年经巡航舰'巴拉达'号的若干军官确定，其纬度为42°195″，经度为148°18′42″（以费罗岛为0度）。"这一位置，在当时的技术条件下，无法立碑，只好留给后人解决。

吴大澂一生有功于边陲，造福于百姓，为东北的边疆治理做出了重要贡献。龙虎石刻是边疆各族人民不畏强暴、奋勇抗击沙俄侵略的历史见证，是捍卫祖国尊严的象征，是保卫祖国领土完整的丰碑，体现了中华民族的凛然正气和强烈的爱国精神。

整合重聚

16 百年风雨"戍边楼"
——吴禄贞的延吉筹边生涯

在吉林省延边朝鲜族自治州府延吉市人民政府北侧，河南道尹小区内有一座古雅端庄的二层古楼，这就是赫赫有名的延吉边务督办公署旧址，又称"戍边楼"。清光绪三十四年（1908）由爱国将领吴禄贞为抵御日本侵略者侵占我国东疆而修筑的处理边务办公楼。在当时的历史条件下，延吉边务督办公署在人们的心目中成为延边人民抗御日本帝国主义的侵略，捍卫领土主权正义力量的象征。2013年3月5日，延吉边务督办公署旧址被国务院公布为第七批全国重点文物保护单位。

延吉边务督办公署旧址，当年由建公署的提议人和主持人、清末著名的爱国将领吴禄贞定名为"戍边楼"，后称"道尹楼"。据史料记载，该建筑和其周边的建筑共占地面积2900公顷，是一处规模较大的建筑群。分南、北两个大院。有南大楼、北楼、办公厅、大堂、洋花厅等青砖黛瓦房共221间。建筑群的南部有砖座木栅栏围成的庭院，庭院里有26间瓦房和8间草房。这里"是驻延宪兵第三连部、光霁峪分防、稽查处分防所在地"。院中曾竖立一个高约10余米的木制旗杆。

建筑群北部为东西36丈、南北74丈的青砖墙。围墙内即古典端庄的边务公署楼。该楼是一座青砖黛瓦、镂空花栏、重檐飞翘的二层大屋顶建筑，颇为壮观。楼的四周布有木制回廊，距楼墙1.7米处立有22根深红漆的圆木柱，木柱下部垫有琢磨精细的鼓状础石，回廊及下檐下雕有精美的几何形图案，是目前吉林省为数不多保存完整的清代风格古建筑。

宝藏历史·岁月吉林

↑
督办延吉边务大臣吴禄贞

延吉边务督办公署建成后，因为这里是当时对抗日本侵略阴谋，保卫延边边防，进行外交斗争、军事斗争的指挥中心，由于这处建筑的特殊使命，所以当时人们就把其主办公楼称为"戍边楼"。清末民初时，为东南路兵备道公署，后又改为东南路观察使公署，1914年再次改为延吉道尹公署，所以，后来的人多称其为"道尹楼"。现存的这座古建筑，虽是原来的一角，但它原原本本地保留了清朝末年边务公署的风貌，成为延边近代史的重要见证。

↑
延吉边务督办公署旧址，又称"戍边楼"。

延吉督办公署旧址保护标志碑

吴禄贞（1880~1911），字绶卿，湖北云梦人，生于1880年3月6日。19岁时，由湖北武备学堂选送入日本士官学校留学。留学期间结识了孙中山，加入了兴中会。回国后受到张之洞的重用，进京任练兵马队监督。1906年，在徐世昌手下任参议、吉林边务帮办，曾调北京任镶红旗蒙古副都统。

1907年5月，东三省总督徐世昌根据清廷外务部的指示，派吴禄贞率吴维祯调查"间岛"事宜。年仅27岁的吴禄贞在接受任务后，首先对所谓的"间岛"区域进行了实地踏查。他带领测绘生6人经过73天的长途跋涉，纵横2600余里，踏遍了所谓的"间岛"区域。查阅了古今中外大量的历史资料，绘制了《延吉防务专图》，并写出了名垂青史的历史文献《延吉边务报告》。报告共分八章，其主要内容：一是用历史事实说明延边地区是中国领土不可分割的一部分；二是用行政建制延续说明延边是中国的行政区；三是广泛概述延边地区的地理状况；四是以事实追述朝鲜人越境垦荒、留居延边地区的过程；五是依据中朝边境堪界会晤的历史事实，阐述中朝两国共同认定图们江为两国国界；六是有理有据地驳斥了日本的"间岛"谬说及图们、土门、豆满非一江等谬论；七是一针见血地指出，日本对朝鲜殖民统治，企图占领中国延边扩大对东北侵略的战略目的；八是深刻地揭露日本在延边地区所设机构是非法的，所做的事情是无耻的。吴禄贞的《延吉防务专图》和《延吉边务报告》，在清廷与日本的交涉中起到了重要作用。

1907年9月，清王朝在延边成立了具有军事性质兼管地方行政事务的吉林边务公署。任命陈昭常为吉林边务督办并授予军事指挥权，吴禄贞为吉林边务帮办。边务公署主要是针对日本的统监府"间岛派出所"而设立的，专门与日交涉"间岛"问题。

吴禄贞是一位具有民族气节，有胆有识，捍卫国家领土主权不受侵犯的杰出斗士。他上任后不久，就直接到日本统监府"间岛派出所"，向日本斋藤季治郎所长提出了强烈抗议。申明中国领土主权，有理有据地对日本的"间岛"谬论给予有力的驳斥，使日本斋藤季治郎无言以对。接着吴禄贞当场揭露日本统监府"间岛派出所"的非法行为，勒令"间岛派出所"立即撤走。

在面对面的交锋后，吴禄贞查封了日本资本家在延边夺取的天宝山银矿，取缔了日本利用朝鲜警察和亲日走狗成立的"一进会"。将为虎作伥，欺诈中国国民的主要头目金禹龙、李义英、李求敏等人捕办严惩。与此同时，吴禄贞还主持制定了韩人越界垦居要遵守中国法律，严禁外国势力插手韩国垦民事务，要服从吉林边务公署的管理等《保守主权十四条》。随后吉林边务公署发布政府公告，申明主权，阐明立场。为维护国家领土主权，为保护延边地区居民生命财产安全，起到了积极有效的作用。

吴禄贞在延边与日本渗透势力针锋相对的斗争中，号召延边居民悬挂大清龙旗，抵制日本的不良影响。有效地遏制了日本在延吉非法购进土地。在图们江私设渡口和架设江桥，向延边增兵、增设分遣所，任意在延边采矿、伐木等掠夺资源的侵略行为。

为了加强延边地区的行政管理，吴禄贞在延边分设了15个办事处，及时有效地处理了政务、军事、贸易、屯田及教育等方面的事务。同时还建立起巡警队，积极配合办事处工作并维护好社会治安。吴禄贞在延边所采取的对应措施，积极有效地维护了领土主权，强化了边疆建设。

东北三省总督徐世昌非常欣赏吴禄贞的才干。清光绪三十四年（1908）冬，将吴禄贞调任奉天（沈阳）帮办军务。吴禄贞到任不久，又被清廷调到北京任外务部顾问。吴禄贞在外务部工作期间与周维桢写出了"长文节略"。"长文节略"针对日本提出的长白山地域属于中国、属于韩国界线未定的谬论，及图们、土门、豆满非一江的谬说，以及长白山是李氏朝鲜发祥地等谎言进行了有力的批驳。"长文节略"以大量的历史事实和充分的法理依据，使日本无理可说、无言可辩，不得不放弃"间岛"谬论。

吴禄贞有胆有识、有理有据、英勇果断、卓有成效地反击日本的侵略行为，赢得了全国人民的支持。伟大革命先行者孙中山及其同盟会的成员廖仲恺、柏文蔚、宋教仁等著名人士，纷纷写文章声援，支持吴禄贞等人的爱国反日斗争。最终，日本放弃对延边的图谋，承认中朝两国以图们江为界，并认可图们江源头、石乙水为两国界河。1909年9月4日，中日分别签订了《图们江中韩界务条款》。吴禄贞在揭露制止日本侵占延边的行为中维护了国家领土主权，为中华民族做出了贡献，立下了不可磨灭的功勋。

1910年2月，延吉边务处撤销。3月，怀着重新"鼓铸"祖国河山的决心，吴禄贞离开了延吉，结束了他的戍延生涯。

1911年辛亥革命爆发，吴禄贞积极投入这场革命。当年11月，吴禄贞被袁世凯派人暗杀，年仅32岁。

吴禄贞被害的噩耗传到延吉后，延边各界民众自动参加悼念大会。中华民国成立后，为了追怀这位革命先驱、爱国将领两赴延吉、抗倭治边的历史功绩，延吉民众在原戍边楼的西隅建立了一座"吴都护禄贞去思碑"，后移至延吉公园供更多的人瞻仰。"九一八"事变后，该碑被日本侵略者毁掉。2009年9月18日，延边州在延吉公园为其重修去思碑。

当年吴禄贞受命督办边务，挫败了日本侵略者妄图霸占延边的阴谋，为人民立下了不朽的功勋。他不仅仅在布尔哈通河畔留下了历史风云的见证——戍边楼；也在中国近代抗御外辱的斗争史上，留下了极其光辉的一页。

策划编辑：王　丛
责任编辑：陈　冰
特约编辑：刘玉萍
责任印制：冯冬青
封面设计：宝蕾元

图书在版编目（CIP）数据

宝藏历史：岁月吉林 / 金旭东，安文荣主编．
北京：中国旅游出版社，2025.3．--（吉林旅游文化丛书）．-- ISBN 978-7-5032-7454-1

Ⅰ．K293.4

中国国家版本馆 CIP 数据核字第 20249Y2M81 号

书　　名：	宝藏历史・岁月吉林
作　　者：	金旭东　安文荣　主编
出版发行：	中国旅游出版社
	（北京静安东里 6 号　邮编：100028）
	https://www.cttp.net.cn　E-mail: cttp@mct.gov.cn
	营销中心电话：010-57377103，010-57377106
	读者服务部电话：010-57377107
排　　版：	北京中文天地文化艺术有限公司
印　　刷：	北京金吉士印刷有限责任公司
版　　次：	2025 年 3 月第 1 版　2025 年 3 月第 1 次印刷
开　　本：	720 毫米 ×970 毫米　1/16
印　　张：	20.5
字　　数：	330 千
定　　价：	88.00 元
ＩＳＢＮ	978-7-5032-7454-1

版权所有　翻印必究
如发现质量问题，请直接与营销中心联系调换